왕초보
NEW PLUS
한중 단어왕

지은이 HD어학교재연구회

외국어 초보자를 위한 단어&어휘 분야, 회화 입문서 등의 어학교재를 개발하고 기획 편집, 집필하였다. 주요 저서로는 <왕초보 핵심 best 중국어회화> <Let's go 유쾌한 여행중국어> <니하오! 생활중국어 100> <365일 Let's talk! 상황중어 핵심표현> <우리말처럼 바로바로 써먹는 중한 한중 필수단어왕> 등이 있다.

왕초보 New Plus 한중 단어왕

지 은 이 HD어학교재연구회
본 문 편 집 김현우

펴 낸 날 2012년 6월 11일 초판 1쇄 인쇄
          2012년 6월 15일 초판 1쇄 발행
펴 낸 이 천재민
펴 낸 곳 하다북스
출 판 등 록 2003년 11월 4일 제9-124호
주   소 (142-802) 서울시 강북구 송중동 5-21 경남상가 201호
전   화 영업부 (02)6221-3020 • 편집부 (02)6221-3021
팩   스 (02)6221-3040
홈 페 이 지 www.hadabook.com

copyright ⓒ 2012 by Hadabooks
ISBN 978-89-92018-66-1 13720

왕초보 NEW

PLUS

한중

회화의 기초를 살리는 왕초보 중단어

HD어학교재연구회

단어왕

하다북스

이 책의 구성 ○ ○

외국어를 익힐 때 가장 기본이 되는 것은 바로 어휘입니다. 어휘력은 곧 중국어 실력이라고 할 수 있습니다. 우리가 중국어회화 표현을 익히고 생활 중국어 실력을 향상시키기 위해서는 기본적인 중국어 단어를 알고 있어야 합니다.

이 책은 별도의 중국어 사전 없이도 중국어 학습과 일상적인 중국어회화를 구사할 수 있도록 가장 많이 쓰이는 기본적인 활용 중심의 어휘만을 엄선하였습니다.

이 책은 7차 교육과정 수능 필수단어와 HSK 초급·중급 필수단어 및 기초어휘 등을 포함해서 모두 약 6,000여 단어를 수록하였습니다. 이 책에 수록된 중국어 어휘들은 실제적으로 중국어 표현을 구성하는 핵심 단어를 선별하여 집필한 것입니다.

초보자부터 중급자까지 이 정도의 어휘만 활용한다면 중국어 학습의 기초를 다지고 일상회화를 자연스럽게 구사할 수 있습니다.

또한, 간편하고 휴대하기 좋은 포켓형 사전으로 구성하여 언제 어디서든 항상 들고 다니면서 쉽게 활용할 수 있도록 하였습니다.

이 책의 특징 ○ ○

Point 1
중국어 초보자를 위한 실용적인 포켓형 단어사전!

수많은 중국어 관련 학습서가 출간되었지만 많은
사람들이 자신의 중국어 수준이나 필요한 용도와
는 무관하게 크고 무거운 사전을 사용하고 있습니
다. 이 책은 수능을 준비하는 학생과 초급 중국어
학습자에게 꼭 필요한 필수 어휘만을 엄선하여 수
록하였고, 일상적인 중국어회화를 구사할 수 있도
록 실생활에 가장 많이 쓰이는 기본적인 활용 중
심의 어휘를 선별하여 실용성을 높였습니다.
또한, 중국어를 공부하는 사람은 물론 중국을 여
행할 때 등 언제 어디서든지 쉽게 휴대할 수 있는
포켓형 사전으로 구성하여 항상 들고 다니면서
쉽게 활용할 수 있도록 하였습니다.

Point 2
중국어 학습에 꼭 필요한 핵심 6,000여 단어 완벽 수록!

앞으로 중국어회화 능력이나 HSK 자격증 취득
등 중국어의 필요성은 갈수록 증대될 것입니다.

이 책에 수록된 중국어 어휘들은 실제적으로 중국어 표현을 구성하는 핵심 단어를 선별하여 집필한 것입니다. 특히, 교육인적자원부에서 선정한 7차 교육과정 수능 필수단어와 HSK 초급·중급 공략 핵심 필수단어를 포함하여 학습 효과를 높였습니다.

단어의 풀이는 직역을 기준으로 중국어에 대응하는 우리말로 옮겼으며 그 의미가 전혀 통하지 않는 경우에는 전용된 뜻을 제시하였습니다. 품사는 우리말 풀이의 품사가 다른 경우 중국어 품사를 따랐고 주로 많이 쓰이는 순으로 배열하였습니다.

Point 3
필요할 때 찾기 쉽도록 한글 '가나다' 순으로 구성!

중국에서는 뜻글자인 한자의 발음을 로마자로 표기하여 쉽고 정확하게 발음을 익힐 수 있도록 하였습니다. 중국어 발음부호라고 할 수 있는 '한어병음(漢語拼音)'은 한어병음방안(漢語拼音方案)에 따라 표음부호로서 공식 제정되어 표준말의 보급에 절대적인 공헌을 하고 있습니다.

이 책에 수록된 단어의 발음은 '한어병음자모(漢語拼音字母)'로 표기하였습니다. 또한, 원하는 난어를 쉽고 빠르게 찾아볼 수 있도록 한글 '가나다' 순으로 배열한 사전식 구성으로 실용성을 높였습니다. 아울러 중국어를 잘 모르는 초보자들도 쉽게 읽고 학습할 수 있도록 한어병음자모와 함께 원어민 표준발음을 살린 한글 발음을 표기하였습니다.

Point 4
책속의 책-필수 중국어 상용한자 2500자!

이 책에서는 현대 중국어 빈도순 필수 중국어 상용한자 2,500자를 수록하여 중국어회화 학습의 기틀을 다지도록 하였습니다. 한자는 최대 8, 9만자에 이르지만, 여기서는 '중국언어문자공작위원회'와 '국가교육위원회' 등에서 선정한 최신 자료를 참고하여, 현대 중국어에서 가장 사용 빈도가 높은 2,500한자를 선정하였습니다. 이 정도의 한자만 익힌다면 기초 중국어는 물론 중급 수준 이상의 중국어 실력을 갖출 수 있습니다.

이 책의 활용법 ○ ○

1. 중단어는 이렇게 찾자!

(1) 단어를 찾을 때
단어는 한글 '가나다' 순으로 구성되어 있습니다. 그리고 각 페이지의 가장자리에는 가나다…가 인쇄되어 있으므로 원하는 단어를 쉽게 찾을 수 있습니다.

(2) 단어 앞의 「■」표시
교육인적자원부에서 권장 제시한 7차 교육과정 수능 필수 어휘를 바탕으로 반드시 익혀 두어야 할 중요 단어를 「■」로 표시하여 중국어 학습에 도움이 되도록 하였습니다.

2. 중국어 발음은 이렇게 공부하자!

(1) '한어병음자모(漢語拼音字母)'와 한글 발음 표기
발음은 '한어병음자모(漢語拼音字母)'로 표기하고 동시에 한글로 표기하여 중국어에 약한 초보자들도 쉽게 발음할 수 있도록 하였습니다. 하지만 이 한글 발음 표기는 중국어 학습을 위한 참고 수단에 지나지 않으므로, 정확한 중국어 발음을 위해서는 각각의 한어병음과 성조를 확인하면서 익혀야 합니다.

(2) 경성 발음과 '儿化'의 경우

경성으로 발음되는 경우에는 해당 발음 앞에 '·'으로 표시하고 원래의 성조를 표시하지 않았습니다. 경성과 원래의 성조로 모두 발음되는 경우에는 경성과 원래의 성조를 함께 표시하였습니다. 또, '儿化' 되어 쓰이기도 하는 단어는 해당 단어와 발음에 각각 '(儿)', '(r)'로 표시하였습니다.

(3) 그 밖의 발음 표기

동사의 중간에 다른 성분이 들어갈 수 있는 경우에는 '//'로 표기하였습니다. 단어의 발음 중에서 첫 음절을 제외한 음절이 모음으로 시작할 경우, '''로 표기하여 음절의 혼동을 피하도록 구분하였습니다.

3. 단어의 품사는 이렇게 찾자!

단어의 품사는 각 단어의 뜻 앞부분에 아래처럼 표시하였습니다.

명 …… 명 사	대 …… 대명사	개 ……… 개 사
형 …… 형용사	부 …… 부 사	수량 …… 수량사
수 …… 수 사	동 …… 동 사	조동 …… 조동사
접 …… 접속사	조 …… 조 사	접미 …… 접미사
감 …… 감탄사	양 …… 양 사	접두 …… 접두사
의 의성어·의태어	〈문어〉 서면어(書面語)	〈구어〉 구어(口語)

4. 중국어 발음 부호

중국어의 한자는 뜻글자이기 때문에 한 글자마다 로마자로 만든 한어병음자모에 따라 발음을 표기해야 합니다. 한어병음자모는 21개의 성모(声母)와 16개의 일반 운모(韵母), 그리고 결합운모로 이루어져 있습니다.

1) 성모(声母) : 표음문자의 자음과 같은 것으로, 발음 부위와 방법에 따라 '쌍순음(双唇音 : b, p, m), 순치음(唇齿音 : f), 설첨음(舌尖音 : d, t, n, l), 설근음(舌根音 : g, k, h), 설면음(舌面音 : j, q, x), 권설음(卷舌音 : zh, ch, sh, r), 설치음(舌齿音 : z, c, s)'으로 분류할 수 있습니다. 21개의 성모 중에서 'zh, ch, sh, r, z, c, s'를 제외하고는 단음으로, 독립적으로 음을 나타낼 수 없으며 반드시 모음 앞에서 첫소리만 냅니다. 'zh, ch, sh, r, z, c, s'가 독립적으로 음을 표기할 때는 반드시 'i'를 붙여야 합니다.

2) 운모(韵母) : 표음문자의 모음과 같은 것으로, 모두 16개의 일반 운모와 결합운모로 이루어져 있습니다. 단운모 'i, u, ü' 및 이들과 결합하여 이루어지는 결합운모는 앞에 성모가 없이 단독 음절로 쓰일 때는 'i→yi, u→wu, ü→yu'로 표기합니다.

▣ 중국어 발음부호 ▣

성 모

쌍순음	bo(뽀, 보)	po(포)	mo(모)	
순치음	fo(ʿ포)			
설첨음	de(떠, 더)	te(터)	ne(너)	le(러)
설근음	ge(꺼, 거)	ke(커)	he(허)	
설면음	ji(찌, 지)	qi(치)	xi(씨, 시)	
권설음	zhi(ʿ쯔, ˚즈)	chi(ʿ츠)	shi(ʿ쓰, ˚스)	ri(ʿ르)
설치음	zi(쯔, 즈)	ci(츠)	si(쓰, 스)	

일반 운모

i(이, 으), u(우), ü(위), a(아), o(오), e(어), e(에)
ai(아이), ei(에이), ao(아오), ou(오우)
an(안), en(언), ang(앙), eng(엉)
er(얼)

결합 운모

i와 결합된 것	ia(이아), ie(이에), iao(이아오), iu(이우), ian(이앤), in(인), iang(이앙), ing(잉), iong(이옹)
u와 결합된 것	ua(우아), uo(우오), uai(우아이), ui(우이), uan(완), un(운), uang(왕)
ü와 결합된 것	üe(위에), üan(위앤), ün(윈)

명 가게, 점포, 상점

- **铺子** [pù · zi 푸 즈]

명 가격

- 价格 [jià gé 찌아 거]

명 가구, 세간, 가재도구, 생산[작업] 도구, 무기

- 家具 [jiā · ju 찌아 쥐]

명 가극, 오페라

- 歌剧 [gē jù 꺼 쮜]

형 가깝다 동 가까이 다가가다, 접근하다, 〈전용〉 가깝게 지내다

- 靠近 [kào jìn 카오 찐]

형 가깝다, (모양 등이) 비슷하다 동 가까이하다, 접근하다

- **近** [jìn 찐]

명 가난, 빈곤, 곤궁 형 가난하다, 빈곤하다, 곤궁하다

- 贫困 [pín kùn 핀 쿤]

형 가난하다, 빈궁하다, 부족하다, 빈약하다

- 贫乏 [pín fá 핀 파]

동 가는 길에 가지고 가다[오다], 인편에 전하다[보내다]

- 捎 [shāo 싸오]

명 가늘고 긴 나뭇가지　양 줄기, 갈래 [가늘고 긴 모양], 마리(물고기)

■ **条**　[tiáo 티아오]

형 가능하다　명 가능성　부 아마 …일 것이다[일지도 모른다]

■ **可能**　[kě néng 커 넝]

부 가능한 한, 되도록, 될 수 있는대로

□ **尽量**　[jǐn liàng 진 리앙]

동 가다, 향하다　형 이전[옛날]의　개 …쪽으로, …(을) 향해

■ **往**　[wǎng 왕]

동 가다, 떠나다, 놓치다, 없애다, 거리가[떨어져] 있다, 보내다

■ **去**　[qù 취]

동 가득차다, 충만하다

□ **充满**　[chōng mǎn 총 만]

동 가로막(히)다, 답답[우울]해지다　명 〈문어〉 담장, 울타리

□ **堵**　[dǔ 두]

동 가루로 만들다, 분쇄하다, 으깨다, 깨지다

□ **粉碎**　[fěn suì 펀 쑤이]

동 가르치다, 교육하다, 지도하다　명 가르침, 교육, 종교

■ **教**　[jiào 찌아오]

명 가르침, 타이름　동 〈문어〉 가르치다, 깨우치다, 타이르다

□ **教诲**　[jiào huì 찌아오 후이]

동 가르침을 청하다, 지도를 요구하다

□ 讨教 [tǎo//jiào 타오 찌아오]

동 가리키다, 지적하다, (머리털이) 곤두서다　양 손가락 굵기

■ 指 [zhǐ 즈]

형 가볍고 정교하다, 깜찍하다, 능란하다, 날렵하다, 간단하다

□ 轻巧 [qīng · qiǎo 칭 치아오]

형 가볍다, 간편하다, 경쾌하다　동 가볍게 여기다　부 가볍게

■ 轻 [qīng 칭]

동 가속하다, 속도를 내다, 가속시키다, 빨리하다

□ 加速 [jiā sù 찌아 쑤]

명 가수, 노래 잘 부르는 사람

□ 歌手 [gē shǒu 꺼 소우]

동 가슴 아파하다, 근심으로 괴로워하다, 근심하고 슬퍼하다

□ 忧伤 [yōu shāng 요우 쌍]

명 가시, 바늘　동 찌르다, 자극하다, (감정 등을) 건드리다

□ 刺 [cì 츠]

명 가식, 꾸밈, 작위(作爲)　동 가식하다, 짐짓 …인 체하다

□ 做作 [zuò · zuo 쭤 주오]

동 가열하다

□ 加热 [jiā//rè 찌아 러]

명 가운데, 속, 중앙, 한가운데, 중심, (두 사물의) 사이, 중간

■ 中间　　　[zhōng jiān 쭝 찌앤]

명 가위

□ 剪子　　　[jiǎn · zi 지앤 즈]

명 가을, 〈문어〉 가을 하늘

■ 秋天　　　[qiū · tiān 치우 티앤]

명 가이드, 길 안내자, 〈전용〉 지도자　동 길을 안내하다

□ 向导　　　[xiàng dǎo 씨앙 다오]

형 가장 좋다, 제일 좋다　부 가장 좋기는, 제일 바람직한 것은

□ 最好　　　[zuì hǎo 쮀이 하오]

명 가정, 집안, 집, (기관의) 집무실, 전문가, 학파(學派)

■ 家　　　[jiā 찌아]

명 가죽 띠, 가죽 혁대, 〈기계〉 동력을 전달하는 피대(皮帶)

□ 皮带　　　[pí dài 피 따이]

동 가중하다, 무겁게 하다, 무거워지다, 심해지다

□ 加重　　　[jiā zhòng 찌아 쭝]

명 〈식물〉 가지

□ 茄子　　　[qié · zi 치에 즈]

명 (초목의) 가지　양 가지, 자루, 대, 정(펜 종류)

■ 枝　　　[zhī 쯔]

동 가지고 놀다, 희롱하다, (일을) 하다, 만들다, 농간을 부리다

■ 弄　　　[nòng 농]

동 (많은 것을) 가지다, 소유하다, 보유하다

□ 拥有　　　[yōng yǒu 용 요우]

동 가지다, 취하다, 찾다, 구하다, 얻다, 받아들이다, 고르다

■ 取　　　[qǔ 취]

명 〈생리〉 간, 간장

□ 肝脏　　　[gān zàng 깐 짱]

동 간구하다, 간청하다

□ 恳求　　　[kěn qiú 컨 치우]

형 간단하다, 단순하다, 용이하다, 평범하다, 소홀히 하다

□ 简单　　　[jiǎn dān 지앤 딴]

형 (말·글의 내용이) 간략하다, 간단하다　동 간략하게 하다

□ 简略　　　[jiǎn lüè 지앤 뤼에]

명 간섭, 관계　동 간섭하다, 관계하다

□ 干涉　　　[gān shè 깐 써]

명 간식, 과자, 가벼운 식사　동 요기하다

■ 点心　　　[diǎn·xin 디앤 신]

명 간장

■ 酱油　　　[jiàng yóu 찌앙 요우]

| 18 |

동 간절히 바라다, 학수고대하다, 희망하다, 걱정하다, 근심하다

□ 盼望　　　[pàn wàng 판 왕]

형 간편하다, 간단하고 편리하다

□ 简便　　　[jiǎn biàn 지앤 삐앤]

명 간호사

■ 护士　　　[hù·shi 후 스]

부 간혹, 가끔, 이따금, 때때로, 어쩌다가　형 우연히 발생한, 우발적인

□ 偶尔　　　[ǒu'ěr 오우 얼]

동 (밭을) 갈다, 〈비유〉 생계를 도모하다

■ 耕　　　[gēng 껑]

명 갈망　동 갈망하다

□ 渴望　　　[kě wàng 커 왕]

명 〈조류〉 갈매기의 총칭

□ 鸥　　　[ōu 오우]

동 (차를) 갈아타다

□ 换车　　　[huàn//chē 환 처]

명 〈식물〉 감, 감나무

□ 柿子　　　[shì·zi 쓰 즈]

명 감각, 느낌　동 느끼다, 감지하다, 여기다

□ 感觉　　　[gǎn jué 간 쥐에]

동 감격하다, 감사하다, (마음이) 격하다 명 감격

□ 感激　　　　[gǎn · jī 간 찌]

명 감기 동 감기에 걸리다

□ 感冒　　　　[gǎn mào 간 마오]

동 (끈 · 줄 등으로) 감다, 묶다, 동이다, 포박하다, 납치하다

■ 绑　　　　　[bǎng 방]

명 감독(자), 통제(자) 동 감독하다, 통제하다

□ 監督　　　　[jiān dū 찌앤 뚜]

명 감독, 연출자, 안무 동 연출하다, 감독하다, 안무하다

□ 导演　　　　[dǎo yǎn 다오 이앤]

형 감동적이다 동 감동시키다

□ 动人　　　　[dòng rén 똥 런]

동 감동하다[되다], 감동시키다

□ 感动　　　　[gǎn dòng 간 똥]

동 감복하다, 탄복하다

□ 敬佩　　　　[jìng pèi 찡 페이]

명 감사 동 감사하다

□ 感谢　　　　[gǎn xiè 간 씨에]

동 감사[사례]하다, 거절하다, 사과[사죄]하다 명 감사, 사례

■ 谢　　　　　[xiè 씨에]

명 감상, 소감

　□ 感想　　　[gǎn xiǎng 간 시앙]

동 감상하다, 즐기다, 좋다고 여기다, 마음에 들어하다

　□ 欣赏　　　[xīn shǎng 씬 상]

동 감시하다

　□ 监视　　　[jiān shì 찌앤 쓰]

동 감염되다, 감동시키다, 영향을 주다　명 감화, 감동, 영향

　□ 感染　　　[gǎn rǎn 간 란]

명 〈식물〉 감자

　□ 土豆(儿)　　[tǔ dòu(r) 투 또우]

명 감정, 애정, 친근감

　□ 感情　　　[gǎn qíng 간 칭]

명 감정, 평정(評定), 평가(서)　동 감정하다, 평가하다, 검정하다

　□ 鉴定　　　[jiàn dìng 찌앤 띵]

동 감퇴하다, 약해지다, 감소하다, 덜다, (정도가) 내려가다

　□ 减退　　　[jiǎn tuì 지앤 투이]

조동 감히 …하다, 대담하게 …하다　형 용감하다, 대담하다

　■ 敢　　　　[gǎn 간]

동 갑자기 뛰어들다, 돌진하다, 경험을 쌓다, 떠돌아다니다, 일으키다

　□ 闯　　　　[chuǎng 추앙]

퇴 〈문어〉 갑자기, 문득, 바로, 별안간, 일시에

□ 顿时 [dùn shí 뚠 스]

퇴 갑자기, 문득, 별안간, 돌연히

■ 忽然 [hū rán 후 란]

형 갑작스럽다, 돌연하다, 의외[뜻밖]이다 퇴 돌연히, 갑자기, 의외로

□ 突然 [tū rán 투 란]

명 값, 가격, 〈비유〉 조건

■ 价钱 [jià · qian 찌아 치앤]

동 값을 내리다, 할인하다 명 (jiǎn jià) 가격 할인

□ 减价 [jiǎn//jià 지앤 찌아]

명 강, 〈지리〉 (Jiāng) 장강(長江), 양자강(揚子江)

■ 江 [jiāng 찌앙]

명 강, 하천, 〈천문〉 은하계

■ 河 [hé 허]

형 강건하다, 튼튼하다, 건장하다

□ 强健 [qiáng jiàn 치앙 찌앤]

형 강경하다, 강하다, 강력하다

□ 强硬 [qiáng yìng 치앙 잉]

형 강대하다, 힘있다

□ 强大 [qiáng dà 치앙 따]

형 강렬하다, 거세다, 선명하다, 뚜렷하다

□ 强烈　　　[qiáng liè 치앙 리에]

동 강박하다, 강요하다, 핍박하다, 강제로 시키다

□ 强迫　　　[qiǎng pò 치앙 포]

명 강산, 산하, 국토, 국가, 천하(天下), 책임, 역할

■ 江山　　　[jiāng shān 찌앙 싼]

형 강성하다, 강대하고 번성하다

□ 强盛　　　[qiáng shèng 치앙 썽]

동 강요당하다, 할 수 없이 …하다

□ 被迫　　　[bèi pò 뻬이 포]

동 강의하다

□ 讲课　　　[jiǎng//kè 지앙 커]

동 강제로 빼앗다, 쟁취하다, 박탈하다, 밀고 나가다, 바꾸다

□ 夺　　　[duó 두오]

동 강조하다

□ 强调　　　[qiáng diào 치앙 띠아오]

동 강탈하다, 빼앗다

□ 抢夺　　　[qiǎng duó 치앙 두오]

동 강탈하다, 약탈하다, 협박하다　명 화, 재난, 〈불교〉 겁

□ 劫　　　[jié 지에]

| 동 강화하다, 보강하다 | |
| 加强 | [jiā qiáng 찌아 치앙] |

| 동 갖추다, 구비하다, 가지다, 소유하다 | |
| 具备 | [jù bèi 쮜 뻬이] |

| 형 (수량·조건 등이) 같다, 엇비슷하다, 적당하다 부 무척, 상당히 | |
| 相当 | [xiāng dāng 씨앙 땅] |

| 부 같이, 더불어, 함께 명 한곳, 한데, 같은 곳 | |
| ■ 一起 | [yī qǐ 이 치] |

| 양 개, 명 [전반적으로 두루 쓰임] 형 단독의 명 (사람의) 키 | |
| ■ 个 | [gè 꺼] |

| 명 〈동물〉 개, 〈비유〉 앞잡이, 주구 | |
| ■ 狗 | [gǒu 고우] |

| 명 동 개괄(하다), 총괄(하다) 형 간단 명료하다 | |
| 概括 | [gài kuò 까이 쿼] |

| 명 개량 동 개량하다, 개선하다 | |
| 改良 | [gǎi liáng 가이 리앙] |

| 동 (자원·황무지 등을) 개발하다, 개척하다, (기술을) 개발하다 | |
| 开发 | [kāi fā 카이 파] |

| 형 개별의, 개개의, 〈방언〉 색다르다, 독특하다 | |
| ■ 各别 | [gè bié 꺼 비에] |

형 개별의, 개개의, 극소수의, 〈구어〉 유별나다, 괴팍하다

□ 个别 [gè bié 꺼 비에]

명 개선 동 개선하다

□ 改善 [gǎi shàn 가이 싼]

명 개성, 〈철학〉 개별성

□ 个性 [gè xìng 꺼 씽]

동 (공장·상점 등을) 개업하다, 설립하다, 열다, 시작하다

□ 开办 [kāi bàn 카이 빤]

명 개인, 저 (자신), 나 (자신), 〈문어〉 그 사람

■ 个人 [gè rén 꺼 런]

명 개정, 정정 동 개정하다, 시정하다, 정정하다

□ 改正 [gǎi zhèng 가이 쩡]

명 개조, 개혁 동 개조하다, 개혁하다

□ 改造 [gǎi zào 가이 짜오]

동 개진하다, 개선하다, 개량하다

□ 改进 [gǎi jìn 가이 찐]

동 개척하다, (길을) 열다, 창립하다

□ 开辟 [kāi pì 카이 피]

동 개표하다, 영수증을 끊다, 어음을[문서를] 발행하다

□ 开票 [kāi//piào 카이 피아오]

| 명 개혁 | 동 개혁하다

　　□ 改革　　[gǎi gé 가이 거]

| 명 객관 | 형 객관적이다

　　□ 客观　　[kè guān 커 꾸안]

| 동 (군대 · 집단을) 거느리다, 이끌다, 인솔하다

　　□ 率领　　[shuài lǐng 쑤아이 링]

| 형 거대하다, 커다랗다, 엄청나다

　　□ 巨大　　[jù dà 쮜 따]

| 명 거리, 길, 가로(街路), 〈방언〉 (정기적으로 열리는) 장

　　■ 街　　[jiē 찌에]

| 명 거울, 안경

　　□ 镜子　　[jìng · zi 찡 즈]

| 부 거의, 대체로 | 형 근접하다, 거의 비슷하다, 대충 되다

　　□ 差不多　　[chà · bu duō 차 부 뚜오]

| 부 거의, 하마터면

　　□ 几乎　　[jī hū 찌 후]

| 명 거절, 거부 | 동 거절하다, 거부하다, 사절하다

　　□ 拒绝　　[jù jué 쮜 쥐에]

| 동 거절하다, 사절하다

　　□ 回绝　　[huí jué 후이 쥐에]

동 (임명·요청 등을) 거절하다, 사양[사절]하다, 물리(치)다

□ 推辞   [tuī cí 투이 츠]

명 거주지   동 거주하다, 살다

□ 居住   [jū zhù 쮜 쭈]

명 형 거짓(의), 모조(의)   동 빌리다, 가정하다   접 가령

■ 假   [jiǎ 지아]

동 (일정한 곳을) 거치다, 통과하다, 지나다, 경유하다

□ 路过   [lù guò 루 꿔]

형 거칠다, 투박하다, 어설프다, (만든 것이) 조잡하다, 서툴다

□ 粗糙   [cū cāo 추 차오]

동 (모임·의식 등을) 거행하다, 진행하다, 개최하다, 실시하다

□ 举行   [jǔ xíng 쥐 싱]

동 걱정[근심]을 덜다, 시름을 놓다

□ 省心   [shěng//xīn 성 씬]

명 걱정거리, 심사, 근심, 수심, 시름, 마음속으로 바라는 일

□ 心事   [xīn·shì 씬 쓰]

동 걱정하다, 마음이 쓰이다, 심려하다, 애쓰다, 수고하다

□ 操心   [cāo//xīn 차오 씬]

동 걱정하다, 염려하다, 근심하다

□ 担心   [dān//xīn 딴 씬]

명 형 건강(하다), 건전(하다), 정상(이다), 튼튼하다

- **健康** [jiàn kāng 찌앤 캉]

동 건너다, (순서를) 뛰어넘다　형 격앙되다　부 점점, 더욱 더

- **越** [yuè 위에]

동 건립하다, 세우다, 설립하다, 맺다, 확립하다

□ **建立** [jiàn lì 찌앤 리]

형 건장하다, 튼튼하다　동 건강하게 하다

□ **强壮** [qiáng zhuàng 치앙 쭈앙]

형 건조하다, (말·문장 등이) 무미건조하다, 재미가 없다

□ **干燥** [gān zào 깐 짜오]

명 건축(물), 구조　동 건축하다, 부설하다, 설치하다

□ **建筑** [jiàn zhù 찌앤 쭈]

동 걷다, 〈문어〉 달아나다, 옮기다, 출발하다, 통과하다, 왕래하다

- **走** [zǒu 조우]

동 (고리·못 등에) 걸다, 전화를 걸다, 걸어올리다, 염려하다

- **挂** [guà 꽈]

동 (시간이) 걸리다, 경과하다, 거치다, 통과하다　명 과정

□ **经过** [jīng guò 찡 꿔]

명 걸음, 보폭, (일의 진행) 단계, 순서　동 걷다, 〈문어〉밟다

- **步** [bù 뿌]

명 걸작, 뛰어난 작품

　　□ 杰作　　[jié zuò 지에 쭤]

형 검다, 어둡다, 사악하다, 반동적이다, 침울하다　동 사기치다

　　■ 黑　　[hēi 헤이]

명 검사, 검증　동 검사하다, 검증하다

　　□ 检验　　[jiǎn yàn 지앤 옌]

동 검사하다, 검열하다, 조사하다, (자료를) 찾아보다, 들추어 보다

　　□ 查　　[chá 차]

동 검사하다, 조사하다, 점검하다, 반성하다

　　□ 检查　　[jiǎn chá 지앤 차]

동 검색하다, 검사하여 찾아보다

　　□ 检索　　[jiǎn suǒ 지앤 수오]

명 검토, 반성　동 검토하다, 깊이 반성하다, 자기 비판을 하다

　　□ 检讨　　[jiǎn tǎo 지앤 타오]

동 겁먹다, 두려워하다

　　□ 恐惧　　[kǒng jù 콩 쮜]

형 겁이 많다, 담이 작다, 소심하다, 배짱이 없다

　　□ 胆小　　[dǎn xiǎo 단 시아오]

명 겁쟁이, 비겁한 사람, 졸장부, 기개 없는[약하고 무능한] 남자

　　□ 懦夫　　[nuò fū 누오 푸]

명 겉, 외부, 모범, 본보기, 도표, 양식 동 나타내다, 표현하다

- 表   [biǎo 비아오]

접 게다가, 또한, …뿐만 아니라, 더욱이

- 而且   [ér qiě 얼 치에]

동 게시하다, 드러내어 보이다, 명시하다, 폭로하다

- 揭示   [jiē shì 찌에 쓰]

형 게으르다, 태만하다, 경솔하다, 정중하지 못하다

- 懈怠   [xiè dài 씨에 따이]

명 겨울

- 冬天   [dōng tiān 똥 티앤]

명 겨울 방학

- 寒假   [hán jià 한 찌아]

동 격동하다, 감격하다, 흥분되다, 감정을 불러일으키다

- 激动   [jī dòng 찌 똥]

동 격려하다, 북돋(우)다

- 鼓励   [gǔ lì 구 리]

형 격렬하다, 극렬하다, 치열하다, (성격·감정이) 격하다

- 激烈   [jī liè 찌 리에]

명 격식, 양식, 서식, 규칙

- 格式   [gé·shi 거 스]

명 격식, 양식, 스타일, 디자인

□ **款式** [kuǎn shì 쿠안 쓰]

명 격정, 열정, 정열

□ **激情** [jī qíng 찌 칭]

동 격화되다, 격화시키다

□ **激化** [jī huà 찌 화]

동 (시련 등을) 겪다, 체험하다, 견디다, (단련을) 받다

□ **经受** [jīng shòu 찡 쏘우]

동 겪다, 경험하다 명 내력, 경험

□ **经历** [jīng lì 찡 리]

형 견고하다, 튼튼하다, 단단하다 동 견고하게 하다, 굳히다

□ **坚固** [jiān gù 찌앤 꾸]

형 견고하다, 확고하다

□ **牢固** [láo gù 라오 꾸]

명 견본, 견본품, 샘플

□ **样品** [yàng pǐn 양 핀]

동 (원칙 등을) 견지하다, 고수하다, 끝까지[고집스럽게] 하다

□ **坚持** [jiān chí 찌앤 츠]

명 견해, 관점, 보는 방법

□ **看法(儿)** [kàn · fǎ(r) 칸 파]

명 견해, 의견

□ 见解 [jiàn jiě 찌앤 지에]

명 최후의 결과, 마지막 결과, 후과

□ 后果 [hòu guǒ 호우 구오]

명 결과, 결실　동 없애 버리다, 죽이다

□ 结果 [jié guǒ 지에 구오]

부 결국, 마침내, 드디어, 끝내

□ 终于 [zhōng yú 쫑 위]

동 결산하다, 계산하다, 회계를 마치다

□ 结账 [jié//zhàng 지에 짱]

동 결손나다, 적자를 내다, 적자로 인해 빚지다　명 빚, 부채, 적자

□ 亏空 [kuī·kong 쿠이 콩]

명 결승, 결승전

□ 决赛 [jué sài 쥐에 싸이]

명 결심, 결의, 다짐　동 결심하다, 결의하다, 다짐하다

□ 决心 [jué xīn 쥐에 씬]

명 결의, 결정

□ 决议 [jué yì 쥐에 이]

명 결점, 단점, 결함, 흠, 유감

□ 缺点 [quē diǎn 취에 디앤]

명 결정, 결의, 결정 사항　통 결정[확정]하다, 규정하다

- **决定**　[jué dìng 쮀에 띵]

통 결정하다, 판단하다　형 결연하다, 확고하다　부 결코

- **决**　[jué 쮀에]

명 결탁, 공모　통 결탁하다, 공모하다

□ **勾结**　[gōu jié 꼬우 지에]

명 결핍　통 (인력·물자가) 모자라다, 부족하다

□ **短缺**　[duǎn quē 두안 취에]

통 결합하다, 결부하다, 부부가 되다

□ **结合**　[jié hé 지에 허]

명 결혼　통 결혼하다

□ **结婚**　[jié//hūn 지에 훈]

형 겸손하다, 예의바르다　통 사양하다, 체면을 차리다

- **客气**　[kè·qi 커 치]

통 겸양하다, 겸손하게 사양하다

□ **谦让**　[qiān ràng 치앤 랑]

형 겸허하다　통 겸손의 말을 하다

□ **谦虚**　[qiān xū 치앤 쒸]

통 경감하다, 덜다, 줄이다, 완화하다

□ **减轻**　[jiǎn qīng 지앤 칭]

명 경계, 경각심　동 경계하다, 경각심을 가지다

□ 警惕　　　[jǐng tì 징 티]

명 경고, (행정 처분의) 경고　동 경고하다

□ 警告　　　[jǐng gào 징 까오]

형 (수량·정도 등이) 경미하다, 가볍다

□ 轻微　　　[qīng wēi 칭 웨이]

부 경솔하게, 함부로, 쉽사리, 좀체　형 간단하다, 수월하다

□ 轻易　　　[qīng·yì 칭 이]

형 경솔하다

□ 轻率　　　[qīng shuài 칭 쐐이]

형 경솔하다, 아무렇게나 하다, 거칠다

□ 草率　　　[cǎo shuài 차오 쐐이]

동 경시하다, 얕보다, 업신여기다　형 정중하지 않다, 오만불손하다

□ 轻慢　　　[qīng màn 칭 만]

동 경시하다, 업신여기다, 얕보다

□ 轻视　　　[qīng shì 칭 쓰]

형 경악하다, 놀라서 허둥지둥하다[어쩔 줄 모르다]

□ 惊慌　　　[jīng huāng 찡 후앙]

명 경애, 존경　동 경애하다, 존경하고 사랑하다

□ 敬爱　　　[jìng'ài 찡 아이]

명 경우, 형편, 상황, 장면, 장소
- 场合 [chǎng hé 창 허]

명 경찰, 경찰관
- 警察 [jǐng chá 징 차]

명 경험, 체험 동 경험하다, 겪다, 체험하다
- 经验 [jīng yàn 찡 옌]

명 계곡, 산골짜기
- 山谷 [shān gǔ 싼 구]

명 계단, 단계
- 阶段 [jiē duàn 찌에 뚜안]

명 계단, 층계
- 楼梯 [lóu tī 로우 티]

명 계란, 달걀
- 鸡蛋 [jī dàn 찌 딴]

동 계략을 꾸미다, 획책하다 명 계략
- 策划 [cè huà 처 화]

동 계산하다, 셈하다, 포함시키다, 계획하다, 추측하다, 간주하다
- 算 [suàn 쏸]

명 계속, 연속 동 (활동을) 계속하다, 끊어지지 않다
- 继续 [jì xù 찌 쒸]

명 계절, 철

□ 季节   [jì jié 찌 지에]

명 계획   동 계획하다

□ 计划   [jì huà 찌 화]

명 (장기적·종합적인) 계획, 기획

□ 规划   [guī huà 꾸이 화]

동 (찬성·승인·인사 등의 표시로) 고개[머리]를 끄덕이다

□ 点头   [diǎn//tóu 디앤 토우]

명 고객, 손님

□ 顾客   [gù kè 꾸 커]

명 〈식물〉 고구마

□ 红薯   [hóng shǔ 홍 수]

명 고급 아파트, 맨션

□ 高级公寓   [gāo jí gōng yù 까오 지 꽁 위]

명 고기, (사람·동물의) 살, 과육(果肉)   형 굼뜨다, 느리다

■ 肉   [ròu 로우]

명 고난, 고통과 재난

□ 苦难   [kǔ nàn 쿠 난]

명 고뇌   형 괴롭다   동 고뇌하다, 고민하다

□ 苦恼   [kǔ nǎo 쿠 나오]

형 고되다, 힘들다, 힘겹다, 〈방언〉 피곤하다, 피로하다

□ 吃力 [chī lì 츠 리]

명 〈약칭〉고등학교(高級中学)

■ 高中 [gāo zhōng 까오 쫑]

동 고려하다, 생각하다

□ 考虑 [kǎo lǜ 카오 뤼]

동 고르다, 선택하다, 골라내다

□ 挑选 [tiāo xuǎn 티아오 쉬앤]

형 고립되어 있다, 외롭다 동 고립하다, 고립시키다

□ 孤立 [gū lì 꾸 리]

명 〈구어〉 고모

□ 姑姑 [gū·gu 꾸 구]

명 고무지우개, 유화(硫化) 고무의 통칭

□ 橡皮 [xiàng pí 씨앙 피]

동 고무하다, 북돋우다, (기뻐서) 흥분하다, 흥분시키다

□ 鼓舞 [gǔ wǔ 구 우]

명 고민, 번뇌, 걱정 동 고민[번뇌]하다, 걱정하다

□ 烦恼 [fán nǎo 판 나오]

동 고별하다, 헤어지다, 작별인사를 하다, 영결하다

□ 告别 [gào//bié 까오 비에]

명 고비, 일의 중요한 시기, 분기점, 전환점

□ 关头 [guān tóu 꾸안 토우]

명 고사, 옛이야기, 플롯(plot), 줄거리

■ 故事 [gù·shi 꾸 스]

형 고상하다

□ 高尚 [gāo shàng 까오 쌍]

동 고생을 견디어 내다, 괴로움을 참고 견디다

□ 吃苦 [chī//kǔ 츠 쿠]

명 고속도로

□ 高速公路 [gāo sù gōng lù 까오 쑤 꽁 루]

명 〈동물〉 고양이 동 〈방언〉〈전용〉 숨다, 달아나 숨다

■ 猫 [māo 마오]

명 고원

□ 高原 [gāo yuán 까오 위앤]

형 고정되다, 일정하다, 불변하다 동 고정시키다, 정착시키다

□ 固定 [gù dìng 꾸 띵]

형 고정된, 일정한, 상당한, 필연적인, 특정의 부 꼭, 반드시

■ 一定 [yī dìng 이 띵]

형 고지식하다, 지나치게 조심하다, (동작 등이) 어색하다

□ 拘谨 [jū jǐn 쮜 진]

동 고찰하다, 관찰하다, 시찰하다, 현지 조사하다, 검사하다

□ 考察　　　[kǎo chá 카오 차]

명 〈식물〉 고추

□ 辣椒　　　[là jiāo 라 찌아오]

명 고추장

□ 辣椒酱　　[là jiāo jiàng 라 찌아오 찌앙]

동 (잘못을) 고치다, 바로잡다, 변하다, 바꾸다, 수정[정정]하다

■ 改　　　　[gǎi 가이]

명 고통, 아픔, 고초, 비통　형 고통스럽다, 괴롭다

□ 痛苦　　　[tòng kǔ 통 쿠]

형 고풍의, 구식의, 낡은 양식의　명 고풍(古風), 구식

□ 老式　　　[lǎo shì 라오 쓰]

동 고함치다, 외치다, (사람을) 부르다

□ 喊　　　　[hǎn 한]

명 곤란, 어려움, 애로　형 곤란하다, 어렵다, 가난하다

□ 困难　　　[kùn·nan 쿤 난]

명 곤충

□ 昆虫　　　[kūn chóng 쿤 총]

형 (매우) 곧다, 똑바르다, 꼿꼿하다

□ 笔直　　　[bǐ zhí 비 즈]

동 곧이듣다, 정말로 여기다　형 (rèn zhēn) 진지하다, 성실하다

■ **认真** [rèn//zhēn 런 쩐]

명 골목, 작은 거리

□ **胡同** [hú·tòng 후 퉁]

명 골인　동 (축구·농구 등에서) 골인하다

□ **进球** [jìn qiú 찐 치우]

명 〈체육〉 골프, 골프공

□ **高尔夫球** [gāo'ěr fū qiú 까오 얼 푸 치우]

명 공격, 비난　동 공격하다, 비난하다, 헐뜯다

□ **攻击** [gōng jī 꽁 찌]

동 공고히 하다, 튼튼히 다지다　형 공고하다, 튼튼하다, 견고하다

□ **巩固** [gǒng gù 공 꾸]

형 공교롭다　부 공교롭게, 때마침, 알맞게

□ **凑巧** [còu qiǎo 초우 치아오]

명 공급, 지급　동 공급하다, 지급하다

□ **供给** [gōng jǐ 꽁 지]

명 공로, 공훈

□ **功劳** [gōng·láo 꽁 라오]

명 공사, 공정

■ **工程** [gōng·chéng 꽁 청]

명 공원
- 公园　　[gōng yuán 꽁 위앤]

명 공장
- 工厂　　[gōng chǎng 꽁 창]

명 공전, 품삯, 〈구어〉 노임, 임금
- 工钱　　[gōng · qian 꽁 치앤]

명 공책, 노트, 장면(帳面), 장부, 판본(版本)
- 本子　　[běn · zi 번 즈]

명 공통성
- 共性　　[gòng xìng 꽁 씽]

명 공포, 테러(terror) 동 두려워하다, 공포에 떨다
- 恐怖　　[kǒng bù 콩 뿌]

동 공포하다, 공표하다
- 公布　　[gōng bù 꽁 뿌]

명 공항, 비행장
- 机场　　[jī chǎng 찌 창]

형 공허하다, 텅 비다, 내용이 없다, 허전하다
- 空虚　　[kōng xū 콩 쒸]

명 공헌, 기여 동 공헌하다, 기여하다
- 贡献　　[gòng xiàn 꽁 씨앤]

명 과거, 지난날
- **过去** [guò qù 꿔 취]

동 과도하다, (정)도를 지나치다
- **过度** [guò dù 꿔 뚜]

명 과실, 실수, 오류, 잘못
- **过失** [guò shī 꿔 쓰]

부 과연, 생각한 대로 접 만약 …한다면
- **果然** [guǒ rán 구오 란]

부 과연, 어쩐지, 그러길래 형 당연하다, 나무랄 수 없다
- **难怪** [nán guài 난 꽈이]

형 과외의, 여가의, 아마추어의
- **业余** [yè yú 예 위]

명 과일 주스, 과(일)즙
- **果汁(儿)** [guǒ zhī(r) 구오 쯔]

명 과일, 과실
- **水果** [shuǐ guǒ 수이 구오]

동 과장하다, 과대하다, 허풍치다
- **夸大** [kuā dà 쿠아 따]

명 관객, 관중
- **观众** [guān zhòng 꾸안 쭁]

명 관건, 키포인트, 열쇠	형 결정적이다, 매우 중요하다	
☐ 关键	[guān jiàn 꾸안 찌앤]	

명 (사물·사람 간의) 관계, 관련, 영향	동 관련되다, 영향을 주다	
■ 关系	[guān·xi 꾸안 시]	

동 관광하다, 여행하다, 참관[견학]하다	명 관광	
■ 观光 ‚	[guān guāng 꾸안 꾸앙]	

명 관념, 생각	
☐ 观念	[guān niàn 꾸안 니앤]

동 관람하다, 자세히 보다, 관찰하다	
☐ 观看	[guān kàn 꾸안 칸]

동 관리하다, 운영하다, 돌보다, 단속하다	
■ 管理	[guǎn lǐ 구안 리]

동 관심을 기울이다, 관심을 가지다	
☐ 关心	[guān//xīn 꾸안 씬]

명 〈생리〉 관절, 뼈마디, 〈기계〉 이음매, 〈전용〉 중요한 부분[시기]	
☐ 关节	[guān jié 꾸안 지에]

명 관점, 견해, 입장	
☐ 观点	[guān diǎn 꾸안 디앤]

동 관찰하다, 조사하다	
☐ 观察	[guān chá 꾸안 차]

[동] 관측하다, (상황을) 살피다, 관찰하다

□ 观测　　[guān cè 꾸안 처]

[명] (수학에서의) 괄호, (문장 부호로서의) 괄호, 묶음표

□ 括号　　[kuò hào 쿼 하오]

[명] 광경, (연극·소설 등의) 장면, 신(scene), 국면, 정황, 곁치레

□ 场面　　[chǎng miàn 창 미앤]

[명] 광명 [형] 밝다, 환하다, 〈비유〉 유망하다, (성격이) 구김살없다

□ 光明　　[guāng míng 꾸앙 밍]

[형] 광범위하다, 폭넓다

□ 广泛　　[guǎng fàn 구앙 판]

[명] 광채, 색채와 광택, 명예, 체면 [형] 영광스럽다, 영예롭다

□ 光彩　　[guāng cǎi 꾸앙 차이]

[명] 광천수, 미네랄워터(mineral water)

□ 矿泉水　　[kuàng quán shuǐ 쾅 취앤 수이]

[형] 광활하다, 넓다

□ 广阔　　[guǎng kuò 구앙 쿼]

[명] 광휘, 눈부신 빛, 영예 [형] 빛나다, 찬란하다, 훌륭하다

□ 光辉　　[guāng huī 꾸앙 후이]

괜찮다, 문제없다, 염려없다, 상관이 없다, 관계가 없다

□ 没关系　　[méi guān·xi 메이 꾸안 시]

형 괜찮다, 문제없다, 대수롭지 않다, 걱정할 것 없다

□ **不要紧** [bù yào jǐn 뿌 야오 진]

형 (육체적·정신적으로) 괴롭다, 편하지 않다, 참기 힘들다, 슬프다

□ **难受** [nán shòu 난 쏘우]

동 괴롭히다, 괄시하다, 모욕하다, 업신여기다, 얕보다

□ **欺负** [qī·fu 치 푸]

명 괴물, 성격이 괴팍한 사람

□ **怪物** [guài·wu 꽈이 우]

형 괴상하다, 이상하다, 의외다, 이해하기 어렵다   동 의아해하다

■ **奇怪** [qí guài 치 꽈이]

명 (교육) 과정, (교육의) 교과 과정, 커리큘럼(carriculum)

□ **课程** [kè chéng 커 청]

명 교과서

■ **课本** [kè běn 커 번]

동 교대로 하다, 순번대로 하다   부 교대로, 순번대로

□ **轮流** [lún liú 룬 리우]

동 교란시키다, 방해하다, 〈전자〉 (전파 신호를) 방해하다

□ **干扰** [gān rǎo 깐 라오]

명 교류, 교환   동 교류하다, 바꾸다, (물줄기가) 교류하다

□ **交流** [jiāo liú 찌아오 리우]

명 교만, 거만, 자랑　동 긍지에 차다　형 교만하다, 우쭐대다

□ 骄傲　[jiāoˊ ào 찌아오 아오]

형 (수단 등이) 교묘하다

□ 巧妙　[qiǎo miào 치아오 미아오]

명 (대학의) 교수　동 강의하다, 교수하다, 전수하다

□ 教授　[jiào shòu 찌아오 쏘우]

명 교시, 가르침, 지도　동 교도하다, 가르치다, 지도하다

□ 教导　[jiào dǎo 찌아오 다오]

명 교실

■ 教室　[jiào shì 찌아오 쓰]

명 교역, 거래, 무역, 장사, 흥정　동 교역하다, 거래하다, 장사하다

□ 交易　[jiāo yì 찌아오 이]

명 교육, 교양, 가르침　동 교육하다, 교양하다

□ 教育　[jiào yù 찌아오 위]

명 교자, 만두

□ 饺子　[jiǎo · zi 지아오 즈]

명 교제, 사교　동 사귀다, 교제하다

□ 交际　[jiāo jì 찌아오 찌]

명 교제, 응대, 접대　동 교제하다, 응대하다, 사교[접대]하다

□ 应酬　[yìng · chou 잉 초우]

가

图 교체하다, 바꾸다, 교대하다　图 교대로, 번갈아 (가며)	
□ 交替	[jiāo tì 찌아오 티]
图 교통 체증　图 차가 막히다	
□ 堵车	[dǔ chē 두 처]
图 교통, 연락원, 연락 사무　图 내통하다, 통하다, 왕래하다	
■ 交通	[jiāo tōng 찌아오 퉁]
图 교환　图 교환하다, 바꾸다	
□ 交换	[jiāo huàn 찌아오 환]
图 (나쁜 의미로) 교활하다	
□ 油滑	[yóu huá 요우 후아]
图 교활하다, 간사하다	
□ 狡猾	[jiǎo huá 지아오 후아]
图 교회, 예배당	
□ 教堂	[jiào táng 찌아오 탕]
图 교훈, 훈계, 꾸짖음　图 타이르고 가르치다, 훈계하다	
□ 教训	[jiào · xun 찌아오 쉰]
图 구름	
■ 云	[yún 윈]
图 구매, 구입　图 구매하다, 구입하다	
□ 购买	[gòu mǎi 꼬우 마이]

🔴(동) (선별) 구매하다, 사들이다 🔴(명) 구매원, 구매 담당 직원

□ **采购**   [cǎi gòu 차이 꼬우]

🔴(명) 〈지리〉 구미, 유럽과 아메리카

□ **欧美**   [Ōu Měi 오우 메이]

🔴(명) 구별, 차이, 상이, 다름 🔴(동) 구별하다, 나누다, 식별하다

□ **区别**   [qū bié 취 비에]

🔴(명) 구보(驅步), 달리기 🔴(동) 달리기하다, 조깅하다

□ **跑步**   [pǎo bù 파오 뿌]

🔴(형) 구불구불하다, 꼬불꼬불하다

□ **弯曲**   [wān qū 완 취]

🔴(동) 〈문어〉 구비하다, 갖추다, 가지다, 지니다

□ **具有**   [jù yǒu 쮜 요우]

🔴(명) 구성, 형성 🔴(동) 구성하다, 형성하다, 조성하다

□ **构成**   [gòu chéng 꼬우 청]

🔴(명) 구속, 속박, 제한 🔴(동) 구속하다, 속박하다, 제한하다

□ **束缚**   [shù fù 쑤 푸]

🔴(동) 구속하다, 속박하다 🔴(형) 거북[어색]하다, 부자연스럽다

□ **拘束**   [jū shù 쮜 쑤]

🔴(명) 구역, 지역, 지구

■ **区域**   [qū yù 취 위]

명 구역질, 메스꺼움　동 구역질나다, 메스껍다

□ 呕气　[ǒu qì 오우 치]

명 구입 대금, 구입 금액

□ 购款　[gòu kuǎn 꼬우 쿠안]

동 구타하다, 때리다

□ 殴打　[ōu dǎ 오우 다]

명 구토　동 구토하다, 게우다

■ 呕吐　[ǒu tù 오우 투]

명 국가, 나라

■ 国家　[guó jiā 구오 찌아]

명 국면, 정세, 형세, 〈방언〉 (사물의) 규모, 구성

□ 局面　[jú miàn 쥐 미앤]

명 국부, 일부, 일부분

□ 局部　[jú bù 쥐 뿌]

명 국수, 〈비유〉 테이프(tape)가 엉클어진 상태

□ 面条(儿)　[miàn tiáo(r) 미앤 티아오]

명 국자

□ 汤勺　[tāng sháo 탕 사오]

명 (조금 큰) 국자, 〈생리〉 후두부

□ 勺子　[sháo · zi 사오 즈]

ⓣ 군집하다, 많은 사람이 (떼지어) 모이다

- **群集** [qún jí 췬 지]

ⓗ 굳다, 단단하다, 딱딱하다

□ 坚硬 [jiān yìng 찌앤 잉]

ⓗ 굳세다, 완강하다, 꿋꿋하다 ⓣ 강화하다, 공고히 하다

□ 坚强 [jiān qiáng 찌앤 치앙]

ⓟ 굳이, 기어코, 일부러, 뜻밖에, 공교롭게, 유독, 오로지

□ 偏偏(儿) [piān piān(r) 피앤 피앤]

ⓗ 굵다, (알갱이가) 크다, 거칠다, 경솔하다 ⓟ 대충, 약간

- **粗** [cū 추]

ⓗ 굽다, 구불구불하다, 곡절이 많다, 복잡하다, 평탄하지 않다

□ 曲折 [qū zhé 취 저]

ⓣ (불에) 굽다, 불에 쬐어 말리다, (불을) 쬐다

- **烤** [kǎo 카오]

ⓜ 권고, 충고 ⓣ 권고하다, 충고하다

□ 劝告 [quàn gào 취앤 까오]

ⓜ 권력, 권한

□ 权力 [quán lì 취앤 리]

ⓜ 권리, 권세, 재력

□ 权利 [quán lì 취앤 리]

명 권익, 권리와 이익
□ 权益 [quán yì 취앤 이]

동 궤멸하다, 무너져서 멸망하다, 괴멸(壞滅)하다
□ 溃灭 [kuì miè 쿠이 미에]

명 귀
■ 耳朵 [ěr·duo 얼 두오]

명 귀고리, 귀걸이
□ 耳环 [ěr huán 얼 후안]

형 귀엽다, 사랑스럽다
■ 可爱 [kě ài 커 아이]

형 귀중하다, 보배롭다 동 중시하다, 보물처럼 여기다
□ 宝贵 [bǎo guì 바오 꾸이]

형 귀찮다, 번거롭다, 성가시다 동 귀찮게 굴다, 성가시게 하다
■ 麻烦 [má·fan 마 판]

형 (진)귀하다, 귀중하다, 소중하다
□ 可贵 [kě guì 커 꾸이]

명 규모
□ 规模 [guī mó 꾸이 모]

명 규율, 법칙, 이치, 도리, 방법, 수단
□ 道理 [dào·li 따오 리]

圐 규정, 규칙 통 규정하다, 고정시키다

□ 規定　　　[guī dìng 꾸이 띵]

圐 규칙, 규범, 표준 혱 단정하다, 성실하다, 착실하다

□ 規矩　　　[guī·ju 꾸이 쥐]

圐 규칙, 규율, 법칙 혱 정연하다, 규칙적이다

□ 規則　　　[guī zé 꾸이 저]

圐 〈식물〉 귤

□ 橘子　　　[jú·zi 쥐 즈]

圐 (사람이나 물건·일의) 그 자신, 그 자체

□ 本身　　　[běn shēn 번 썬]

대 그, 그 사람, 그이, 〈문어〉 다른 곳, 다른 방면, 딴, 다른

■ 他　　　[tā 타]

대 그, 저, 그것, 저것 [동물이나 사물을 가리킴]

■ 它　　　[tā 타]

대 그, 저, 그것, 저것, 그 일, 저 일, 저렇다, 그렇다

■ 那个　　　[nà·ge 나 거]

대 그곳, 저곳, 거기, 저기 [비교적 먼곳을 가리킴]

■ 那里　　　[nà·li 나 리]

대 그녀, 그 여자

■ 她　　　[tā 타]

대 그들, 그 사람들, 저 사람들

■ 他们 [tā·men 타 먼]

접 그래서, 때문에, 그런 까닭에, 그러니, 그러니까 명 까닭, 이유

■ 所以 [suǒ yǐ 수오 이]

접 그러나, 그렇지만, 하지만, 단지[무릇] …이라면

■ 但是 [dàn shì 딴 쓰]

접 그러나, 하지만, 그렇지만, 그런데 부 대단히, 정말

■ 可是 [kě shì 커 쓰]

접 그러므로, (그) 때문에, 그래서

■ 因此 [yīn cǐ 인 츠]

대 그렇게, 저렇게, 그런, 저런 접 그러면, 그렇다면, 그런고로

■ 那么 [nà·me 나 머]

형 그렇지 않다, (문장 앞에서) 아니요 접 그렇지 않으면

□ 不然 [bù rán 뿌 란]

접 〈문어〉 (만약) 그렇지 않으면

□ 否则 [fǒu zé 포우 저]

접 그렇지만, 그러나, 그래도, 그런데

□ 然而 [rán' ér 란 얼]

양 그루, 포기 [식물 등을 셀 때]

■ 棵 [kē 커]

〔동〕 (그림을) 그리다, 선을 긋다 〔명〕 그림, (한자의) 획

- 画 [huà 화]

〔동〕 그리워하다

□ 想念 [xiǎng niàn 시앙 니앤]

〔동〕 그리워하다, 그리다, 생각하다

□ 怀念 [huái niàn 후아이 니앤]

〔동〕 그리워하다, 애타게 바라다

□ 思念 [sī niàn 쓰 니앤]

〔접〕 그리하여, 그래서, 이리하여

□ 于是 [yú shì 위 쓰]

〔명〕 그림자, (거울에 비친) 모습, 희미하게 보이는 윤곽이나 형상

- 影子 [yǐng·zi 잉 즈]

〔부〕 그야말로, 실로, 완전히, 전혀, 정말, 곧바로, 똑바로

- 简直 [jiǎn zhí 지앤 즈]

〔명〕 그저께

- 前天 [qián tiān 치앤 티앤]

〔형〕 극렬하다, 격렬하다, 맹렬하다, 치열하다, (자극·통증이) 심하다

□ 剧烈 [jù liè 쮜 리에]

〔동〕 극복하다, 이겨내다, 〈구어〉 참고 견디다

□ 克服 [kè fú 커 푸]

명 (연극의) 극본, 각본, 대본, 시나리오

□ 剧本 [jù běn 쮜 번]

명 극장

□ 剧场 [jù chǎng 쮜 창]

부 극히, 매우, 몹시, 아주

□ 极为 [jí wéi 지 웨이]

양 근 [무게의 단위] 명 도끼

■ 斤 [jīn 찐]

명 근거 동 근거하다, 의거하다, (⋯을) 따르다

□ 根据 [gēn · jù 껀 쮜]

명 근거, 바탕, 의거, 증거, 기초 동 의거하다, 근거로 하다, 증거하다

□ 依据 [yī jù 이 쮜]

동 근무[복무]하다, 봉사하다, 서비스하다

■ 服务 [fú//wù 푸 우]

명 근본, 기초 형 부 본래(의), 원래(의) 대 자기의, 이(것), 이번

■ 本 [běn 번]

명 근원, 원천, 뿌리

□ 根源 [gēn yuán 껀 위앤]

명 〈생리〉 근육

□ 肌肉 [jī ròu 찌 로우]

图 글씨를 쓰다, 글을 짓다, (인물을) 묘사하다, (그림을) 그리다

- 写 　　　　[xiě 시에]

글을 짓다, (어떤 일에 대해) 이러쿵저러쿵 의론하다, 관심을 갖다

- 做文章 　　[zuò wén zhāng 쭤 원 짱]

图 글을 짓다, 작문하다

- 造句 　　　[zào//jù 짜오 쮜]

图 글자, 문자, 자음(字音), 서체, 단어, 어휘, (본명 대신 부르는) 자

- 字 　　　　[zì 쯔]

图 금년, 올해

- 今年 　　　[jīn nián 찐 니앤]

图 금방, 곧, 즉시

- 马上 　　　[mǎ shàng 마 쌍]

图 금지 图 금지하다, 금하다

- 禁止 　　　[jìn zhǐ 찐 즈]

图 급성, 조급한 성질, 급한 성미

- 急性 　　　[jí xìng 지 씽]

图 급여, 보수, 사례금

- 报酬 　　　[bào · chou 빠오 초우]

图 급하다, 분주하다 图 급히, 바쁘게, 서둘러

- 急忙 　　　[jí máng 지 망]

匚위 급히, 여유없이　匚형 매우 바쁘다, 너무 급하다

□ 匆忙　[cōng máng 총 망]

匚동 긍정하다, 인정하다　匚위 반드시　匚형 틀림없다, 긍정적이다

□ 肯定　[kěn dìng 컨 띵]

匚동 기계를 움직이다, 시동 걸다, 동원하다, 개시하다, 돌입하다

□ 发动　[fā dòng 파 똥]

匚동 기근을 구제하다, 구황하다

□ 救荒　[jiù//huāng 찌우 후앙]

匚명 (실험·측량용의 비교적 정밀한) 기기, 기구, 측정 기구

□ 仪器　[yí qì 이 치]

匚조동 기꺼이 …(하려) 하다, 〈방언〉 곧잘 …하다　匚동 승낙[허락]하다

■ 肯　[kěn 컨]

匚명 기념(품)　匚동 기념하다　匚형 기념의, 기념하는

□ 纪念　[jì niàn 찌 니앤]

匚명 기념일

□ 纪念日　[jì niàn rì 찌 니앤 르]

匚동 기다, 기어가다, 기어 오르다, (덩굴 등이) 뻗다

■ 爬　[pá 파]

匚동 기다리다　匚명 대기(wait)

□ 等待　[děng dài 덩 따이]

명 기대, 고대 동 기대하다, 고대하다
期待 [qī dài 치 따이]

명 기도 동 기도하다, 빌다
祈祷 [qí dǎo 치 다오]

명 〈종교〉 기독교
基督教 [Jī dū jiào 찌 뚜 찌아오]

명 기름 동 (기름 등을) 바르다, 칠하다, 기름이 묻다 형 교활하다
■ 油 [yóu 요우]

형 기름지다, 기름기가 많다 명 기름진 식품, 기름때
油腻 [yóu nì 요우 니]

형 기묘하다, 신기하다
奇妙 [qí miào 치 미아오]

형 기본적이다, 근본적이다, 주되다 부 대체로, 거의
基本 [jī běn 찌 번]

형 기분이 나쁘다, 편하지 않다, (동작이) 느리다, (칼날이) 둔하다
不快 [bù kuài 뿌 콰이]

형 기분이 좋다, 편안하다, 시원하다, 상쾌하다
好受 [hǎo shòu 하오 쏘우]

형 기쁘다, 유쾌하다, 즐겁다, 행복하다
快乐 [kuài lè 콰이 러]

형 기쁘다, 즐겁다 동 좋아하다

□ 欢喜　　　[huān xǐ 후안 시]

명 기상, 날씨, 일기, 기상학(氣象學), 주위의 상황, 분위기

□ 气象　　　[qì xiàng 치 씨앙]

동 기상하다, 잠자리에서 일어나다

□ 起床　　　[qǐ//chuáng 치 추앙]

동 기습하다, 습격하다

□ 袭击　　　[xí jī 시 찌]

동 기억하다, 명심하다, 기록하다 명 (내용을 기재한) 책, 글, 기호

■ 记　　　　[jì 찌]

접 기왕 이렇게 된 이상, 이미 이렇게 된 바에야

■ 既然　　　[jì rán 찌 란]

명 기원 동 기원하다, 유래하다

□ 起原　　　[qǐ yuán 치 위앤]

명 기자

□ 记者　　　[jì zhě 찌 저]

명 기점, 출발점, 시작된 장소나 시간, 〈체육〉 스타트 라인

□ 起点　　　[qǐ diǎn 치 디앤]

명 기질, 성격, 성미, 몸에 밴 버릇, 화, 성깔

□ 脾气　　　[pí · qi 피 치]

명 기차

■ 火车　　[huǒ chē 후오 처]

명 기차역

□ 火车站　　[huǒ chē zhàn 후오 처 짠]

명 기초, 근본　형 기본적이다, 중요하다　부 철저히, 근본적으로

□ 根本　　[gēn běn 껀 번]

명 기침　동 기침하다

□ 咳嗽　　[ké·sou 커 소우]

명 〈천문기상〉 기후, 〈전용〉 동향, 정세, 〈비유〉 결과, 성취

□ 气候　　[qì hòu 치 호우]

명 긴 머리

□ 长头发　　[cháng tóu·fa 창 토우 파]

형 긴급하다, 절박하다, 긴박하다

□ 紧急　　[jǐn jí 진 지]

형 긴밀[밀접]하다, 세심하다, 꼼꼼하다　동 밀접해지다, 가깝게 하다

□ 密切　　[mì qiè 미 치에]

형 긴밀하다, 떼어 놓을 수 없다, 끊임없다

□ 紧密　　[jǐn mì 진 미]

형 긴장하다, 바쁘다, 긴박하다, (경제적으로) 힘에 부치다

□ 紧张　　[jǐn zhāng 진 짱]

명 길, 도로, 〈비유〉 수단, 비결, 경로, 절차, 순서

☐ 途径   [tú jìng 투 찡]

명 길, 도로, 노정, 방법, 조리, 지역   양 (운수 기관의) 노선, 부류

■ 路   [lù 루]

형 (미래가) 길고 멀다, 장구하다, 항구적이다

☐ 长远   [cháng yuǎn 창 위앤]

형 길다, 멀다, 뛰어나다, 잘 하다   명 길이, 장점, 장시간

■ 长   [cháng 창]

명 김치

☐ 泡菜   [pào cài 파오 차이]

동 깁다, 보충하다, 보양하다, 공백[공석]을 채우다   명 이익, 도움

■ 补   [bǔ 부]

형 (감정이) 깊고 두텁다, 심후하다, (기초가) 튼튼하다, 단단하다

☐ 深厚   [shēn hòu 썬 호우]

형 깊다, 오래되다, (색깔이) 짙다, 심오하다   명 깊이, 심도

■ 深   [shēn 썬]

동 깊이 들어가다, 깊이 파고들다   형 철저하다, 투철하다, 심각하다

☐ 深入   [shēn rù 썬 루]

동 깊이 연구하다, 파고들다, 탐구하다

☐ 钻研   [zuān yán 쭈안 이앤]

| 图 (칼로) 깎다, 껍질을 벗기다, 삭감하다, 제거하다 |
| 削 [xiāo 씨아오] |

| 图 (머리·수염 등을) 깎다, 밀다 |
| 剃 [tì 티] |

| 图 깜짝 놀라다 |
| 吃惊 [chī//jīng 츠 찡] |

| 图 깨끗이 정리하다, 청산하다, 가다듬다 |
| 清理 [qīng lǐ 칭 리] |

| 图 깨끗하다, 깔끔하다, 남은 것이 없다 |
| ■ 干净 [gān jìng 깐 찡] |

| 图 깨닫다, 이해하다, 파악하다 |
| 领会 [lǐng huì 링 후이] |

| 图 (생각·사상 등이) 깨어 있다, 진보적이다 |
| 开明 [kāi míng 카이 밍] |

| 图 깨어나다, (잠에서) 깨다, 깨닫다   图 분명하다 |
| 醒 [xǐng 싱] |

| 图 깨지다, 찢다, 부수다, 파기하다   图 낡다, 〈전용〉좋지 않다 |
| ■ 破 [pò 포] |

| 图 (기뻐서) 껑충 뛰다, 펄쩍 뛰어오르다   图 활기차다, 열렬하다 |
| 踊跃 [yǒng yuè 용 위에] |

형 꼼꼼하다, 세심하다, 주도면밀하다

□ 周到 [zhōu·dào 쪼우 따오]

명 꽃, 관상용 식물 형 꽃으로 장식된 동 쓰다, 소비하다

■ 花 [huā 후아]

동 (물건 등이) 꽉 차다, 밀치다, 비집다, 누르다 형 붐비다

□ 挤 [jǐ 지]

동 꾸미다, 장식하다, 고치다, 집필하다, 건설하다, 배우다

■ 修 [xiū 씨우]

동 꾸짖다, 비난하다, 탓하다, 책망하다

□ 责备 [zé bèi 저 뻬이]

동 꿈을 꾸다, 〈전용〉 환상하다, 공상하다

□ 做梦 [zuò//mèng 쭤 멍]

명 끈기, 강인성, 근성, 〈물리〉 인성

□ 韧性 [rèn xìng 런 씽]

동 끊다, 단절하다, 차단하다

□ 断绝 [duàn jué 뚜안 쥐에]

부 끊임없이, 계속하여, 연이어, 잇따라

□ 陆续 [lù xù 루 쒸]

동 끌다, 당기다, 운반하다, 늘이다, 〈방언〉 (악기를) 켜다, 연주하다

■ 拉 [lā 라]

동 끓다, 끓어오르다

□ 煮开　　　[zhǔ kāi 주 카이]

명 끓인 물

■ 开水　　　[kāi shuǐ 카이 수이]

명 끝, 최후, 끝장, 끝판, 맨 마지막

□ 最后　　　[zuì hòu 쭈이 호우]

동 끼어들다, 개입하다, 참여하다, 가담하다, 참견하다

□ 参与　　　[cān yù 찬 위]

명 낌새, 조짐, 전조, 실마리, 상황, 방법

□ 苗头(儿)　[miáo · tou(r) 미아오 토우]

나

代 나, 저, 자기, 자신(自身), 〈문어〉 우리(들), 우리측

■ 我　　　　　[wǒ 워]

动 나가다, 외출하다

□ 出去　　　　[chū// · qù 추 취]

动 나누다, 분배하다, 분별하다　量 분(수 · 시간 · 각도), 전(화폐)

■ 分　　　　　[fēn 펀]

动 나르다, 운반하다, 패배하다, 지다, 〈문어〉 기부하다, 바치다

■ 输　　　　　[shū 쑤]

名 나무, 수목　动 〈문어〉 심다, 재배하다, 수립하다, 세우다

■ 树　　　　　[shù 쑤]

名 〈구어〉 나무, 목재, 〈비유〉 감정이 메마른 사람

■ 木头　　　　[mù · tou 무 토우]

动 나빠지다, 퇴보하다, 양보하다

□ 退步　　　　[tuì//bù 투이 뿌]

形 나쁘다, 악하다　动 상하다, 망가지다, 망치다, 나쁘게 하다

■ 坏　　　　　[huài 화이]

名 나쁜 점, 결점, 해로운 점

□ 坏处　　　　[huài · chu 화이 추]

명 〈기계〉 나사, 나사못

□ 螺钉　　　[luó dīng 루오 띵]

동 나아가다, (안으로) 들다, 사들이다, 받아들이다, 올리다

■ 进　　　[jìn 찐]

형 나약하고 용기가 없다, 연약하고 패기가 없다

□ 懦弱　　　[nuò ruò 누오 뤄]

동 나오다, 출현하다, 나서다, 발생하다, 생기다, 생겨나다

□ 出来　　　[chū//·lái 추 라이]

동 나오다[나가다], 발행하다, 발표하다, 생산하다, 드러나다

■ 出　　　[chū 추]

명 (사람의) 나이, 연령

■ 年纪　　　[nián jì 니앤 찌]

형 나이가 어리다, (정도·수준이) 낮다, 유치하다, 미숙하다

□ 幼稚　　　[yòu zhì 요우 쯔]

형 나태하다, 게으르다

□ 懒惰　　　[lǎn duò 란 뚸]

명 낙관　형 낙관하다, 낙관적[낙천적]이다

□ 乐观　　　[lè guān 러 꾸안]

동 낙방하다, 시험에 떨어지다

□ 落榜　　　[luò//bǎng 뤄 방]

ⓗ 낙선하다, 선거에서 떨어지다

□ 落选　　[luò//xuǎn 뤄 쉬앤]

ⓗ 낙후되다, 뒤떨어지다, 낙오하다, 뒤처지다

□ 落后　　[luò//hòu 뤄 호우]

ⓜ 낚시 ⓗ 낚시를 하다

□ 钓鱼　　[diào yú 띠아오 위]

ⓜ 난제, 어려운 문제, 〈비유〉 해결하기[처리하기] 어려운 문제

□ 难题　　[nán tí 난 티]

ⓗ 난처하게 만들다, 괴롭히다, 맞서다 ⓗ 곤란하다, 난처하다

□ 为难　　[wéi//nán 웨이 난]

ⓜ (정해진) 날, 날짜, 시일, 기간, 세월, 시간, 생계, 생활

■ 日子　　[rì · zi 르 즈]

ⓜ 날, 하루, (특정한) 날, 일, 태양, 낮, 시간, 세월, 매일

■ 日　　　[rì 르]

ⓗ 날다, 비행하다, 휘날리다 ⓑ 매우 빨리, 나는 듯이 ⓗ 뜻밖의

■ 飞　　　[fēi 페이]

ⓜ 날씨, 일기, 하늘의 기운, 시간

■ 天气　　[tiān qì 티앤 치]

ⓗ (몸매가) 날씬하다, 호리호리하다

□ 苗条　　[miáo · tiao 미아오 티아오]

형 낡다, 오래되다, 옛날의 명 옛날, 고대
- 古　　　　　[gǔ 구]

형 낡다, 오래되다, 케케묵다
- 陈旧　　　　[chén jiù 천 찌우]

명 남, 남쪽, 남부
- 南　　　　　[nán 난]

대 남, 다른 사람, 그 사람, 그, 나, 자신, 몸, 신분
- 人家　　　　[rén · jia 런 지아]

대 남, 타인
- 别人　　　　[bié · ren 비에 런]

명 남, 타인, 외부 사람, 관계없는 사람, 외국인
- 外人　　　　[wài rén 와이 런]

명 (지구의) 남극과 북극, (전기의) 양극과 음극, 〈비유〉 양 극단
- 两极　　　　[liǎng jí 리앙 지]

동 남기다, 남겨 놓다, 남아 있다, 남겨두다
- 遗留　　　　[yí liú 이 리우]

명 남녀 공학, 남녀 동창생
- 男女同学　　[nán nǚ tóng xué 난 뉘 퉁 쉬에]

명 남동생, 아우
- 弟弟　　　　[dì · di 띠 디]

나

형 남색의, 파란색의, 남빛의　명 〈식물〉 쪽

■ 蓝　　[lán 란]

동 (책임을) 남에게 미루다, 회피하다, 전가하다

□ 推卸　　[tuī xiè 투이 씨에]

동 (권세를 믿고) 남을 억압하다, 업신여기고 압박하다

□ 欺压　　[qī yā 치 야]

명 (성년) 남자

■ 男人　　[nán rén 난 런]

명 남편

□ 丈夫　　[zhàng·fu 짱 푸]

동 낭비하다　형 헛되다, 비경제적이다

□ 浪费　　[làng fèi 랑 페이]

동 낭비하다, 못쓰게 만들다, 망치다, 모욕하다, 짓밟다, 유린하다

□ 糟蹋　　[zāo·tà 짜오 타]

형 (높이·수준·등급 등이) 낮다, 싸다　동 (머리를) 숙이다, 내려가다

■ 低　　[dī 띠]

형 (출신·신분 등이) 낮다, 비천하다, 비열하다, (값이) 싸다

□ 低贱　　[dī jiàn 띠 찌앤]

형 낯설다, 생소하다, 서툴다, 미숙하다, 소원하다, 친하지 않다

□ 生疏　　[shēng shū 썽 쑤]

동 낳다, 출산하다, 만들어내다, 출현하다, 생기다

- **产生** [chǎn shēng 찬 셩]

명 내년, 명년

- **明年** [míng nián 밍 니앤]

동 (소리를) 내다, (명령·지시를) 내리다, (원고·편지를) 발송하다

□ **发出** [fā chū 파 추]

동 (미래를) 내다보다, 전망하다, 두루 바라보다 명 전망, 미래상

□ **展望** [zhǎn wàng 잔 왕]

동 내려가다, 계속하다, 끝나다, 진압되다, 없어져서 원상태가 되다

□ **下去** [xià// · qù 씨아 취]

동 내려가다, 내리다, 낮추다, 버리다

□ **降低** [jiàng dī 찌앙 띠]

동 내려오다, 수확하다, 후방으로 이송하다, 무대 뒤로 물러나다, 지나다

□ **下来** [xià// · lái 씨아 라이]

명 내력, 유래, 경로, 경력

□ **来历** [lái lì 라이 리]

명 내왕, 왕래, 교제, 교류 동 내왕하다, 왕래하다, 교류하다

□ **交往** [jiāo wǎng 찌아오 왕]

명 내의, 속옷

□ **内衣** [nèi yī 네이 이]

나

图 내일, 가까운 장래, (멀지 않은) 미래, 앞날

■ 明天　　　[míng tiān 밍 티앤]

图 냄새, 향기, 〈비유〉 성미, 성격, 성향, 〈문어〉 광경

□ 气味　　　[qì wèi 치 웨이]

图 냉각　图 냉각하다

□ 冷却　　　[lěng què 렁 취에]

图 냉담하다, 무관심하다

□ 冷漠　　　[lěng mò 렁 모]

图 냉면, 냉국수, 〈문어〉 불쾌한 얼굴

□ 冷面　　　[lěng miàn 렁 미앤]

图 냉장고

■ 电冰箱　　[diàn bīng xiāng 띠앤 삥 씨앙]

图 냉정하다, 침착하다, 조용하다　图 침착[냉정]하게 하다

□ 冷静　　　[lěng jìng 렁 찡]

团 너, 자네, 당신, 〈문어〉 너희들, 당신들, 누구, 사람

■ 你　　　[nǐ 니]

团 너희들, 당신들, 자네들

■ 你们　　　[nǐ · men 니 먼]

图 (서면 · 구두 방식으로) 널리 구하다, 모집하다

□ 征求　　　[zhēng qiú 쩡 치우]

동 널리 보급하다, 널리 확대하다, 확충하다, 일반화하다

□ **推广** [tuī guǎng 투이 구앙]

동 널리 퍼뜨리다, 전파하다, 유포하다　명 전파, 보급, 유포

□ **传播** [chuán bō 추안 뽀]

형 (면적이) 넓다, 광대하다, 거대[광범위]하다, (사람이) 많다

□ **广大** [guǎng dà 구앙 따]

형 (폭이) 넓다, 널직하다, (도량 등이) 넓다, 크다

□ **宽阔** [kuān kuò 쿠안 쿼]

동 (장소·범위 등을) 넓히다, 신장하다, 확장하다

□ **扩展** [kuò zhǎn 쿼 잔]

동 넘겨주다, 전해 주다　부 차례로, 순서대로

□ **递** [dì 띠]

명 〈전자〉 네티즌(netizen), 인터넷 이용자

□ **网民** [wǎng mín 왕 민]

명 넥타이

□ **领带** [lǐng dài 링 따이]

수 넷, 4　명 〈음악〉 중국 전통 음악의 한 음계

■ **四** [sì 쓰]

명 년, 해, 설, 새해, 연령, 나이, 일생의 한 시기, 시대, 수확

■ **年** [nián 니앤]

형 노랗다, 누렇다, 퇴폐적[선정적]이다 명 황금, 노른자

■ 黄 [huáng 후앙]

동 노래를 부르다 명 (chàng gē) 노래, 창가

□ 唱歌(儿) [chàng//gē(r) 창 꺼]

동 노래를 부르다, 크게 외치다, 큰 소리로 부르다, 표명하다 명 노래

■ 唱 [chàng 창]

명 노력 동 노력하다

□ 功夫 [gōng·fu 꽁 푸]

동 노력하다, 열심히 하다, 애쓰다, 힘쓰다 명 (nǔ lì) 노력

■ 努力 [nǔ//lì 누 리]

명 노인, 늙은이, 영감, 〈방언〉 아버지, 아버님

■ 老头儿 [lǎo tóur 라오 토우얼]

명 노인, 늙은이, 자기 부모나 조부모, 고참

□ 老人(儿) [lǎo·rén(r) 라오 런]

명 노트북(notebook)

□ 笔记本电脑 [bǐ jì běn diàn nǎo 비 찌 번 띠앤 나오]

명 녹차

□ 绿茶 [lǜ chá 뤼 차]

명 논거, 논설이나 이론의 근거, 〈논리〉 논거

□ 论据 [lùn jù 룬 쮜]

명 논문

□ 论文　　　[lùn wén 룬 원]

동 논평하다, 평론하다, 비평하다　명 평론, 논평, 논설

□ 评论　　　[píng lùn 핑 룬]

형 놀랍고 의아하다　동 의아해하다, 놀라다

□ 惊讶　　　[jīng yà 찡 야]

형 놀랍고 이상하다, 경이롭다　동 놀라며 이상히 여기다

□ 惊异　　　[jīng yì 찡 이]

동 놀리다, 희롱하다, 만지작거리다, 가지고 놀다, (수단을) 쓰다

□ 玩弄　　　[wán nòng 완 농]

명 〈체육〉 농구, 농구 시합, 농구공

■ 篮球　　　[lán qiú 란 치우]

명 농담, 우스갯소리, 농지거리　동 농담하다, 농지거리를 하다

□ 玩笑　　　[wán xiào 완 씨아오]

동 농담하다, 희롱하다, 놀다, 장난하다, (사람·일을) 경솔히 대하다

□ 闹着玩儿　　　[nào·zhe wánr 나오 저 왈]

명 〈문어〉 농부, 농민, 농군

■ 农夫　　　[nóng fū 농 푸]

형 (높이·등급이) 높다, 뛰어나다, 크다, 나이가 많다　명 높이

■ 高　　　[gāo 까오]

통 놓다, 두다, 놓아주다, 풀어주다, 내버려두다, 보류하다

■ 放 [fàng 팡]

명 〈생리〉 뇌, 뇌수(腦髓), 〈비유〉 두뇌, 지능, 우두머리

□ 脑 [nǎo 나오]

대 누구, (불특정한) 누구, 아무, (임의의) 아무개, 누가, 누구나

■ 谁 [shéi 쉐이]

명 누나, 언니

■ 姐姐 [jiě · jie 지에 지에]

통 (손으로) 누르다, (감정을) 억누르다, 고찰하다 개 …대로

□ 按 [àn 안]

명 눈 형 (눈처럼) 희다, 빛나다 통 (원한·치욕을) 씻다, 풀다

■ 雪 [xuě 쉬에]

명 눈물

■ 眼泪 [yǎn lèi 이앤 레이]

명 눈썹

□ 眉毛 [méi · mao 메이 마오]

명 눈의 통칭, 안중(眼中), 안목(眼目), 보는 눈

■ 眼睛 [yǎn · jing 이앤 징]

통 눈이 내리다, 눈이 오다

□ 下雪 [xià//xuě 씨아 쉬에]

동 눈치채다, 알아차리다, 느껴서 알다, 발각되다

□ 察觉 [chá jué 차 쥐에]

동 (반듯하게) 눕다, 드러눕다, (물건 등이) 쓰러지다, 넘어지다

■ 躺 [tǎng 탕]

명 (신문·방송 등의) 뉴스, 신문, 새 소식, 신기한 소식

■ 新闻 [xīn wén 씬 원]

명 느낌, 감상, 인상 동 (영향을) 받다, 감수하다, 체득하다

□ 感受 [gǎn shòu 간 쏘우]

형 느리다, 게으르다, (태도가) 무례하다, 쌀쌀맞다 동 늦추다, 미루다

■ 慢 [màn 만]

형 느릿느릿하다, 더디다

□ 缓缓 [huǎn huǎn 후안 후안]

동 늘 생각하다, 염려하다

□ 惦记 [diàn · jì 띠앤 찌]

부 늘, 항상, 자주 형 일반적인, 평상의, 불변의 명 법칙, 윤리

■ 常 [cháng 창]

동 늘어놓다, 진열[배열]하다, 나열하다, 열거하다

□ 罗列 [luó liè 루오 리에]

동 늘이다, 연장하다 명 연장

□ 延长 [yán cháng 이앤 창]

형 늙다, 나이 먹다, 노련하다, 오래된, 낡다 부 늘, 오래 명 노인
■ 老 [lǎo 나오]

명 능력, 기량, 재량, 재능, 재주
□ 本事 [běn·shi 번 스]

명 능력, 역량
□ 能力 [néng lì 넝 리]

명 능력, 재능 형 유능하다 조동 …할 수 있다, …할 줄 알다
■ 能 [néng 넝]

동 〈문어〉 능숙하다, 뛰어나다, 재주가 있다, 정통하다 명 장기, 재간
□ 擅长 [shàn cháng 싼 창]

형 늦다, 말기(末期)의, (순차가) 늦은, 뒤의 명 밤, 저녁, 말(末)
□ 晚 [wǎn 완]

동 (걸음을) 늦추다
□ 放慢 [fàng màn 팡 만]

동 늦추다, 느슨하게 하다, 관대하게 하다, 풀어주다, 방면하다
□ 放松 [fàng sōng 팡 쏭]

조 …니? …까? …느냐? [문장 끝에서 의문·반문을 나타냄]
■ 吗 [·ma 마]

동 다가가다, 취임하다, 완성하다 ㅣ 부 곧, 이미 ㅣ 개 …에 대하여

■ 就   [jiù 찌우]

형 다국적의

□ 跨国   [kuà guó 쿠아 궈]

동 다그치다, 강화하다, 박차를 가하다, 서둘러 하다

□ 加紧   [jiā jǐn 찌아 진]

동 (차·배 등이) 다니다, 운항하다, 운행하다

□ 行驶   [xíng shǐ 싱 스]

명 〈생리〉 다리, (물건의) 다리, 중국식 햄(ham)

■ 腿   [tuǐ 투이]

명 다리, 교량

■ 桥   [qiáo 치아오]

명 다리미, 인두

□ 熨斗   [yùn dǒu 윈 도우]

접 다만[오로지] …해야만, …하지 않으면, …을 제외하고

□ 除非   [chú fēi 추 페이]

수 다섯, 5 ㅣ 명 〈음악〉 중국 민족 음악의 한 음계

■ 五   [wǔ 우]

| 다소간에, 많든 적든, 다소 | 명 수량의 많고 적음, 분량

■ **多少** [duō shǎo 뚜오 사오]

| 명 다수, 많은 수 | 대개, 대체로

□ **多数** [duō shù 뚜오 쑤]

| 다시, 또, 재차, 더욱, 그 위에, 이 이상 …한다면, 아무리 …한다 해도

■ **再** [zài 짜이]

| 명 〈전자〉 다운로드(download) | 동 (파일 등을) 다운로드하다

□ **下载** [xià zài 씨아 짜이]

| 명 다음달, 내달

■ **下月** [xià yuè 씨아 위에]

| 명 다층 건물, (건물의) 층, 점포 | 양 동(棟)을 셀 때 씀

■ **楼** [lóu 로우]

| 동 다투다, 논쟁[경쟁]하다 | 형 〈방언〉 모자라다 | 〈문어〉 어떻게

■ **争** [zhēng 쩡]

| 동 다투다, 말싸움[말다툼]을 하다

□ **吵架** [chǎo//jià 차오 찌아]

| 형 다하다, 끝장나다, 가난하다 | 동 탐구하다 | 쓸데없이

■ **穷** [qióng 치옹]

| 다행히, 운 좋게, 요행으로

■ **幸亏** [xìng kuī 씽 쿠이]

다

⑧ 단결하다, 연대하다, 결속하다 ⑱ 사이가 좋다, 우호적이다

□ 团结　　　[tuán jié 투안 지에]

⑲ 단기, 단기간, 짧은 기한

□ 短期　　　[duǎn qī 두안 치]

⑱ 단단하다, 강하다, 굳세다 ⑲ 막, 금방, …하자마자, 마침

■ 刚　　　　[gāng 깡]

⑱ 단단하다, 굳다, (의지가) 강경하다, 능력있다 ⑲ 무리하게, 억지로

■ 硬　　　　[yìng 잉]

⑲ 단속, 제약, 구속 ⑧ 단속하다, 제약하다, 구속[속박]하다

□ 约束　　　[yuē shù 위에 쑤]

⑱ 단순하다 ⑲ 단지, 오로지, 단순히

□ 单纯　　　[dān chún 딴 춘]

⑱ 단조롭다, 단순하다

□ 单调　　　[dān diào 딴 띠아오]

⑲ 단지, 다만, 가까스로, 겨우

□ 仅　　　　[jǐn 진]

⑲ 단추, 매듭, (소설 등의) 절정, 클라이맥스(climax)

□ 扣子　　　[kòu·zi 코우 즈]

⑧ (거리·시간 등을) 단축하다, 줄이다

□ 缩短　　　[suō duǎn 쑤오 두안]

형 단호하다, 결연하다, 확고하다
□ 坚决　　　[jiān jué 찌앤 쥐에]

동 닫다, (스위치를) 끄다, 가두다, 감금되다, 문을 닫다, 관련되다
■ 关　　　[guān 꾸안]

동 닫다, 다물다, 감다, 막히다, 끝나다, 끝내다
■ 闭　　　[bì 삐]

명 〈천체〉 달
□ 月亮　　　[yuè·liang 위에 리앙]

명 〈천체〉 달, 월 [시간의 단위], 달처럼 둥글게 생긴 것　형 매월[매달]의
■ 月　　　[yuè 위에]

형 (맛이) 달다, 〈전용〉 (말이) 달콤하다, 〈비유〉 (생활이) 즐겁다, (잠이) 달다
■ 甜　　　[tián 티앤]

동 달라지다, 바꾸다, 변경하다, 변화시키다
□ 改变　　　[gǎi biàn 가이 삐앤]

부 달리, 그 밖에, 따로, 별도로　대 다른 것, 그 밖의 것
□ 另外　　　[lìng wài 링 와이]

명 달리기 (경주)　동 달리기 경주를 하다
■ 赛跑　　　[sài pǎo 싸이 파오]

동 달리다, 뛰다, 달아나다, 도망가다, 분주하게 다니다
■ 跑　　　[pǎo 파오]

다

| 83 |

명 〈동물〉 닭

■ 鸡　　　　[jī 찌]

명 닭고기

□ 鸡肉　　　[jī ròu 찌 로우]

동 담당하다, 맡다, 감당하다, (책임을) 지다

□ 承担　　　[chéng dān 청 딴]

명 담론, 논의, 비난　동 담론하다, 논의하다, 비난하다

□ 谈论　　　[tán lùn 탄 룬]

동 (직무를) 담임하다, 맡다

□ 担任　　　[dān rèn 딴 런]

명 담판, 회담, 협상, 교섭　동 담판짓다, 회담하다, 협상하다

□ 谈判　　　[tán pàn 탄 판]

형 (마음이) 답답하고 괴롭다, 우울하다, 울쩍하다

□ 郁闷　　　[yù mèn 위 먼]

명 답안, 해답

□ 答案　　　[dá àn　다 안]

명 〈체육〉 당구, 당구공, 〈방언〉 탁구(공)

□ 台球　　　[tái qiú 타이 치우]

명 〈식물〉 당근, 홍당무

□ 胡萝卜　　　[hú luó · bo 후 루오 보]

대 〈경어〉 당신, 선생님, 귀하 ['你' 의 존칭형]

■ 您　　　　[nín 닌]

형 당연하다, 의심할 여지가 없다, 물론이다　부 당연히, 물론

■ 当然　　　[dāng rán 땅 란]

형 당황하여 허둥대다, 허둥지둥하다, 안절부절못하다

□ 慌张　　　[huāng · zhāng 후앙 쌍]

동 닿다, 접촉하다, 관계를 갖다, 교전하다

□ 接触　　　[jiē chù 찌에 추]

양 대 [차량(車辆) · 자전거 등을 셀 때]

■ 辆　　　　[liàng 리앙]

명 대강, 개요　형 대강의, 대충의, 대체로　부 대략, 대개, 아마도

■ 大概　　　[dà gài 따 까이]

명 대국, 중요한 이치[도리], 전체　부 대체로, 대략

□ 大体　　　[dà tǐ 따 티]

동 대기하다, 기다리다

□ 等候　　　[děng hòu 덩 호우]

형 대담하다, 용감하다　동 대담해지다

□ 大胆　　　[dà dǎn 따 단]

명 대답, 회답　동 대답하다, 회답하다

□ 答复　　　[dá · fù 다 푸]

동 대답하다, 응답하다, 승낙하다, 동의하다

■ 答应 [dā·ying 따 잉]

부 대략, 대강, 아마, 대개는

□ 大约 [dà yuē 따 위에]

부 〈문어〉 대략 동 들어맞다 조동 …할 수 있다, …할 만하다

■ 可 [kě 커]

명 대량, 다량 형 대량의, 다량의, 관대하다 부 대량으로

□ 大量 [dà liàng 따 리앙]

명 (도시·근교의) 대로, 도로, 큰길, 한길

□ 马路 [mǎ lù 마 루]

명 대륙, 중국 본토

□ 大陆 [dà lù 따 루]

명 대립, 반대 동 대립하다

□ 对立 [duì lì 뚜이 리]

명 대변 동 대변을 보다

□ 大便 [dà biàn 따 삐앤]

부 대부분, 대개, 대체로 명 대도시

□ 大都 [dà dū 따 뚜]

명 (사람에 대한) 대우, 대접, 급료, 급여 동 대우[대접]하다

□ 待遇 [dài yù 따이 위]

명 대의, 〈문어〉 큰 뜻

　　□ 大意　　[dà yì 따 이]

동 대처하다, 대비하다, 감당하다, 대응하다, 얼버무리다

　　□ 应付　　[yìng·fù 잉 푸]

부 대체로, 무릇, 모두

　　□ 凡是　　[fán shì 판 쓰]

동 대체하다, 대신하다, 〈문어〉 쇠퇴하다　개 …을 위하여, …때문에

　　■ 替　　[tì 티]

동 (어떤 태도로 사람·일을) 대하다, 다루다, 대처하다

　　□ 对待　　[duì dài 뚜이 따이]

명 대학, (Dà xué) ≪대학(大學)≫　동 크게 배우다[학습하다]

　　□ 大学　　[dà xué 따 쉬에]

형 더럽다, 불결하다, 지저분하다, 〈비유〉 (행동 등이) 추악하다

　　□ 肮脏　　[āng·zang 앙 장]

동 〈전자〉 (컴퓨터의 마우스를) 더블 클릭하다

　　□ 双击　　[shuāng jī 쑤앙 찌]

동 더하다, 보태다, 첨가하다, 더 갖추다, 늘리다

　　□ 增添　　[zēng tiān 쩡 티앤]

동 더하다, 보태다, 늘리다, (덧)붙이다, 보충하다　부 더, 더욱

　　■ 加　　[jiā 찌아]

동 덕을 보다, 은혜를 입다, 신세를 지다

□ 沾光　　　[zhān//guāng 짠 꾸앙]

동 던지다, 내버리다, 포기하다, 〈전용〉 지껄이다, 먼저 죽다

□ 扔　　　[rēng 렁]

형 덥다, 뜨겁다　명 〈물리〉 열, 열기　동 가열하다, 몹시 탐내다

■ 热　　　[rè 러]

명 덩어리, 조각　양 덩이, 조각, 원 [중국 화폐 단위]

■ 块　　　[kuài 콰이]

명 덮개, 뚜껑, 차의 차양　동 덮다, 감추다, (도장을) 찍다

■ 盖　　　[gài 까이]

동 덮다, 당하다, 걸치다　명 이불　개 …당하다, …에게 …당하다

■ 被　　　[bèi 뻬이]

동 데우다, 중탕하다, 화상을 입다, 다리미질하다　형 뜨겁다

□ 烫　　　[tàng 탕]

부 …도, 또한, 그래도　조 판단·결정·의문의 어기를 나타냄

■ 也　　　[yě 예]

동 (말이나 행위가) 도가 지나치다, 도를 넘다, 과격하다

□ 过火(儿)　　　[guò//huǒ(r) 꿔 후오]

명 도달, 도착　동 〈문어〉 도달하다, 도착하다

□ 抵达　　　[dǐ dá 디 다]

동 (목표·정도에) 도달하다, 이르다, 달성하다

达到 [dá//dào 다 따오]

부 도대체, 결국, 마침내, 역시 동 (dào//dǐ) 끝까지 …하다

■ 到底 [dào dǐ 따오 디]

명 도덕, 윤리 형 도덕적이다

道德 [dào dé 따오 더]

명 도로, 길, 수로, 방법, 기술 동 말하다, (말로 감정을) 표하다

■ 道 [dào 따오]

부 도리어, 오히려, 뜻밖에 동 물러나다, 물리치다, 거절하다

■ 却 [què 취에]

명 도마

菜板(儿) [cài bǎn(r) 차이 반]

명 도서관

■ 图书馆 [tú shū guǎn 투 쑤 구안]

명 도시, 도회지, 시내

■ 城市 [chéng shì 청 쓰]

명 도움, 조력(助力) 동 협조하다, 원조하다, 보좌하다

协助 [xié zhù 시에 쭈]

동 도착 보고[신고]를 하다, 도착[참석] 등록하다, 출석하다

报到 [bào//dào 빠오 따오]

동 도착하다, 도달하다, 이르다

□ 到达 [dào dá 따오 다]

명 독서 동 책을 읽다

□ 看书 [kàn//shū 칸 쑤]

동 독서하다, 책을 읽다, 공부하다, 학교를 다니다

□ 读书 [dú//shū 두 쑤]

명 독점, 독차지 동 농단하다, 독점하다, 독차지하다

□ 垄断 [lǒng duàn 롱 뚜안]

동 (받아 내려) 독촉하다, 요구하다, 받아내다, 얻어내다, 구하다

□ 索取 [suǒ qǔ 수오 취]

명 독촉, 재촉, 감독 동 독촉하다, 재촉하다

□ 督促 [dū cù 뚜 추]

형 독특하다, 특별하다, 특수하다

□ 独特 [dú tè 두 터]

명 돈, 화폐, 동전, 비용, 값, 자금, 기금 양 돈, 전 [무게 단위]

■ 钱 [qián 치앤]

동 돈을 거슬러 주다, 돈을 마련하다 명 (zhǎo qián) 거스름돈

□ 找钱 [zhǎo//qián 자오 치앤]

동 돈을 받다

□ 领款 [lǐng//kuǎn 링 쿠안]

명 돌, 바위

■ 石头　　　　[shí · tou 스 토우]

동 (몸을) 돌리다, 방향을 바로 잡다, (정세를) 전환하다, 반전시키다

□ 扭转　　　　[niǔ zhuǎn 니우 주안]

동 돌보다, 보살피다, (구두로) 통지하다, 알려 주다

□ 关照　　　　[guān zhào 꾸안 짜오]

동 돌보다, 보살피다, 고려하다, 주의하다, 손님이 물건을 사러오다

□ 照顾　　　　[zhào · gù 짜오 꾸]

동 돌아보다, 고개를 돌리다, 후회하다, 뉘우치다, 깨닫다

□ 回头　　　　[huí//tóu 후이 토우]

동 돌아오다, (병 등이) 도지다, (원래의 장소로) 되돌아오다

□ 回来　　　　[huí// · lái 후이 라이]

동 돌아오다, 돌리다, 회전하다, 회답하다　양 회, 번, 차례

■ 回　　　　[huí 후이]

동 돌이켜 보다, 회고하다

□ 回顾　　　　[huí gù 후이 꾸]

동 (상태 · 제한 등을) 돌파하다, 타파하다

□ 冲破　　　　[chōng pò 총 포]

동 돌파하다, 극복하다, 이겨내다, 타파하다

□ 突破　　　　[tū pò 투 포]

동 돕다, 거들어주다, 재물로 돕다   명 물체의 옆부분, 가장자리, 집단

■ 帮   [bāng 빵]

동 돕다, 원조하다, 지원하다, 보좌하다   명 도움, 원조, 보조

■ 帮助   [bāng zhù 빵 쭈]

명 동기, 의도

□ 动机   [dòng jī 똥 찌]

명 동료, 친구, 동업자, 파트너, 동반자

□ 伙伴   [huǒ bàn 후오 빤]

명 동물

■ 动物   [dòng wù 똥 우]

조 동사 뒤에 쓰여 동작의 완료·과거의 경험을 나타냄

■ 过   [·guo 구오]

조 동사·형용사를 수식하는 말 뒤에 붙는 결구조사(結構助詞)

■ 地   [·de 더]

조 동사·형용사와 그 보어 사이에 쓰여 결과·가능·정도를 나타냄

□ 得   [·de 더]

동 동요하다, 흔들리다, 동요시키다, 흔들리게 하다

□ 动摇   [dòng yáo 똥 야오]

동 (군대·사람을) 동원하다, 전시 체재로 바꾸다   명 동원

□ 动员   [dòng yuán 똥 위앤]

명 동의, 승인, 찬성 통 동의하다, 승인하다, 찬성하다

□ 同意   [tóng yì 퉁 이]

조 1. 동작·변화의 완료를 나타냄 2. 상태 변화·새로운 상황을 표시함

■ 了   [·le 러]

명 동쪽, 동녘, 주인, 주인역(主人役), 초대자

■ 东   [dōng 똥]

명 동창, 학우, 동급생 동 (tóng//xué) 한 학교에서 배우다

■ 同学   [tóng xué 퉁 쉬에]

명 〈동물〉 돼지

■ 猪   [zhū 쭈]

명 돼지고기

□ 猪肉   [zhū ròu 쭈 로우]

동 (원래의 곳으로) 되돌아가다[오다], 귀환하다

□ 返回   [fǎn huí 판 후이]

명 된장, 된장에 절인 식품, 각종 잼류 동 된장이나 간장에 절이다

□ 酱   [jiàng 찌앙]

명 두 마음, 딴마음, 이심(異心), 열의가 없음, 전심(專心)하지 않음

□ 二心   [èr xīn 얼 씬]

명 두 말, 딴소리, 다른 말, 불평, 불만

□ 二话   [èr huà 얼 화]

다

[형] 〈구어〉두껍다, 두툼하다, 〈방언〉풍부[부유]하다, 단단하다

□ 厚实 [hòu·shi 호우 스]

[동] 두려워하다, 근심하다, …에 약하다 [부] 아마 (…일 것이다), 혹시

■ 怕 [pà 파]

[동] 두려워하다, 무서워하다

□ 害怕 [hài//pà 하이 파]

[동] 두려워하다, 무서워하다, 겁내다

□ 惧怕 [jù pà 쮜 파]

[형] 〈문어〉두려워하지 않다, 두려움을 모르다 [명] 〈불교〉무소외

□ 无畏 [wú wèi 우 웨이]

[형] 두렵다, 무섭다, 겁나다, 두려워할 만하다, 끔찍하다

■ 可怕 [kě pà 커 파]

[동] 두루 퍼지다 [부] 널리, 두루 [형] 온, 모든 [양] 번, 회, 차례

■ 遍 [biàn 삐앤]

[동] 두손으로 받들다, 움켜 들다, 아첨하다, 치켜세우다 [양] 움큼

□ 捧 [pěng 펑]

[명] 두통 [형] 머리가 아프다, 골치 아프다

□ 头疼 [tóu téng 토우 텅]

[주] 둘, 2, 몇몇, 두어 [명] 양쪽, 쌍방 [양] 냥 ['一斤'의 10분의 1]

■ 两 [liǎng 리앙]

[수] 둘, 2, 제2, 둘째, 두 번, 다음번째　[형] 다른, 두 가지의

二 [èr 얼]

[동] 둘러보다, 지켜보다, (직접 관계하지 않고) 관망하다

观望 [guān wàng 꾸안 왕]

[명] (공간·시간상의) 뒤, 후, 후손　[동] 〈문어〉 뒤떨어지다, 뒤로 미루다

后 [hòu 호우]

[명] 뒤꿈치　[동] 뒤따르다, 좇아가다　[개] …와, …에게　[접] …와[과]

跟 [gēn 껀]

[동] 뒤덮다, 덮다, 덮어 씌우다, 감추다, 숨기다

掩盖 [yǎn gài 이앤 까이]

[동] 뒤로 물러나다, 퇴보하다, (시간을) 거슬러 올라가다　[명] 후퇴

倒退 [dào tuì 따오 투이]

[동] 뒤섞다, 모호하게 하다, 헷갈리게 하다

混淆 [hùn xiáo 훈 시아오]

[형] 뒤섞이다, 잡다하다, 난잡(亂雜)하다

驳杂 [bó zá 보 자]

[부] 뒤에, 후에, 뒷날, 앞으로, 뒤를 향해, 뒤로

往后 [wǎng hòu 왕 호우]

[동] 뒷걸음질치다, 뒤로 물러서다

却步 [què bù 취에 뿌]

명 드라이버(driver), 나사 돌리개

□ 螺丝刀　　[luó sī dāo 루오 쓰 따오]

동 (소리를) 듣다, (남의 말을) 듣고 따르다, 마음대로 하게 하다

■ 听　　[tīng 팅]

동 (손으로) 들다, 잡다, 점령하다, 파악하다　개 …(의)로(써), …을

■ 拿　　[ná 나]

동 들리다, 듣다

□ 听见　　[tīng// · jiàn 팅 찌앤]

동 들어가다

□ 进去　　[jìn// · qù 찐 취]

동 들어오다

□ 进来　　[jìn// · lái 찐 라이]

동 (액체 · 기체를) 들이마시다, 호흡하다, 흡수하다, 끌어당기다

□ 吸　　[xī 씨]

명 등, (물체의) 뒷면　형 외지다　동 등지다, 떠나다, 숨기다

□ 背　　[bèi 뻬이]

명 등, 등불, 〈속어〉 (라디오 · 텔레비전의) 전자관, 진공관

■ 灯　　[dēng 떵]

명 등기, 등록, 체크인(check in)　동 등기[등록]하다, 체크인하다

□ 登记　　[dēng jì 떵 찌]

명 등산 통 등산하다, 산에 올라가다

□ **爬山** [pá shān 파 싼]

명 디자인, 설계 통 디자인하다, 설계하다, 계획하다, 구상하다

□ **设计** [shè jì 써 찌]

명 〈전자〉 디지털(digital), 숫자, 수량

□ **数码(儿)** [shù mǎ(r) 쑤 마]

명 디지털 카메라

□ **数码相机** [shù mǎ xiàng jī 쑤 마 씨앙 찌]

통 따귀를 때리다

□ **打耳光** [dǎ ěr guāng 다 얼 꾸앙]

형 따뜻하다 통 불을 쬐다, 따뜻하게 하다

□ **暖和** [nuǎn · huo 누안 후오]

형 따뜻하다, 온난하다 통 (추상적인 것을) 따뜻하게 하다

□ **温暖** [wēn nuǎn 원 누앤]

통 따라가다, 뒤쫓다, 서두르다, 쫓아버리다, 마침 …하다

■ **赶** [gǎn 간]

접 따라서, 때문에, 그런 까닭에, 그러므로, 그래서

□ **因而** [yīn' ér 인 얼]

통 따르다, (길·강 등을) 따라가다, 순종하다, 마음대로 하다, 닮다

■ **随** [suí 수이]

형 따사롭다, 따뜻하고 훈훈하다

□ 暖洋洋(的) [nuǎn yáng yáng (·de) 누안 양 양 (더)]

동 〈문어〉 따지지 않다, 문제 삼지 않다 접 …을 막론하고, …든지

□ 不论 [bù lùn 뿌 룬]

형 (옷이 몸에) 딱 맞다

□ 合身 [hé//shēn 허 썬]

형 딱딱하다, 고지식하다, 융통성이 없다, 판에 박은 듯하다

□ 呆板 [dāi bǎn 따이 반]

명 딸, 미혼녀

■ 女儿 [nǚ ér 뉘 얼]

명 〈식물〉 딸기

□ 草莓 [cǎo méi 차오 메이]

명 땀

□ 汗 [hàn 한]

명 〈식물〉 땅콩

□ 花生 [huā shēng 후아 썽]

동 때려서 상처를 입히다

□ 殴伤 [ōu shāng 오우 쌍]

개 …때문에, …로 인하여 접 …때문에, …로 인하여

□ 由于 [yóu yú 요우 위]

접 …때에는, …때에 이르러　동 (…까지) 기다리다
□ 等到　[děng dào 덩 따오]

명 땔나무와 물, 〈전용〉 급료, 봉급, 월급
■ 薪水　[xīn · shui 씬 수이]

동 (길을) 떠나다, 출발하다
□ 动身　[dòng//shēn 똥 썬]

동 떠나다, 헤어지다, …이 없다　개 …부터 …까지, …에서
■ 离　[lí 리]

동 (시끄럽게) 떠들다, 말다툼하다　형 시끄럽다, 떠들썩하다
■ 吵　[chǎo 차오]

형 (소리가) 떠들썩하다, 왁자지껄하다, 시끄럽다, 소란하다
□ 嘈杂　[cáo zá 차오 자]

동 떠들어대다, 시끄럽게 하다, 소란을 피우다, 〈방언〉 구해오다
□ 打闹　[dǎ nào 다 나오]

동 떨어지다, 떨어뜨리다, 잃다, 뒤떨어지다, 하락하다, 교환하다
■ 掉　[diào 띠아오]

명 떼, 무리, 대중, 군중　형 무리를 이룬, 아주 많은　양 무리, 떼
□ 群　[qún 췬]

부 또, 다시, 또한, 한편, 그 위에, 게다가, …하고도, …할지 …할지
■ 又　[yòu 요우]

다

| 접 | 또한, 그리고, 더욱이, 게다가, 그 위에

■ **并且** [bìng qiě 삥 치에]

| 형 | 똑같다, 동일하다, …같다, …와 비슷하다

■ **一样** [yī yàng 이 양]

| 명 | 〈구어〉 똑딱단추, 스냅(snap)단추

■ **按扣(儿)** [àn kòu(r) 안 코우]

| 형 | 똑바르다, 정면의, 정직하다 | 동 | 고치다, 바로잡다 | 부 | 바로, 마침

■ **正** [zhèng 쩡]

| 명 | 〈문어〉 뙤약볕, 강하게 내리쬐는 태양

■ **烈日** [liè rì 리에 르]

| 명 | 〈구어〉 (물건의) 뚜껑, 마개, 동물의 등껍질

■ **盖子** [gài·zi 까이 즈]

| 동 | 뚜렷이 보여주다, 현시하다, 과시하다, 나타내 보이다

□ **显示** [xiǎn·shì 시앤 쓰]

| 명 | 뚝배기, (약탕관 같은) 질그릇

□ **沙锅(儿)** [shā guō(r) 싸 꾸오]

| 명 | 뚝심, 고집, 완고함, 〈비유〉 대단한 힘, 큰 힘

□ **牛劲(儿)** [niú jìn(r) 니우 찐]

| 동 | (구멍을) 뚫다, 꿰뚫다, 통과하다, (의복 등을) 입다, 신다

■ **穿** [chuān 추안]

[동] 뚫다, (관)통하다, 교류하다, 전하다　[형] 보편적인, 모든, 전체의

■ 通　　　[tōng 통]

[형] 뚱뚱하다, 살찌다

□ 胖　　　[pàng 팡]

[동] (껑충) 뛰(어오르)다, 점프하다, (순서를) 건너뛰다, (심장이) 뛰다

■ 跳　　　[tiào 티아오]

[동] 뜨개질하다, 방직하다, 〈비유〉(서로) 교착하다

□ 织　　　[zhī 쯔]

[형] (날씨가) 뜨겁다, 무덥다, 찌는 듯하다

□ 炎热　　[yán rè 이앤 러]

[명] 뜬구름, 부운(浮雲), 〈비유〉 덧없는 것

□ 浮云　　[fú yún 푸 윈]

[명] 뜬소문, 떠도는 소문, 풍문

□ 风闻　　[fēng wén 펑 원]

[동] 뜯다[떼어 내다], 헐다, 해체하다, 사이를 벌어지게 하다

□ 拆　　　[chāi 차이]

[명] 뜰, 정원

■ 院子　　[yuàn·zi 위앤 즈]

[명][동] 〈중국의학〉 뜸(을 뜨다), 뜸질(하다)

□ 灸　　　[jiǔ 지우]

| 101 |

명 뜻, 의미, 〈전용〉 의의, 가치, 보람

    □ 意义　　　[yì yì 이 이]

부 뜻밖에, 갑자기, 돌연히, 문득

    □ 猛然(间)　　[měng rán (jiān) 멍 란 (찌앤)]

부 뜻밖에(도), 의외로, 〈문어〉 명백히, 확연히

    □ 居然　　　[jū rán 쮜 란]

부 뜻밖에(도), 의외로, 상상외로

    □ 竟然　　　[jìng rán 찡 란]

명 띠, 벨트, 밴드, 타이어(tire)　동 지니다, 휴대하다, 차다, 이끌다

    ■ 带　　　　[dài 따이]

라

동 …라고 느끼다, …라고 여기다[생각하다]

■ 觉得　　　[jué·de 쥐에 더]

동 …라고 부르다[불리다], …이다

■ 叫做　　　[jiào zuò 찌아오 쭤]

동 …라고 생각하다, …라고 여기다, 알다, 인정하다

■ 以为　　　[yǐ wéi 이 웨이]

명 라디오(radio)

■ 收音机　　[shōu yīn jī 쏘우 인 찌]

명 (인스턴트) 라면

□ 方便面　　[fāng biàn miàn 팡 삐앤 미앤]

명 라벨(label), 상표

□ 商标　　　[shāng biāo 쌍 삐아오]

명 라이터(lighter)

■ 打火机　　[dǎ huǒ jī 다 후오 찌]

명 〈식물〉 라일락

□ 丁香　　　[dīng xiāng 띵 씨앙]

명 란제리(lingerie 프)

□ 女内衣　　[nǚ nèi yī 뉘 네이 이]

명 러닝셔츠(running shirts)

□ 汗背心 [hàn bèi xīn 한 뻬이 씬]

명 〈식물〉 레몬(lemon)

□ 柠檬 [níng méng 닝 멍]

명 〈체육〉 레슬링

□ 摔交 [shuāi jiāo 쑤아이 찌아오]

명 〈음역어〉 레이더(radar), 전파 탐지기

□ 雷达 [léi dá 레이 다]

명 〈물리〉 레이저(laser), 레이저 광선

□ 激光 [jī guāng 찌 꾸앙]

명 레인코트(rain coat), 우의, 비옷

□ 雨衣 [yǔ yī 위 이]

명 레코드(record), 음반

□ 唱片 [chàng piàn 창 피앤]

형 로맨틱하다, 낭만적이다

□ 浪漫 [làng màn 랑 만]

명 로봇(robot)

□ 机器人 [jī · qì rén 찌 치 런]

명 로켓(rocket)

□ 火箭 [huǒ jiàn 후오 찌앤]

라

명 〈음악〉록(rock) 음악, 로큰롤

□ 摇滚乐　　[yáo gǔn yuè 야오 군 위에]

형 …를 잘하다, …에 능숙하다　부 능숙하게, 교묘하게

□ 善于　　[shàn yú 싼 위]

명 〈음악〉리듬, 박자, 장단, 템포, 〈비유〉일정한 규칙·순서

□ 节奏　　[jié zòu 지에 쪼우]

명 리모컨(remote control), 원격 조종

□ 遥控　　[yáo kòng 야오 콩]

명 린스(rinse)

□ 护发素　　[hù fà sù 후 파 쑤]

명 립스틱(lipstick)

□ 口红　　[kǒu hóng 코우 훙]

명 〈구어〉 마누라, 처

□ 老婆 [lǎo·po 라오 포]

명 〈식물〉 마늘

□ 蒜 [suàn 쑤안]

양 마디, 구 [말·글의 수를 셀 때] 명 〈언어〉 문장

■ 句 [jù 쮜]

조동 마땅히 …해야 한다, …하는 것이 당연하다, 응당 …할 것이다

■ 应该 [yīng gāi 잉 까이]

명 〈음역어〉 마라톤(marathon), 〈비유〉 오래 계속되는 활동·행동

□ 马拉松 [mǎ lā sōng 마 라 쏭]

명 마루, 마루청, 토지

□ 地板 [dì bǎn 띠 반]

형 마르다, 건조하다 동 〈방언〉 푸대접하다 부 헛되이, 공연히

■ 干 [gān 깐]

양 마리, 척 [배를 셀 때], 짝, 쪽, 개 형 단일의, 단독의

■ 只 [zhī 쯔]

동 마시다, 술을 마시다 감 허! [놀람을 나타냄]

■ 喝 [hē 허]

명 (컴퓨터의) 마우스(mouse)
□ 鼠标 [shǔ biāo 수 삐아오]

동 마음에 들다, 마음이 잘 맞다, 적합하다, 사이가 좋다, 의기투합하다
□ 对劲(儿) [duì jìn(r) 뚜이 찐]

동 마음을 놓다, 안심하다
■ 放心 [fàng//xīn 팡 씬]

동 마음을 쓰다, 신경쓰다, 걱정하다, 〈상투어〉 귀찮으시겠습니다만
□ 费心 [fèi//xīn 페이 씬]

동 마중하다, 영접하다, (일을) 맞이하다
□ 迎接 [yíng jiē 잉 찌에]

형 마지 못하다, 타당하지 않다 동 강요하다 부 간신히, 가까스로
□ 勉强 [miǎn qiǎng 미앤 치앙]

동 마찰시키다, 비비다, (천 등으로) 닦다, 바르다[칠하다], 스치다
■ 擦 [cā 차]

부 마치 …와 같다, 비슷하다
■ 好像 [hǎo xiàng 하오 씨앙]

부 (때)마침, 공교롭게도 형 알맞다, 꼭 맞다, 딱 좋다
□ 正好 [zhèng hǎo 쩡 하오]

동 막다, 가로막다, 저지하다
□ 阻止 [zǔ zhǐ 주 즈]

마

명 막차, 〈비유〉마지막 기회

□ 末班车　　[mò bān chē 모 빤 처]

주 만, 10,000　형 〈비유〉대단히 많다　부 대단히, 매우, 극히

■ 万　　[wàn 완]

동 만나다, 대면하다

□ 见面　　[jiàn//miàn 찌앤 미앤]

명 만날 약속　동 만날 것을 약속하다

□ 约会　　[yuē · huì 위에 후이]

명 (소가 든) 만두

□ 包子　　[bāo · zi 빠오 즈]

동 (법규 · 계획 등을) 만들다, 제정하다

□ 制定　　[zhì dìng 쯔 띵]

명 만분의 일, 〈비유〉아주 작고 사소한 것, 만일, 뜻밖의 일　접 만일

□ 万一　　[wàn yī 완 이]

접 만약 …라면, …하기만 하면

■ 只要　　[zhǐ yào 즈 야오]

접 만약, 만일

□ 如果　　[rú guǒ 루 구오]

접 만약, 만일, 가령

□ 假如　　[jiǎ rú 지아 루]

접 만일[만약] …한다면, 가령 …이라면

　　□ 倘若　　　　[tǎng ruò 탕 뤄]

접 만일 …한다면, 만약 …하면, 가령 …라면

　　■ 要是　　　　[yào·shi 야오 스]

형 만족하다, 만족스럽다　동 만족해하다, 〈문어〉 결의[결심]하다

　　□ 满意　　　　[mǎn yì 만 이]

형 만족하다, 충분하다, 넉넉하다　동 만족시키다, 충족시키다

　　□ 满足　　　　[mǎn zú 만 주]

형 (수량이) 많다　동 지나치게 …하다　부 얼마나, (제)아무리

　　■ 多　　　　　[duō 뚜오]

명 말, 이야기　동 말하다, 이야기하다

　　■ 话　　　　　[huà 화]

명 〈동물〉 말, (장기의) 말　형 크다

　　■ 马　　　　　[mǎ 마]

동 말[이야기]하다, 설명하다, 중개하다, 꾸짖다　명 이론, 주장, 학설

　　□ 说　　　　　[shuō 쑤오]

형 (정신이) 맑고 깨끗하다, 또렷하다　동 의식을 회복하다, 깨어나다

　　□ 清醒　　　　[qīng xǐng 칭 싱]

형 맑다, 개어 있다　동 (날씨가) 개다

　　■ 晴　　　　　[qíng 칭]

명 맛, 느낌, 기분, 흥취, 흥미, 재미, 〈방언〉 냄새

□ 味道　　　[wèi·dao 웨이 다오]

동 맛보다, 먹어보다, 〈비유〉 겪다, 경험[체험]하다

□ 尝　　　[cháng 창]

형 (음료수 등이) 맛있다, 마시기 쉽다

□ 好喝　　　[hǎo hē 하오 허]

형 맛있다, 맛나다

■ 好吃　　　[hǎo chī 하오 츠]

동 망설이다, 주저하다, 머뭇거리다

□ 犹豫　　　[yóu yù 요우 위]

명 망치, 해머

□ 锤子　　　[chuí·zi 추이 즈]

동 맞물리다, 부합되다, 바짝 붙다　형 절박[긴급]하다　부 제발

□ 切　　　[qiè 치에]

명 맞은편, 반대편, 바로 앞　동 맞대면하다, 얼굴을 마주 보다

□ 对面　　　[duì miàn 뚜이 미앤]

동 맞지 않다, 어긋나다, 부당하다, 합치하지 않다

□ 不合　　　[bù hé 뿌 허]

동 (돈·물건을) 맡겨서 보관해 두다　명 예금과 대출

□ 存放　　　[cún fàng 춘 팡]

| 대 매, 각, …마다[모두] | 부 매(번), 언제나, 항상, 자주, 종종 |

■ **每** [měi 메이]

| 동 (끈 등으로) 매다, 묶다, 〈비유〉 구속하다, 속박하다 | 양 다발, 단 |

□ **捆** [kǔn 쿤]

| 형 매력적이다, 매력 있다 |

□ **有魅力** [yǒu mèi lì 요우 메이 리]

| 명 매매, 장사, 거래, 상점 |

□ **买卖** [mǎi·mai 마이 마이]

| 부 매우, 아주, 꽤, 몹시, 대단히 |

■ **很** [hěn 헌]

| 동 매우 노력하다, 애쓰다, 힘쓰다, 극력 논쟁하다[다투다] |

□ **力争** [lì zhēng 리 쩡]

| 동 매우[열렬히] 사랑하다, 열애하다 |

□ **热爱** [rè ài 러 아이]

| 명 매일, 날마다 |

■ **每天** [měi tiān 메이 티앤]

| 명 (신문·방송 등) 매체(media), 매스미디어, 매개물, 매개체 |

□ **媒体** [méi tǐ 메이 티]

| 명 〈음역어〉 맥도날드(McDonald's Corporation) |

□ **麦当劳** [mài dàng láo 마이 땅 라오]

마

| 맥주 |
| □ 啤酒 | [pí jiǔ 피 지우] |

| 맵다, 아리다, 잔인하다 | 매운 맛 | 매운 자극을 받다 |
| □ 辣 | [là 라] |

| 맹렬하다, 세차다 |
| □ 猛烈 | [měng liè 멍 리에] |

| 맹세하다 |
| □ 发誓 | [fā//shì 파 쓰] |

| 머리, 머리카락, 꼭대기 | 제일의, 앞장선 | 두, 필, 마리 |
| ■ 头 | [tóu 토우] |

| 〈구어〉 머리, 뇌, 골, 〈비유〉 두뇌, 지능 |
| □ 脑袋 | [nǎo·dai 나오 다이] |

| 머리를 감다 (=洗发 xǐ//fà) |
| □ 洗头 | [xǐ//tóu 시 토우] |

| 머리를 빗다 |
| □ 梳头 | [shū//tóu 쑤 토우] |

| 머리카락, 머리털, 두발 |
| ■ 头发 | [tóu·fa 토우 파] |

| 머리핀 |
| □ 发夹(子) | [fà jiā (·zi) 파 찌아 (즈)] |

동 머무르다, 붙들어두다, 유학하다, 주의하다, 보류하다, 받다, 남기다

■ 留 　　　[liú 리우]

동 머무르다, 체재하다　형 어리석다, 미련하다, 어리둥절하다

□ 呆 　　　[dāi 따이]

동 (음식을) 먹다, 마시다, 피우다, 식사하다, 외식하다, 먹고살다

■ 吃 　　　[chī 츠]

명 먹물, 잉크, 〈비유〉 지식, 학문

■ 墨水(儿) 　　　[mò shuǐ(r) 모 수이]

형 (거리·시간상) 멀다, 소원하다, (차이가) 크다, 심원하다　동 멀리하다

■ 远 　　　[yuǎn 위앤]

동 멀리하다, 소원하게 되다　형 소원하다

□ 疏远 　　　[shū yuǎn 쑤 위앤]

동 멈추다, 정지하다, 체류하다, (차가) 서다, 정박하다, 완비하다

■ 停 　　　[tíng 팅]

형 멋있다, 영준(英俊)하다　동 〈문어〉 통솔하다　명 총사령관

□ 帅 　　　[shuài 쑤아이]

형 멍청하다, 어리석다, 우둔하다, 어리둥절하다, 뒤죽박죽이다

■ 糊涂 　　　[hú·tú 후 투]

명 메뉴, 식단, (컴퓨터 화면에서의) 메뉴[선택 항목]

□ 菜单 　　　[cài dān 차이 딴]

마

동 메다, 선택하다, 고르다, (나쁜 것을) 가려내다, 들추어내다 　명 양 짐

- **挑**　　　　　　　[tiāo 티아오]

명 〈전자〉 메모리(RAM)

□ **内存**　　　　　　[nèi cún 네이 춘]

동 메스껍다, 구역질나다, 〈전용〉 혐오감을 일으키다 　명 오심, 구역질

□ **恶心**　　　　　　[ě·xin 어 신]

명 면목, 체면, 겉, 외관, 표면, 정의(情誼), 의리

□ **面子**　　　　　　[miàn·zi 미앤 즈]

명 〈의학〉 면역

□ **免疫**　　　　　　[miǎn yì 미앤 이]

동 면할 수 없다, 피할 수 없다, 아무리 해도 …가 되다

□ **不免**　　　　　　[bù miǎn 뿌 미앤]

명 멸망 　동 사라지다, 멸망하다, 멸망시키다

□ **灭亡**　　　　　　[miè wáng 미에 왕]

명 명령 　동 명령하다

□ **命令**　　　　　　[mìng lìng 밍 링]

형 명백하다, 분명하다 　부 두말할 것도 없이

□ **显然**　　　　　　[xiǎn rán 시앤 란]

형 명백[분명]하다, 현명하다, 숨김없다, 공공연하다 　동 알다, 이해하다

- **明白**　　　　　　[míng·bai 밍 바이]

접미 1. 명사 뒤에 붙음 2. 양사·형용사·동사 뒤에 붙어 명사화시킴

□ 儿 [ér 얼]

조 1. 명사·동사 뒤에서 한정의 역할 2. '的' 자 구조를 이루어 명사화함

■ 的 [ㆍde 더]

명 명승(지), 명소(名所)

□ 名胜 [míng shèng 밍 썽]

형 (말ㆍ일 처리가) 명쾌하다, 간단명료하다 부 아예, 차라리

□ 干脆 [gān cuì 간 추이]

명 명함

■ 名片(儿) [míng piàn(r) 밍 피앤]

형 명확하다, 솔직하다 동 명확하게 하다, 분명히 하다

□ 明确 [míng què 밍 취에]

주 몇 [주로 10 이하의 수나 불확실한 수를 나타냄]

■ 几 [jǐ 지]

명 〈전자〉 모니터(monitor)

□ 显示器 [xiǎn shì qì 시앤 쓰 치]

부 모두, 전부, 이미, 벌써, 심지어, …조차도, …까지도

■ 都 [dōu 또우]

부 모두, 도합, 합계, 전부

■ 一共 [yī gòng 이 꽁]

마

부 모두, 전부, 함께
统统 [tǒng tǒng 통 통]

형 모든, 온갖 명 일체, 모든 것
一切 [yī qiè 이 치에]

명 모레, 후천(적) 형 후천적이다
后天 [hòu tiān 호우 티앤]

동 모방하다, 본받다, 흉내내다
模仿 [mó fǎng 모 팡]

명 모순, 창과 방패, 〈철학·논리〉 모순 동 〈비유〉 모순되다
矛盾 [máo dùn 마오 뚠]

동 모시다, 동반하다, 수행하다, (곁에서) 시중들다, 사과하다, 용서를 빌다
陪 [péi 페이]

동 모으다, 만나다, 지불하다 명 모임, 단체 조 …할 줄 안다
会 [huì 후이]

동 모으다, 집합시키다, 모이다
聚集 [jù jí 쮜 지]

명 〈전자〉 모의실험, 시뮬레이션(simulation) 동 모방하다, 본뜨다
模拟 [mó nǐ 모 니]

명 모임, 회합, 집회 동 모이다, 집합하다, 회합하다
聚会 [jù huì 쮜 후이]

명 모자, 〈비유〉 (악평의) 딱지, 죄명, 덤으로 생긴 이익금, 웃돈

■ **帽子**　　　[mào · zi 마오 즈]

동 (사람 · 물건의 수량이) 모자라다, 부족하다, 결핍하다

□ **缺少**　　　[que shǎo 취에 사오]

명 모조　동 모조하다

□ **仿造**　　　[fǎng zào 팡 짜오]

명 모친, 어머니

■ **母亲**　　　[mǔ · qīn 무 친]

명 〈음역어〉 모터사이클, 오토바이

□ **摩托车**　　　[mó tuō chē 모 투오 처]

형 모호하다, 애매하다　동 소홀히 하다, 대충대충하다

□ **含糊**　　　[hán · hu 한 후]

형 모호하다, 흐리다, 분명하지 않다　동 모호하게 하다, 헷갈리게 하다

□ **模糊**　　　[mó · hu 모 후]

명 목, (물건의) 목 부분

□ **脖子**　　　[bó · zi 보 즈]

명 목, 깃, 칼라, 〈비유〉 요점　동 이끌다, 통솔하다　양 벌, 장

■ **领**　　　[lǐng 링]

명 목걸이

□ **项链(儿)**　　　[xiàng liàn(r) 씨앙 리앤]

명 목도리, 스카프(scarf)	
围巾	[wéi jīn 웨이 찐]

형 목마르다, 목 타다, 간절하다, 절실하다	
■ 渴	[kě 커]

동 목숨을 내걸다, 〈비유〉 필사적으로하다, 온 힘을 다하다	
拼命	[pīn//mìng 핀 밍]

동 목욕하다, 샤워하다, 몸을 씻다	
洗澡	[xǐ//zǎo 시 자오]

명 목적, 목적물	
目的	[mù dì 무 띠]

명 몸매, 체격, 몸집	
身材	[shēn cái 썬 차이]

동 몹시 사랑하다, 매우 아끼다, 애석해하다, 아까워하다	
心疼	[xīn téng 씬 텅]

형 몹시 춥다, 한랭하다	
寒冷	[hán lěng 한 렁]

명 못, 〈비유〉 장애	
钉子	[dīng · zi 띵 즈]

형 못생겼다, 보기 싫다, 면목[체면]이 없다, (안색이) 좋지 않다	
难看	[nán kàn 난 칸]

명 동 몽상(하다), 헛된 생각(을 하다), 망상(에 빠지다), 갈망(하다)

□ 梦想   [mèng xiǎng 멍 시앙]

명 〈식물〉 무

□ 萝卜   [luó · bo 루오 보]

형 무겁다, 심각하다, 엄중하다

□ 沉重   [chén zhòng 천 쫑]

형 〈문어〉 무관심하다, 개의치 않다, 상관하지 않다

□ 漠然   [mò rán 모 란]

동 무너뜨리다, 방해하다, 그만 두게 하다, 실각시키다

□ 拆台   [chāi//tái 차이 타이]

동 무너지다, 넘어지다, 파산하다, 바꾸다, 이동하다, 양도하다

■ 倒   [dǎo 다오]

명 무대, 스테이지

□ 舞台   [wǔ tái 우 타이]

명 무대연습, 리허설 동 무대 연습을 하다, 리허설을 하다

□ 排演   [pái yǎn 파이 이앤]

형 무례하다, 예의가 없다, 버릇이 없다

□ 没有礼貌   [méi · yǒu lǐ mào 메이 요우 리 마오]

명 〈속어〉 무릎

□ 膝盖   [xī gài 씨 까이]

마

대 무엇, 어느, 어떤, 무슨, 무엇이든지, 뭐, 왜, 뭐(라고), …랑, …며

■ 什么　　　[shén·me 선 머]

명 무역, 교역

□ 贸易　　　[mào yì 마오 이]

명 무지개, 〈비유〉 아름다운 교량(橋梁)

□ 彩虹　　　[cǎi hóng 차이 홍]

형 무책임하다, 제멋대로다　부 제멋대로, 마음대로　접 …을 막론하고

■ 随便　　　[suí biàn 수이 삐앤]

형 무효하다, 효력이 없다, 효과가 없다

□ 无效　　　[wú xiào 우 씨아오]

동 묶다, 매다, 동이다

□ 扎　　　　[zā 짜]

명 문, 출입구, (가재 도구 등의) 문, 여닫이, 스위치, 개폐기, 가문, 파(벌)

■ 门　　　　[mén 먼]

명 문건, 서류　양 건, 점, 벌, 개 [사건·의복 등을 셀 때]

■ 件　　　　[jiàn 찌앤]

명 문명, 문화　형 현대적인, 신식의, 교양이 있다

□ 文明　　　[wén míng 원 밍]

명 문외한, 비전문가

□ 门外汉　　[mén wài hàn 먼 와이 한]

동 문을 두드리다, 노크하다, 방문하다

□ 敲门　　[qiāo mén 치아오 먼]

동 문의하다, 알아보다, 질문하다

□ 询问　　[xún wèn 쉰 원]

명 문장, 글, 〈비유〉 속뜻, 이유, 계책, 생각

■ 文章　　[wén zhāng 원 쨩]

명 문화, 교양, 일반 지식

□ 文化　　[wén huà 원 화]

동 묻다, 매몰하다, 드러나지 않게 하다, (인재 등을) 사장시키다

□ 埋没　　[mái mò 마이 모]

동 묻다, 안부를 묻다, 심문하다, 간섭하다　개 …에게, …을 향하여

■ 问　　[wèn 원]

명 물, 강(江), 강·바다의 총칭, 즙, 용액, (부가) 비용, 부수입

■ 水　　[shuǐ 수이]

명 물건, 물품, 음식, (추상적인) …것, 〈욕설〉 놈, 자식, 새끼

■ 东西　　[dōng·xi 똥 시]

명 물고기, 생선

■ 鱼　　[yú 위]

동 물러나다, 퇴장하다, (조직 등에서) 탈퇴하다

□ 退出　　[tuì chū 투이 추]

마

동 (어떠한 사실 · 상황 등을) 물어보다, 알아보다

□ 打听   [dǎ · tīng 다 팅]

동 물에 오래 담그다, 우리다, 흠뻑 젖다, 푹 썩히다

□ 沤   [òu 오우]

동 물을 뿌리다   형 무지막지하다, 야만스럽다, 나쁘다

□ 泼   [pō 포]

명 미관   형 (장식 등이) 아름답다, 보기좋다, 미적이다

□ 美观   [měi guān 메이 꾸안]

명 미래, 장래, 이제, 곧

□ 未来   [wèi lái 웨이 라이]

형 미려하다, 아름답다

■ 美丽   [měi lì 메이 리]

형 미련하다, 어리석다, 우둔하다

□ 愚蠢   [yú chǔn 위 춘]

동 미루다, 연기하다

□ 推迟   [tuī chí 투이 츠]

형 미소하다, 극소하다, 매우 작다

□ 微小   [wēi xiǎo 웨이 시아오]

명 미술관

□ 美术馆   [měi shù guǎn 메이 쑤 구안]

명 미신, 맹목적인 신봉[숭배]　동 맹신하다, 덮어놓고 믿다
□ 迷信　[mí xìn 미 씬]

명 미인, 미녀
□ 美人　[měi rén 메이 런]

양 미터(meter)
■ 公尺　[gōng chǐ 꽁 츠]

동 표를 작성하다, (택시의) 미터기대로 하다
□ 打表　[dǎ biǎo 다 비아오]

명 민족
■ 民族　[mín zú 민 주]

형 민첩하다, 영민하다, 재빠르다, 융통성이 있다, 원활하다
□ 灵活　[líng huó 링 후오]

형 민첩하다, 재빠르다
□ 敏捷　[mǐn jié 민 지에]

동 믿다, 마음대로 하다　명 신용, 신의, 편지　형 확실[진실]하다
■ 信　[xìn 씬]

동 (종교 등을) 믿다, 신봉하다, 믿고 이행하다
□ 信奉　[xìn fèng 씬 펑]

동 믿다, 신임하다
■ 相信　[xiāng xìn 씨앙 씬]

믿을 만하다, 신용할 수 있다, 의지할 수 있다

□ 靠得住　　[kào · de zhù 카오 더 쭈]

명 믿음, 자신감, 신심

□ 信心　　[xìn xīn 씬 씬]

명 밀가루

□ 面粉　　[miàn fěn 미앤 펀]

동 밀다, 갈다, 빻다, 깎다[자르다], 추진[보급]시키다, 추측[추론]하다

■ 推　　[tuī 투이]

동 (손가락으로) 밀어 움직이다, 튀기다, 〈비유〉 제거하다, (방향을) 바꾸다

■ 拨　　[bō 뽀]

명 밀월, 허니문, 신혼여행

□ 蜜月　　[mì yuè 미 위에]

바

동 바꾸다, 고치다, 〈문어〉 대체하다, 경험하다, 겪다

■ **更**　　　　　[gēng 껑]

명 〈식물〉 바나나

■ **香蕉**　　　　[xiāng jiāo 씨앙 찌아오]

명 바늘, 침, 주사, 바늘 모양의 물건　동 〈의학〉 침으로 병을 치료하다

■ **针**　　　　　[zhēn 쩐]

명 바다, 대해(大海)

□ **大海**　　　　[dà hǎi 따 하이]

명 바다, 큰 호수　형 (용량이) 대단히 크다, 〈방언〉 대단히 많다

■ **海**　　　　　[hǎi 하이]

명 바둑, 장기　동 바둑이나 장기를 두다

□ **下棋**　　　　[xià//qí 씨아 치]

동 바라다, 원하다, 희망하다, 동의하다　조동 …하기를 바라다

■ **愿意**　　　　[yuàn·yi 위앤 이]

동 (멀리) 바라보다, 방문하다, 바라다, 원망하다　명 명성, 보름달, 간판

□ **望**　　　　　[wàng 왕]

명 바람, 풍속, 습관　동 바람의 힘으로 …하다　형 바람에 말린

■ **风**　　　　　[fēng 펑]

圄 바람이 불다

　　□ 刮风　　　[guā//fēng 꾸아 펑]

㉑ 바로 그 때[시간·장소]　조동 반드시[당연히] …해야 한다

　　■ 当　　　[dāng 땅]

㈜ 바로, 마침, 때마침　혱 적당하다, 알맞다

　　□ 恰好　　　[qià hǎo 치아 하오]

图 (단점이나 잘못을) 바로잡다, 교정하다, 시정하다

　　□ 纠正　　　[jiū zhèng 찌우 쩡]

혱 (품행·태도가) 바르다, 정직하다, 단정하다

　　□ 正派　　　[zhèng pài 쩡 파이]

혱 바쁘다　图 서두르다, 바삐 …하다, …를 준비하다

　　■ 忙　　　[máng 망]

명 〈의학〉 바이러스(virus)

　　□ 病毒　　　[bìng dú 삥 두]

图 바이올린을 연주하다

　　□ 拉小提琴　　　[lā xiǎo tí qín 라 시아오 티 친]

명 바지

　　■ 裤子　　　[kù·zi 쿠 즈]

图 (방법·훈련 등을) 바짝 다잡다, 꽉 틀어쥐다, 힘을 들이다

　　□ 抓紧　　　[zhuā//jǐn 쭈아 진]

바

동 박수를 치다, 손으로 박자를 맞추다
□ 拍手 [pāi//shǒu 파이 소우]

형 박약하다, 약하다, 취약하다
□ 薄弱 [bó ruò 보 뤄]

명 박해 동 박해하다
□ 迫害 [pò hài 포 하이]

명 밖, 바깥, 이외, 외국 형 낯설다, 정식이 아닌 부 게다가, 그 외에
■ 外 [wài 와이]

수 반, 절반, 2분의 1 형 한가운데의, 중간의 부 반쯤
■ 半 [bàn 빤]

명 반, 클래스, 조(組), 단체, 그룹(group) 양 무리, 조, 단(團)
■ 班 [bān 빤]

명 반격, 역습 동 반격하다, 역습하다
□ 反击 [fǎn jī 판 찌]

명 반대 동 반대하다
□ 反对 [fǎn duì 판 뚜이]

부 반드시 …해야 한다, …하지 않으면 안 된다
□ 不得不 [bù dé bù 뿌 더 뿌]

부 반드시, 꼭, 절대로, 결국, 아무튼, 어쨌든, 아무래도, 늘, 언제나
□ 总是 [zǒng shì 종 쓰]

바

부 반드시[기필코] ···해야 한다, 꼭 ···해야 한다

■ 必须　　　　[bì xū 삐 쒸]

조 1. 반문 · 의문의 어기를 나타냄　2. 사실의 확인 · 강조를 나타냄

■ 呢　　　　　[·ne 너]

형 반복하다, 되풀이하다, 변덕스럽다, (병이) 도지다

□ 反复　　　　[fǎn fù 판 푸]

동 반역하다, 배반하다　명 반역자, 역적

□ 叛逆　　　　[pàn nì 판 니]

동 반영하다, 전달하다, 알게 하다, 반사되다　명 반영

□ 反映　　　　[fǎn yìng 판 잉]

명 〈심리〉 반응, (어떤 일에 대한) 반응, 반향　동 반응하다

□ 反应　　　　[fǎn yìng 판 잉]

명 반지

□ 戒指　　　　[jiè·zhi 찌에 즈]

명 반창고

□ 橡皮膏　　　[xiàng pí gāo 씨앙 피 까오]

명 반항, 저항　동 반항하다, 저항하다

□ 反抗　　　　[fǎn kàng 판 캉]

명 반향, 메아리　동 반향하다, 메아리치다

□ 反响　　　　[fǎn xiǎng 판 시앙]

動 (발급한 것을) 받다, 수령하다

□ 领取　　　[lǐng qǔ 링 취]

動 받다, 받아들이다, 참다, 견디다, (피해를) 당하다, 마음에 들다

■ 受　　　[shòu 쏘우]

動 받아들이다, 수락하다, 받다, 접수하다

□ 接受　　　[jiē shòu 찌에 쏘우]

動 받치다, 고이다, 두드러지게 하다, 의뢰하다, 핑계 대다

□ 托　　　[tuō 투오]

名 발, (물건의) 밑동, 다리, 본문 아래에 주(註)를 달거나 설명하는 글

■ 脚　　　[jiǎo 지아오]

名 발가락

□ 脚趾　　　[jiǎo zhǐ 지아오 즈]

名 발견 動 발견하다, 찾다, 발각되다, 나타나다

□ 发现　　　[fā xiàn 파 씨앤]

動 발견하다, 발각하다, 알아차리다, 눈치채다, 깨닫다

□ 发觉　　　[fā jué 파 쥐에]

動 발달하다, 향상되다, 발전시키다, 번성하다, 경기가 좋다, 출세하다

□ 发达　　　[fā dá 파 다]

名 발명, 발명품 動 발명하다, 〈문어〉 설명하다

□ 发明　　　[fā míng 파 밍]

명 발목

□ 脚腕子 [jiǎo wàn · zi 지아오 완 즈]

동 발양하다, 발휘하다, 활용하다

□ 发扬 [fā yáng 파 양]

동 발전하다, (조직 · 규모 등을) 확장하다, 확충하다

□ 发展 [fā zhǎn 파 잔]

명 발코니, 베란다, 빨래를 말리는 시렁대

□ 阳台 [yáng tái 양 타이]

명 발표, 공표 동 발표하다, 공표하다

□ 发表 [fā biǎo 파 비아오]

동 (능력 · 작용을) 발휘하다, (의사 · 사상을) 발표하다, 표현해내다

□ 发挥 [fā huī 파 후이]

동 (재능 · 수완 등을) 발휘하다, 펼치다, 나타내다, 보이다

□ 施展 [shī zhǎn 쓰 잔]

동 (짓)밟다, 디디다, 〈비유〉 짓밟다, 유린하다

□ 践踏 [jiàn tà 찌앤 타]

명 밤, 밤중

■ 夜 [yè 예]

명 밤새, 온밤 동 철야하다, 밤새다, 온밤을 지새다

□ 通宵 [tōng xiāo 통 씨아오]

동 밤샘하다, 철야하다

□ 熬夜　　　[áo//yè 아오 예]

명 밥, 식사, 생활

■ 饭　　　[fàn 판]

명 밥그릇, 밥공기

□ 饭碗　　　[fàn wǎn 판 완]

동 밥을 먹다, 식사를 하다, 생계를 유지하다, 생활해 나가다

□ 吃饭　　　[chī//fàn 츠 판]

동 밥을 하다, 취사하다, 식사 준비를 하다

□ 做饭　　　[zuò//fàn 쭤 판]

명 방

□ 房间　　　[fáng jiān 팡 찌앤]

명 방

■ 屋子　　　[wū·zi 우 즈]

부 방금, 금방, 막, 조금 전

■ 刚才　　　[gāng·cái 깡 차이]

명 방문　동 방문하다, 찾아보다, 물어서 찾다[밝히다]

□ 访问　　　[fǎng wèn 팡 원]

명 (결정적인) 방법, 대책　동 방법·정책·전략 등을 결정하다

□ 决策　　　[jué cè 쥐에 처]

| 134 |

명	(만드는) 방법, (하는) 방식

□ 做法　　　[zuò fǎ 쮀 파]

명 방법, 수단, 방식

■ 方法　　　[fāng fǎ 팡 파]

동 방법[대책]을 강구하다, 방도를 모색하다　명 방법

□ 设法　　　[shè fǎ 써 파]

명 (라디오·텔레비전) 방송　동 방송하다, 퍼뜨리다

■ 广播　　　[guǎng bō 구앙 뽀]

동 방송하다

□ 播送　　　[bō sòng 뽀 쏭]

명 방식, 방법, 양식

□ 方式　　　[fāng shì 팡 쓰]

명 방어　동 방어하다

□ 防御　　　[fáng yù 팡 위]

동 방위하다, 수비하다　명 방위, 수비

□ 防守　　　[fáng shǒu 팡 소우]

동 방임하다

□ 放任　　　[fàng rèn 팡 런]

형 방자하게 굴다, 제멋대로 하다, 난폭하다

□ 放肆　　　[fàng sì 팡 쓰]

바

형 방종하다, 예의에 어긋나다 동 내버려 두다, 방임하다

□ 放纵　　[fàng zòng 팡 쫑]

동 방지하다

□ 防止　　[fáng zhǐ 팡 즈]

명 방침

□ 方针　　[fāng zhēn 팡 쩐]

명 방해, 장애 동 가로막다, 방해하다, 장애가 되다

□ 阻碍　　[zǔ ài 주 아이]

동 (남의 일을) 방해하다, 지장을 주다, 교란하다, 폐를 끼치다

□ 打扰　　[dǎ rǎo 다 라오]

동 방해하다, 훼방 놓다, 장애를 주다

□ 妨碍　　[fáng' ài 팡 아이]

명 방향, 목표

■ 方向　　[fāng xiàng 팡 씨앙]

명 방향, 목표 동 향하다, 다가가다, 편들다 개 …을 향하여

■ 向　　[xiàng 씨앙]

명 밭, 논밭, 농경지, 〈전용〉 형편, 처지, 지경

□ 田地　　[tián dì 티앤 띠]

양 배, 곱(절) 부 더욱, 훨씬 동 배가하다, 갑절로 늘다

■ 倍　　[bèi 뻬이]

명 배, 선박
- 船 [chuán 추안]

동 배가 아프다
- 肚子疼 [dù·zi téng 뚜 즈 텅]

형 배고프다 동 굶(기)다, 굶주리다
- 饿 [è 어]

명 〈체육〉 배구, 배구공
- 排球 [pái qiú 파이 치우]

명 〈식물〉 배나무, 배
- 梨 [lí 리]

형 배부르다, 속이 꽉 차다, 옹골지다 동 만족시키다 부 충분히, 족히
- 饱 [bǎo 바오]

명 배역, 역할, 인물, 명인, 명사(名士)
- 角色 [jué sè 쥐에 써]

명 배우, 연기자, 출연자
- 演员 [yǎn yuán 이앤 위앤]

동 배우다, 학습하다, 모방하다, 흉내 내다 명 학교, 학식, 학문
- 学 [xué 쉬에]

동 배웅하다, 전송하다
- 送行 [sòng//xíng 쏭 싱]

바

명 〈식물〉 배추

　□ 白菜　　　[bái cài 바이 차이]

명 배치, 안배　동 배치하다, 안배하다

　□ 部署　　　[bù shǔ 뿌 수]

명 동 (적절히) 배치(하다), 장식(하다), 할당(하다), 준비(하다)

　□ 布置　　　[bù zhì 뿌 쯔]

동 배합하다, 협동하다, 협력하다, 보조를 맞추다, 호응[적응]하다

　□ 配合　　　[pèi hé 페이 허]

주 백, 100, 〈비유〉 매우 많은 수, 온갖

　■ 百　　　[bǎi 바이]

동 〈컴퓨터〉 백업하다, (숫자 등을) 채우다　명 예비(분)

　□ 备份　　　[bèi fèn 뻬이 펀]

명 백주, 고량주

　□ 白酒　　　[bái jiǔ 바이 지우]

명 백화점, (주택가에 위치한) 슈퍼마켓

　□ 百货商店　　　[bǎi huò shāng diàn 바이 훠 쌍 띠앤]

명 〈동물〉 뱀

　□ 蛇　　　[shé 서]

명 〈음역어〉 버거킹(BURGER KING)

　□ 汉堡王　　　[Hàn bǎo wáng 한 바오 왕]

명 (나쁜) 버릇, 습관, 습성
- 习气　　　　[xí qì 시 치]

동 〈문어〉 버리다, 배제하다, 포기하다
- 摒弃　　　　[bìng qì 삥 치]

명 〈식물〉 버섯　동 귀찮게 달라붙다, 치근거리다, 꾸물거리다
- 蘑菇　　　　[mó·gu 모 구]

명 버스정류장, 정거장, 역
- 车站　　　　[chē zhàn 처 짠]

명 버터(butter), (원유에서 뽑은) 윤활제의 한 가지
- 黄油　　　　[huáng yóu 후앙 요우]

동 번거로움을 참다, 견디다, 인내하다, 잘 참다
- 耐烦　　　　[nài//fán 나이 판]

형 번거롭다, 너더분하다, 장황하다, 자질구레하다
- 烦琐　　　　[fán suǒ 판 수오]

명 번성, 번영, 번창　형 (식물이) 무성하다, 발전[번영]하다
- 繁荣　　　　[fán róng 판 롱]

명 번역(자), 통역(자)　동 번역하다, 통역하다
- 翻译　　　　[fān·yi 판 이]

형 번화하다, 떠들석하다　동 흥청대다　명 여흥, 구경거리
- 热闹　　　　[rè·nao 러 나오]

바

명 〈동물〉 범, 호랑이　형 〈비유〉 용맹하다, 사납다　동 흉악한 표정을 짓다

□ 虎　　　　　[hǔ 후]

명 범위, 한계　동 〈문어〉 제한하다, 개괄하다

□ 范围　　　　[fàn wéi 판 웨이]

명 법, 방법, 방식, 표준, 모범　동 본받다, 모방하다

■ 法　　　　　[fǎ 파]

명 〈비유〉 법망, 엄밀한 법률 제도

□ 法网　　　　[fǎ wǎng 파 왕]

동 법에 따라 처리하다, 법에 의해 처벌하다

□ 法办　　　　[fǎ bàn 파 빤]

형 법정의, 법률이 규정한

□ 法定　　　　[fǎ dìng 파 띵]

명 법치　동 법률에 의거하여 통치하다

□ 法治　　　　[fǎ zhì 파 쯔]

명 법칙, 규율

□ 规律　　　　[guī lǜ 꾸이 뤼]

동 (칼날로) 벗기다, 깎다, (재물을) 긁다, 착취하다, (바람이) 불다

□ 刮　　　　　[guā 꾸아]

동 벗다, (머리가) 빠지다, 벗어나다　형 사소하다, 소홀하다

■ 脱　　　　　[tuō 투오]

| 동 (속박 · 곤경에서) 벗어나다, 빠져나오다, 이탈하다, 떨쳐버리다

□ 摆脱　　[bǎi tuō 바이 투오]

| 동 벗어나다, 이탈하다, 떠나다, 관계를 끊다

□ 脱离　　[tuō lí 투오 리]

| 명 베, 천, 포, 천 모양과 같은 것 | 동 공포하다, 퍼뜨리다

■ 布　　[bù 뿌]

| 명 베개

□ 枕头　　[zhěn · tou 전 토우]

| 명 〈체육〉 베드민턴, (베드민턴의) 셔틀콕(shuttle cock)

□ 羽毛球　　[yǔ máo qiú 위 마오 치우]

| 명 베스트셀러

□ 畅销书　　[chàng xiāo shū 창 씨아오 쑤]

바

| 명 벽, 담, 울타리, 기물의 칸막이

■ 墙　　[qiáng 치앙]

| 명 변동, 변화, 이동 | 동 변동되다, 달라지다, 이동되다

□ 变动　　[biàn dòng 삐앤 똥]

| 명 변론, 논쟁, 토론 | 동 변론하다, 논쟁하다, 토론하다

□ 辩论　　[biàn lùn 삐앤 룬]

| 동 변하다, 바뀌다, 변화시키다 | 명 변고, 전란, 〈문어〉 재해

■ 变　　[biàn 삐앤]

동 변하여 …이 되다, …(으)로 변하다[바뀌다]

□ **变成** [biàn chéng 삐앤 청]

부 변함없이, 아직도, 여전히, 원래대로

□ **仍然** [réng rán 렁 란]

명 〈구어〉 별

■ **星星** [xīng · xing 씽 싱]

명 〈천문〉 별, 천체, 〈비유〉 유명한 사람, 스타, (저울대의) 저울눈

□ **星** [xīng 씽]

동 별거하다, 분가하다, 따로따로 살다

□ **分居** [fēn//jū 펀 쮜]

별일 아니다, 아무것도 없다, 괜찮다, 상관없다, 천만에

□ **没什么** [méi shén · me 메이 선 머]

명 병, 질병, 〈비유〉 고통 동 병나다, 앓다, 〈문어〉 해롭게 하다

■ **病** [bìng 삥]

명 병실, 입원실, 병동(病棟)

□ **病房** [bìng fáng 삥 팡]

동 병에 걸리다, 병을 얻다

□ **得病** [dé//bìng 더 삥]

명 보(자기), (보자기로 싼) 꾸러미, 〈비유〉 부담, 압력

□ **包袱** [bāo · fu 빠오 푸]

명 보고(서), 리포트, 진술, 훈시　동 보고하다, 진술하다

■ **报告**　[bào gào 빠오 까오]

동 보고하다, 보답하다, 보복하다, 복수하다

□ **回报**　[huí bào 후아 빠오]

동 보관하다　명 (창고) 관리인　부 꼭, 틀림없이, 어김없이

□ **保管**　[bǎo guǎn 바오 구안]

동 보급하다, 대중화시키다, 일반화하다, 확대되다, 널리 퍼지다

□ **普及**　[pǔ jí 푸 지]

형 보기 좋다, 아름답다, 재미있다, 흥미진진하다, 체면이 서다

■ **好看**　[hǎo kàn 하오 칸]

〈속어〉 보기 흉한 모습을 보이다, 웃음거리가 되다, 추태를 부리다

□ **出洋相**　[chū yáng xiàng 추 양 씨앙]

동 보내다, 발사하다, 발생하다, 발표하다, 번창하다, 발효하다

■ **发**　[fā 파]

동 보내다, 전(달)하다, 주다, 선물하다, 배웅하다, 바래다주다

■ **送**　[sòng 쏭]

동 보다, 구경하다, (눈으로) 읽다, 관찰하다, 생각하다, 예상하다

■ **看**　[kàn 칸]

동 〈구어〉 보다, 구경하다, 읽다, 판단하다, 방문하다, 진찰하다

□ **瞧**　[qiáo 치아오]

바

형 보잘 것 없다, 매우 작다, 미미하다
□ 渺小 [miǎo xiǎo 미아오 시아오]

명 보장, 보증 동 보장하다, 보증하다, 확보하다
□ 保障 [bǎo zhàng 바오 짱]

명 보증, 담보(물), 확보 동 보증하다, 책임지다, 담보하다
□ 保证 [bǎo zhèng 바오 쩡]

명 보충, 보완 동 보충하다, 보완하다
□ 补充 [bǔ chōng 부 총]

형 보통이다, 일반적이다, 평범하다
□ 普通 [pǔ tōng 푸 통]

형 보편적이다, 일반적이다, 널리 퍼져 있다
□ 普遍 [pǔ biàn 푸 삐앤]

명 보험 형 안전하다 부 틀림없이, 반드시
□ 保险 [bǎo xiǎn 바오 시앤]

명 보호 동 보호하다
□ 保护 [bǎo hù 바오 후]

동 보호하다, 수호하다, 지키다
□ 维护 [wéi hù 웨이 후]

명 복도, (두 지역을 연결하는) 좁고 긴 지대, 회랑(回廊) 지대
□ 走廊 [zǒu láng 조우 랑]

바

명 복부(腹部), 배, 물체의 볼록하게 돌출된 부분

■ 肚子　　[dù·zi 뚜 즈]

동 복수하다, 원수를 갚다

□ 报仇　　[bào//chóu 빠오 초우]

명 〈식물〉 복숭아, 복숭아나무

□ 桃子　　[táo·zi 타오 즈]

형 복잡하다

□ 复杂　　[fù zá 푸 자]

명 복제　동 복제하다, (파일을) 카피하다

□ 复制　　[fù zhì 푸 쯔]

명 복종, 종속　동 따르다, 복종하다, 종속하다

□ 服从　　[fú cóng 푸 총]

동 (기름 등에) 볶다, (시세 차액을 노려) 투기 매매하다, 해고하다

■ 炒　　　[chǎo 차오]

명 볶음밥

□ 炒饭　　[chǎo fàn 차오 판]

동 (원형대로) 본뜨다, 의거하다, 따르다

□ 仿照　　[fǎng zhào 팡 짜오]

명 본래, 원래　부 본래, 원래, 응당, 당연히

■ 本来　　[běn lái 번 라이]

| 명 (교과서 중의) 본문
　　□ 课文　　[kè wén 커 원]

| 동 본받다, 모방하다
　　□ 效法　　[xiào fǎ 씨아오 퍼]

| 명 본질, (사람의) 본성
　　□ 本质　　[běn zhì 번 쯔]

| 명 본체, 〈군사〉 편대장기(編隊長機)
　　□ 主机　　[zhǔ jī 주 찌]

| 명 〈음역어〉 볼링(bowling), 볼링공
　　□ 保龄球　　[bǎo líng qiú 바오 링 치우]

| 명 볼펜
　　■ 圆珠笔　　[yuán zhū bǐ 위앤 쭈 비]

| 명 봄, 봄철
　　■ 春天　　[chūn tiān 춘 티앤]

| 동 봉하다, 밀폐하다, 제한하다　 양 통, 꾸러미
　　■ 封　　[fēng 펑]

| 명 부(富), 재산, 자원
　　□ 财富　　[cái fù 차이 푸]

| 명 부근, 근처　 형 부근에, 근처에
　　□ 附近　　[fù jìn 푸 찐]

바

부끄럽다, 쑥스럽다, 창피스럽다, 계면쩍다, 곤란하다

□ **不好意思** [bù hǎo yì·si 뿌 하오 이 스]

명 부담, 책임 동 부담하다, 책임지다

□ **负担** [fù dān 푸 딴]

동 (일·비용 등을) 부담하다, 지다, 맡다

□ **担负** [dān fù 딴 푸]

형 부당하다, 맞지 않다, 온당하지 않다

□ **不当** [bù dàng 뿌 땅]

형 부당하다, 적합하지 않다, 타당하지 않다

□ **失当** [shī dàng 쓰 땅]

명 부동산, 산업, 생산을 목적으로 하는 사업

□ **产业** [chǎn yè 찬 예]

형 부드럽다, 온화하다, 연약하다, (마음이) 여리다, 능력이 형편없다

■ **软** [ruǎn 루안]

형 부드럽다, 완화하다 동 긴장을 풀다, 부드럽게 하다

□ **和缓** [hé huǎn 허 후안]

부 부득이, 하는 수 없이

■ **只好** [zhǐ hǎo 즈 하오]

동 부딪치다, 마주치다, 충돌하다, 우연히 만나다, 시험해 보다, 뛰어들다

□ **撞** [zhuàng 쭈앙]

동 부딪치다, 충돌하다, (우연히) 만나다, 시도해 보다, 부딪쳐 보다

■ 碰　　　[pèng 펑]

동 부딪치다, 충돌하다, 비위를 거슬리다, 기휘(忌諱)에 저촉되다

□ 冲撞　　[chōng zhuàng 총 쭈잉]

동 부르다, 분부하다, 알리다, 돌보다, 인사하다, 〈방언〉 주의하다, 싸우다

□ 招呼　　[zhāo·hu 짜오 후]

동 부르다, 불러모으다

□ 召唤　　[zhào huàn 짜오 환]

동 부리다, 사용하다, …하게 하다, 〈문어〉 파견하다　명 사절, 외교관

■ 使　　　[shǐ 스]

명 부부

□ 夫妻　　[fū qī 푸 치]

명 부분, 일부, 부서　양 부분, 일부

■ 部分　　[bù·fen 뿌 펀]

명 부엌, 주방, 요리사, 조리사

■ 厨房　　[chú fáng 추 팡]

형 부유하다, 풍부하다, 강하다

□ 富有　　[fù yǒu 푸 요우]

형 부유하다, 풍족하다　동 부유하게 하다

□ 富裕　　[fù yù 푸 위]

바

명 부인 [아내의 높임말]

夫人　　　[fū·ren 푸 런]

명 동 부정(하다), 취소(하다), 거부(하다)　형 부정의, 부정적인

否定　　　[fǒu dìng 포우 띵]

동 (이해 등이) 부족하다, 결핍되다

缺乏　　　[quē fá 취에 파]

형 부지런하다, 근면하다

辛勤　　　[xīn qín 씬 친]

형 〈구어〉 부지런하다, 근면하다

勤快　　　[qín·kuai 친 쿠아이]

형 부지런히 일하다, 근로하다, 근면하다

勤劳　　　[qín láo 친 라오]

동 부치다, 우송하다, 맡기다, 위탁하다, (남에게) 기대다

寄　　　　[jì 찌]

명 부친, 아버지

父亲　　　[fù·qīn 푸 친]

명 부하

部下　　　[bù xià 뿌 씨아]

동 부합하다[되다], 일치하다, 맞다, 따르다

符合　　　[fú hé 푸 허]

명 북, 북녘, 북방, 북쪽, 패배자　동 패배하다

■ **北**　[běi 베이]

동 북을 치다, (자신없어) 가슴이 두근거리다

□ **打鼓**　[dǎ//gǔ 다 구]

명 분노, 격노, 노여움　형 분노[격노]하다, 노여워하다

□ **愤怒**　[fèn nù 펀 누]

동 분리하다, 떼어 놓다, 헤어지다

□ **分离**　[fēn lí 펀 리]

형 분명하다, 뚜렷하다

□ **明显**　[míng xiǎn 밍 시앙]

형 분명하다, 뚜렷하다, 명백하다, 명석하다　동 알다, 이해하다

■ **清楚**　[qīng·chu 칭 추]

형 분명하다, 뚜렷하다, 명석하다

□ **清晰**　[qīng xī 칭 씨]

형 분명하다, 명확하다, 뚜렷하다　부 분명히, 뚜렷이, 확실히

□ **分明**　[fēn míng 펀 밍]

명 동 분배(하다)[나누다], 할당(하다), 배속(하다), 배치(하다)

□ **分配**　[fēn pèi 펀 페이]

동 분부하다, 당부하다, 알아듣게 말하다

□ **嘱咐**　[zhǔ·fù 주 푸]

바

동 〈구어〉 분부하다, (말로) 시키다, 명하다, 지시하다

□ 吩咐　　[fēn·fu 펀 푸]

동 분산하다[시키다], 널리 배부[배포]하다　명 분산

□ 分散　　[fēn sàn 펀 싼]

명 분석　동 분석하다

□ 分析　　[fēn·xi 펀 시]

명 분열, 결별　동 분열하다, 분열시키다, 결별하다

□ 分裂　　[fēn liè 펀 리에]

명 분위기

□ 气氛　　[qì fēn 치 펀]

동 분장하다, 치장[단장]하다, 화장하다　명 분장, 치장, 차림

□ 打扮　　[dǎ·ban 다 반]

형 분주한 모양, 황급한 모양

□ 匆匆　　[cōng cōng 총 총]

동 분투하다, 싸우다, 노력하다

□ 奋斗　　[fèn dòu 펀 또우]

명 분필, 백묵

■ 粉笔　　[fěn bǐ 펀 비]

동 분할하다, 갈라놓다

□ 分割　　[fēn gē 펀 꺼]

［동］ 분해하다, 분열되다, 화해시키다, 〈화학〉 분해하다

□ 分解 [fēn jiě 펀 지에]

［명］ 불, 화약, 〈의학〉 열 ［형］ 붉다, 번창하다, 〈전용〉 긴급하다

■ 火 [huǒ 후오]

［명］ 불고기, 구운 고기

□ 烤肉 [kǎo ròu 카오 로우]

［명］〈종교〉 불교

□ 佛教 [Fó jiào 포 찌아오]

［형］ 불리하다, 순조롭지 못하다, 성공하지 못하다

□ 不利 [bù lì 뿌 리]

［명］ 불법 ［형］ 비합법적이다, 불법적이다

□ 非法 [fēi fǎ 페이 파]

［형］ 불쌍하다, 가련하다, (양·질이) 볼품없다 ［동］ 동정하다

□ 可怜 [kě lián 커 리앤]

［형］ 불완전하다, 모자라다, 일부분이 결여되어 있다

□ 残缺 [cán quē 찬 취에]

［동］ 불일치하다, 어긋나다, 갈라지다 ［명］ (의견 등의) 불일치, 상이

□ 分歧 [fēn qí 펀 치]

［형］ 불편하다, (형편이) 좋지 않다 ［동］ 현금이 모자라다

□ 不便 [bù biàn 뿌 삐앤]

바

동 (시험에) 불합격하다, 낙제하다

□ 不及格 [bù jí gé 뿌 지 거]

형 붉다, 빨갛다, 번창하다, 인기가 있다 명 〈색깔〉 다홍, 주홍

■ 红 [hóng 홍]

명 붓, 모필

■ 毛笔 [máo bǐ 마오 비]

동 (끓는 물을) 붓다, 물로 씻어 내다, 돌진하다, 솟구치다

□ 冲 [chōng 총]

명 붕대

□ 绷带 [bēng dài 뻥 따이]

동 (끈 등으로) 붙들어 매다, 묶다, 동여매다

□ 拴 [shuān 쑤안]

명 뷔페(buffet 프), 셀프서비스(self service) 식의 식사

□ 自助餐 [zì zhù cān 쯔 쭈 찬]

명 〈음역어〉 브랜디(brandy)

□ 白兰地 [bái lán dì 바이 란 띠]

명 비 동 (비·눈 등이) 내리다

■ 雨 [yǔ 위]

동 비가 내리다, 비가 오다

□ 下雨 [xià//yǔ 씨아 위]

| 형 | 비겁하다, 겁이 많다, 겁에 질리다, 겁내다, 위축되다 |

□ 胆怯　　　[dǎn qiè 단 치에]

| 명 | 비관 | 형 | 비관적이다 |

□ 悲观　　　[bēi guān 뻬이 꾸안]

| 명 | 동 | 비교(하다), 대비(하다) | 개 | …보다, …에 비하여 | 부 | 비교적 |

■ 比较　　　[bǐ jiào 비 찌아오]

| 동 | 비교하다, 견주다 | 명 | (득점의) 대, 비율 | 개 | …에 비하여 |

■ 比　　　[bǐ 비]

| 명 | 〈동물〉 비둘기 |

□ 鸽子　　　[gē·zi 꺼 즈]

| 접 | 비록 …일지라도[하지만], 설령 …일지라도 |

■ 虽然　　　[suī rán 쑤이 란]

| 명 | 비밀 | 형 | 비밀스럽다 |

□ 秘密　　　[mì mì 미 미]

| 동 | 〈문어〉 비밀을 누설하다, 비밀이 새다 |

□ 泄密　　　[xiè//mì 씨에 미]

| 동 | 비밀을 지키다 |

□ 保密　　　[bǎo//mì 바오 미]

| 동 | 비방하다, 헐뜯다 |

□ 诽谤　　　[fěi bàng 페이 빵]

바

명 비빔밥
□ 拌饭　　　[bàn fàn 빤 판]

형 〈문어〉 비슷하다, 닮다
□ 相似　　　[xiāng sì 씨앙 쓰]

형 (가격이) 비싸다, 귀(중)하다, 지위가 높다　동 중히 여기다
■ 贵　　　　[guì 꾸이]

형 비열하다, 질이 낮다
□ 低劣　　　[dī liè 띠 리에]

동 비올라를 연주하다
□ 拉中提琴　[lā zhōng tí qín 라 쫑 티 친]

명 (huā·fei) 비용, 경비, 지출　동 (돈·시간 등을) 쓰다, 소비하다
□ 花费　　　[huā fèi 후아 페이]

명 비자, 사증　동 사증(查證)하다, (계약서 등에) 서명하다
□ 签证　　　[qiān zhèng 치앤 쩡]

명 비전문가, 문외한　형 문외한이다, 비전문가이다
□ 外行　　　[wài háng 와이 항]

명 비준, 허가, 승인　동 비준하다, 허가하다, 승낙하다
□ 批准　　　[pī//zhǔn 피 준]

형 비참하다
□ 悲惨　　　[bēi cǎn 뻬이 찬]

명 비통 형 비통하다, 슬프다

□ 悲痛 [bēi tòng 뻬이 통]

명 비판 동 비판하다, 반박하다

□ 批判 [pī pàn 피 판]

명 비평, 비판 동 비평하다, 평가하다, 장단점을 지적하다

□ 批评 [pī píng 피 핑]

명 비행 동 비행하다

□ 飞行 [fēi xíng 페이 싱]

명 비행기, 항공기

■ 飞机 [fēi jī 페이 찌]

명 비행기표, 비행기 탑승권

□ 机票 [jī piào 찌 피아오]

명 빈도(频度), 주파수

□ 频率 [pín lǜ 핀 뤼]

명 빈민

□ 贫民 [pín mín 핀 민]

명 빈방, 빈집

□ 闲房 [xián fáng 시앤 팡]

명 빈손, 맨손, 맨주먹 부 맨손으로

□ 空手(儿) [kōng shǒu(r) 콩 소우]

바

형 (지식·경험이) 빈약하다, 부족하다, (감정이) 깊지 않다

□ 浅薄　　[qiǎn bó 치앤 보]

명 빈혈

□ 贫血　　[pín xuè 핀 쉬에]

동 빌(리)다, 꾸다, 빌려[꾸어] 주다, 핑계삼다, 의지하다

■ 借　　[jiè 찌에]

명 빌딩, 고층 건물

□ 大厦　　[dà shà 따 싸]

명 빗물, 강우량

□ 雨水　　[yǔ shuǐ 위 수이]

명 빗방울

□ 雨点(儿)　　[yǔ diǎn(r) 위 디앤]

명 빙하

□ 冰河　　[bīng hé 삥 허]

명 빛, 광선, 영광　동 빛내다, 벌거벗다　형 광택이 있다

□ 光　　[guāng 꾸앙]

명 빛깔, 색채, 〈비유〉 경향, 편향

□ 色彩　　[sè cǎi 써 차이]

동 빛나다, 비춰보다, (사진·영화를) 찍다　명 사진, 면허증

■ 照　　[zhào 짜오]

형 (속도가) 빠르다, 민첩하다, (성격이) 시원스럽다　부 빨리, 곧
■ 快　　　　[kuài 콰이]

동 (불리한 상황에) 빠지다, 〈비유〉 푹 빠지다, 몰두하다
□ 陷入　　　　[xiàn rù 씨앤 루]

동 빨다, (양분을) 빨아들이다, (사탕을) 빨아 먹다
□ 吮吸　　　　[shǔn xī 순 씨]

명 빵, 식빵, 빵 부스러기
■ 面包　　　　[miàn bāo 미앤 빠오]

동 빼앗다, 약탈하다, 앞다투어 …하다　부 급히, 서둘러
□ 抢　　　　[qiǎng 치앙]

형 (몸이) 뻣뻣하다, 융통성이 없다, 딱딱하다
□ 僵硬　　　　[jiāng yìng 찌앙 잉]

명 뼈, 〈비유〉 체신, 고상한 품격
■ 骨头　　　　[gǔ·tou 구 토우]

형 뼈아프다, 뼈저리다, 통절하다　명 통절
□ 痛切　　　　[tòng qiè 통 치에]

형 뿌옇다, 회백색이다, (안색이) 창백하다　명 회백색
□ 灰白　　　　[huī bái 후이 바이]

동 (인원을) 뽑다, 받아들이다, (시문 등을) 수록하다, (듣고) 기록하다
□ 收录　　　　[shōu lù 쏘우 루]

바

동 뽑다, 꺼내다, (일부를) 뽑아내다, 빨다, 피우다, (새싹이) 돋다

■ 抽　　　　[chōu 초우]

명 뿌리, 밑부분, 자손, 근원, 근거　양 가닥, 대 [가늘고 긴 것을 셀 때]

■ 根　　　　[gēn 껀]

동 (물 등을) 뿌리다, 살포하다, 붓다, 흘리다, (음식을) 엎지르다

□ 洒　　　　[sǎ 사]

접 …뿐만 아니라

□ 不但　　　[bù dàn 뿌 딴]

부 (단지) …뿐이[만이] 아니다　접 …뿐만 아니라

□ 不仅　　　[bù jǐn 뿌 진]

사

명 사건, (특별한) 일, 사태, 행사

□ 事件   [shì jiàn 쓰 찌앤]

명 사격, 발포, 〈체육〉 사격 경기   동 사격하다, 발포하다

□ 射击   [shè jī 써 찌]

명 사고, (의외의) 손실이나 재난, 불상사

□ 事故   [shì gù 쓰 꾸]

명 사고, 사색, 사유, 숙고   동 사고하다, 사색하다, 숙고하다

□ 思考   [sī kǎo 쓰 카오]

명 〈식물〉 사과, 사과나무

■ 苹果   [píng guǒ 핑 구오]

〈구어〉 사귀다, 교제하다, 왕래하다, 접촉하다

□ 打交道   [dǎ jiāo · dao 다 찌아오 다오]

형 사근사근하다, 상냥하다, 온화하고 선량하다

□ 和善   [hé shàn 허 싼]

형 사납다, 무섭다, 대단하다, 심하다, 지독하다   명 지독함, 본때

■ 厉害   [lì · hai 리 하이]

동 사다, 구입하다, 세내다, (뇌물 등으로) 얻다, 매수하다

■ 买   [mǎi 마이]

图 사라지다, 없어지다, 소실하다

　　□ 消失　　　[xiāo shī 씨아오 쓰]

명 사람, 인간, 성인, 어른, 일반인, 남, 타인, 인재, 일손

　　■ 人　　　[rén 런]

图 사랑하다, …하기 좋아하다, 소중히 여기다, 걸핏하면 …하다

　　■ 爱　　　[ài 아이]

형 사리에 밝다, 철이 들다, 세상 물정을 이해하다

　　□ 懂事　　　[dǒng//shì 동 쓰]

명 사막

　　□ 沙漠　　　[shā mò 싸 모]

명 사망, 멸망　图 사망하다, 멸망하다

　　□ 死亡　　　[sǐ wáng 스 왕]

명 사무용 테이블, 책상

　　□ 写字台　　　[xiě zì tái 시에 쯔 타이]

명 사변, 사건, 비상사태, 세상일의 변화

　　□ 事变　　　[shì biàn 쓰 삐앤]

명 사상, 이데올로기, 마음, 생각　图 〈문어〉 사고하다, 생각하다

　　□ 思想　　　[sī xiǎng 쓰 시앙]

명 사색　图 사색하다, 깊이 생각하다

　　□ 思索　　　[sī suǒ 쓰 수오]

사

명 사실
事实 [shì shí 쓰 스]

명 사업, 기업, 영업, 비영리적 사회활동
事业 [shì yè 쓰 예]

동 사용하다, 고용하다, 부리다 명 사용
使用 [shǐ yòng 스 용]

명 사이, 중간, 막연한 시간, 방, 실 양 칸 [방을 셀 때]
间 [jiān 찌앤]

명 사이다(cider)
汽水(儿) [qì shuǐ(r) 치 수이]

명 사적, 행위, 성과, 업적
事迹 [shì jì 쓰 찌]

명 (긴 어구·성어 등도 채집하여 넣은 자세한) 사전
辞典 [cí diǎn 츠 디앤]

명 (단어를 모은) 사전
词典 [cí diǎn 츠 디앤]

동 사절하다, 정중히 거절하다
谢绝 [xiè jué 씨에 쥐에]

명 사진
照片 [zhào piàn 짜오 피앤]

명 사진기, 카메라

■ 照相机   [zhào xiàng jī 짜오 씨앙 찌]

동 사진을 찍다, 촬영하다

□ 拍照   [pāi//zhào 파이 짜오]

형 사치하다, 사치스럽다

□ 奢侈   [shē chǐ 써 츠]

명 사회자, 진행자

□ 主持人   [zhǔ chí rén 주 츠 런]

동 삭제하다, 지우다, 빼다   명 〈전자〉 삭제(delete)

□ 删除   [shān chú 싼 추]

명 산, 산과 비슷한 모양, 〈전용〉 누에 섶   형 (산처럼) 웅장하다

■ 山   [shān 싼]

형 (색깔·냄새가) 산뜻하다, 연하다, (음식이) 담백하다, 불경기이다

□ 清淡   [qīng dàn 칭 딴]

동 살다, 거주하다, 머무르다, 멎다, 정지하다, 멎게[정지하게] 하다

■ 住   [zhù 쭈]

동 살다, 생활하다   형 활기차다, 유동적이다   부 산 채로

■ 活   [huó 후오]

동 삶다, 익히다, 끓이다

■ 煮   [zhǔ 주]

사

명 (남녀의) 삼각관계

□ 三角恋爱　[sān jiǎo liàn'ài 싼 지아오 리앤 아이]

명 삼림, 나무숲

□ 森林　[sēn lín 썬 린]

동 (음식물 등을) 삼키다, 넘기다, (말을) 거두다, (화를) 삼키다

□ 咽　[yàn 옌]

동 상관하지 않다　접 …에 관계없이, …을 막론하고

□ 不管　[bù guǎn 뿌 구안]

동 상대하다, 서로 마주하다　형 상대적이다　부 상대적으로

□ 相对　[xiāng duì 씨앙 뚜이]

명 상사, 상관(上官), 상급

□ 上司　[shàng·si 쌍 스]

명 상상　동 상상하다, 마음에 떠오르게 하다

□ 想像　[xiǎng xiàng 시앙 씨앙]

명 상상, 가상, 구상, 생각, 배려　동 상상[구상]하다, 배려하다

□ 设想　[shè xiǎng 써 시앙]

형 상세하다, 자세하다

□ 详细　[xiáng xì 시앙 씨]

동 상세히 알다, 잘 알다, 충분히 파악하다

□ 熟悉　[shú·xī 수 씨]

| 166 |

図 상승하다, 올라가다, (등급·정도 등이) 향상하다, 증가하다
- 上升 [shàng shēng 쌍 셩]

图 상실하다, 잃다
- 丧失 [sàng shī 쌍 쓰]

图 상심하다, 슬퍼하다, 마음 아파하다
- 伤心 [shāng//xīn 쌍 씬]

图 상의, 윗도리, 저고리, 겉옷
- 上衣 [shàng yī 쌍 이]

图 상의하다, 상담하다, 의논하다, 토론하다, 흥정하다
- 商量 [shāng·liáng 쌍 리앙]

图 상자, 궤짝, 트렁크
- 箱子 [xiāng·zi 씨앙 즈]

图 상점
- 商店 [shāng diàn 쌍 띠앤]

图 상처
- 伤口(儿) [shāng kǒu(r) 쌍 코우]

图 상처를 입다, 부상을 당하다, (물체 등이) 파손당하다
- 受伤 [shòu//shāng 쏘우 쌍]

图 상태, 〈물리〉 물질이 존재하는 상태(status)
- 状态 [zhuàng tài 쭈앙 타이]

사

| 〈경제〉 상품, (시장에서 판매되는) 물품

　　　□ 商品　　　[shāng pǐn 쌍 핀]

| 图 상해하다, 해치다, 해를 끼치다, 손상시키다

　　　□ 伤害　　　[shāng hài 쌍 하이]

| 副 상호, 서로

　　　□ 相互　　　[xiāng hù 씨앙 후]

| 图 (정치·군사 등의) 상황, 정세, 형세

　　　□ 局势　　　[jú shì 쥐 쓰]

| 图 상황, 정황, 형편, 상태

　　　□ 状况　　　[zhuàng kuàng 쭈앙 쾅]

| 图 샅샅이 찾다, 여기저기 (돌아다니며) 찾다, 구하다, 물으며 찾다

　　　□ 搜寻　　　[sōu·xún 쏘우 쉰]

| 〈조류〉 새

　　　■ 鸟　　　[niǎo 니아오]

| 图 새롭다, 새것의, 신혼의　副 갓, 새로　图 일신하다, 새롭게 하다

　　　■ 新　　　[xīn 씬]

| 图 색채, 색(깔), 〈문어〉 안색, 얼굴빛, 〈속어〉 무서운 얼굴빛이나 행동

　　　■ 颜色　　　[yán sè 이앤 써]

| 图 〈음역어〉 샌드위치

　　　□ 三明治　　　[sān míng zhì 싼 밍 쯔]

명 (여름용) 샌들(sandals)

凉鞋 [liáng xié 리앙 시에]

명 샐러리맨(salaried man)

上班族 [shàng bān zú 쌍 빤 주]

명 (일정한) 생각, 취의(趣意), 취지, 아이디어, 주견, 의견, 방법

主意 [zhǔ·yi 주 이]

명 생각, 사고, 의사, 마음

念头 [niàn tóu 니앤 토우]

명 생각, 염두, 머리, (하고 싶은) 심정, 기분

心思 [xīn·si 씬 스]

명 생각, 의견, (말의) 뜻, 의미, 흥미, 성의 동 성의를 표시하다

意思 [yì·si 이 스]

명 생각, 의견, 견해

想法 [xiǎng·fa 시앙 파]

동 (자신의) 생각대로 처리하다, 결정권을 갖다, (일을) 주관하다

做主 [zuò//zhǔ 쭤 주]

동 생각하다, 그리워하다, (소리내어) 읽다, 공부하다 명 생각, 염두

念 [niàn 니앤]

동 생각하다, 추측하다, 그리워하다 조동 …하려고 하다

想 [xiǎng 시앙]

사

명 〈식물〉 생강　동 부추기다, 선동하다

□ 姜　　　　　　[jiāng 찌앙]

동 생기다, 발생하다, 일어나다, 왕성하게 되다

□ 发生　　　　　[fā shēng 파 셩]

형 생동감 있다, 생생하다, 생기발랄하다

□ 生动　　　　　[shēng dòng 셩 똥]

명 생맥주

□ 鲜啤酒　　　　[xiān pí jiǔ 씨앤 피 지우]

명 생명, 목숨　형 살아 있는 것 같다, 생동감 있다

□ 生命　　　　　[shēng mìng 셩 밍]

명 생명, 목숨

□ 性命　　　　　[xìng mìng 씽 밍]

형 생소하다, 낯설다

□ 陌生　　　　　[mò shēng 모 셩]

동 생장하다, 성장하다, 나서 자라다

□ 生长　　　　　[shēng zhǎng 셩 장]

명 생활, 생계, 살림, 〈방언〉 일　동 생활하다, 생존하다

■ 生活　　　　　[shēng huó 셩 후오]

명 〈음역어〉 샴푸(shampoo)

□ 香波　　　　　[xiāng bō 씨앙 뽀]

동 서다, 일어나다, 멈추다, 견디다　명 정거장, 역, 기관, 사무소

■ **站**　　　　[zhàn 짠]

부 서둘러, 급히, 얼른, 바삐, 재빨리

□ **赶忙**　　　　[gǎn máng 간 망]

동 서로 돕다

□ **互助**　　　　[hù zhù 후 쭈]

명 서류, 공문서, (학술연구 등의) 문장, 문헌, 〈전자〉 파일, 텍스트

□ **文件**　　　　[wén jiàn 원 찌앤]

명 서법, 서예, 서도(書道)

□ **书法**　　　　[shū fǎ 쑤 파]

명 서양 요리

□ **西餐**　　　　[xī cān 씨 찬]

명 서재, 서점, 관청의 사무실

□ **书房**　　　　[shū fáng 쑤 팡]

명 서점, 책방

□ **书店**　　　　[shū diàn 쑤 띠앤]

명 서쪽, 서양　형 서양의

■ **西**　　　　[xī 씨]

동 석방하다, 〈물리〉 (에너지를) 방출하다　명 〈전자〉 릴리스, 배포

□ **释放**　　　　[shì fàng 쓰 팡]

사

명 석유

□ 煤油　　[méi yóu 메이 요우]

명 〈광물〉 석탄

□ 煤　　[méi 메이]

형 (뒤)섞(이)다, 한데 섞(이)다

□ 混杂　　[hùn zá 훈 자]

명 선거, 선출 　동 선거하다, 선출하다

□ 选举　　[xuǎn jǔ 쉬앤 쥐]

동 선고하다, 선포하다, 발표하다

□ 宣告　　[xuān gào 쒸앤 까오]

동 선동하다, 부추기다, 고무하다, 고취하다

□ 鼓动　　[gǔ dòng 구 똥]

동 선망하다, 부러워하다, 흠모하다

□ 羡慕　　[xiàn mù 씨앤 무]

형 (색체가) 선명하다, 산뜻하다, 뚜렷하다, 명확하다

□ 鲜明　　[xiān míng 씨앤 밍]

명 선물, 예물, (간단한) 방문 선물

□ 礼物　　[lǐ wù 리 우]

명 선생, 교사, (성인 남자에 대한 존칭으로) 선생, …씨

■ 先生　　[xiān · sheng 씨앤 성]

명 선생님, 스승, 은사

　■ **老师**　　[lǎo shī 라오 쓰]

명 선전　동 선전하다, 널리 알리다

　□ **宣传**　　[xuān chuán 쒸앤 추안]

형 선진적이다, 앞서다, 진보적이다　명 선진적인 모범, 앞선 사람

　□ **先进**　　[xiān jìn 씨앤 찐]

동 선택 과목으로 이수하다, 선택하여 배우다

　□ **选修**　　[xuǎn xiū 쉬앤 씨우]

동 선택하다, 고르다

　□ **选择**　　[xuǎn zé 쉬앤 저]

동 선포하다, 공표하다, 선언하다, 발표하다

　□ **宣布**　　[xuān bù 쒸앤 뿌]

명 선풍기

　■ **电扇**　　[diàn shàn 띠앤 싼]

동 설득하다, 권고[권유]하다, 타이르다

　□ **劝说**　　[quàn shuō 취앤 쑤오]

접 설령[설사] …하더라도[할지라도, 일지라도]

　□ **即使**　　[jí shǐ 지 스]

부 설마 …하겠는가, 그래 …(이)란 말인가

　■ **难道**　　[nán dào 난 따오]

명 동 설명(하다), 해설(하다), 증명(하다), 입증(하다)

□ 说明　　　　[shuō míng 쑤오 밍]

동 설복하다, 설득하다, 설득시키다, 납득시키다

□ 说服　　　　[shuō//fú 쑤오 푸]

명 설비, 시설, 사전 준비　동 갖추다, 설비하다, 사전 준비를 하다

□ 设备　　　　[shè·bèi 써 뻬이]

명 설비, 장비, 설치　동 장비하다, 장치하다, 설치하다

□ 装备　　　　[zhuāng bèi 쭈앙 뻬이]

동 〈구어〉 설사하다

□ 拉肚子　　　[lā dù·zi 라 뚜 즈]

동 설치[장치]하다, 〈전자〉 프로그램을 설치하다, 셋업하다

□ 安装　　　　[ān zhuāng 안 쭈앙]

명 섬

□ 岛　　　　　[dǎo 다오]

동 섬멸하다, 몰살하다, 전멸시키다

□ 歼灭　　　　[jiān miè 찌앤 미에]

형 섬세하고[정교하고] 아름답다

□ 精美　　　　[jīng měi 찡 메이]

형 섬세하다, 세밀하다, 공들이다, 치밀하다, 꼼꼼하다, 신중하다

□ 细致　　　　[xì·zhì 씨 쯔]

형 섭섭하다, 아쉽다, 아깝다　부 아쉽게도, 아깝게도

□ 可惜　[kě xī 커 씨]

명 성 [중국의 지방 행정 단위]　동 아끼다, 절약하다, 생략하다

□ 省　[shěng 성]

명 성격, 천성, 개성

□ 性格　[xìng gé 씽 거]

명 성공, 완성　형 성공적이다　동 성공하다, 완성하다

□ 成功　[chéng gōng 청 꽁]

명 성과, (일의) 수확

□ 成果　[chéng guǒ 청 구오]

형 (구조가) 성기다, (태도가) 산만하다　동 느슨해지다, 풀어지다

□ 松散　[sōng sǎn 쏭 산]

형 성나다, 화나다, 분개[분노]하다　명 분개, 분노, 성

□ 气愤　[qì fèn 치 펀]

명 성냥

■ 火柴　[huǒ chái 후오 차이]

명 성명, 성명서, 선언　동 성명하다, 선언하다

□ 声明　[shēng míng 썽 밍]

동 성숙하다, (조건 등이) 무르익다, (과일 등이) 익다, 여물다

□ 成熟　[chéng shú 청 수]

사

형 성실하다

□ 诚实　　[chéng · shí 청 스]

형 성실하다, 솔직하다, 온순하다, 얌전하다　부 사실상

■ 老实　　[lǎo · shi 라오 스]

명 성원　동 성원하다, 구두 후원을 하다

□ 声援　　[shēng yuán 썽 위앤]

명 성의, 마음, 생각, 의사, 의향, 뜻

□ 心意　　[xīn yì 씬 이]

동 성장하다, 자라다, 〈방언〉 발전하다, 증가하다

□ 成长　　[chéng zhǎng 청 장]

명 성적, 성과, 기록

□ 成绩　　[chéng jì 청 찌]

명 성적표

□ 成绩单　　[chéng jì dān 청 찌 딴]

명 성질, 천성, 성격

■ 性质　　[xìng zhì 씽 쯔]

명 성취, 성과, 업적　동 성취하다, 이루다, 완성하다

□ 成就　　[chéng jiù 청 찌우]

명 세계, 세상, 사회의 형세, 영역, 활동범위, 〈문어〉 시간과 공간

■ 世界　　[shì jiè 쓰 찌에]

명 〈미생물〉 세균

□ **细菌** [xì jūn 씨 쮠]

동 세다, 헤아리다, 손꼽(히)다, 나열하다, (과실을) 책망하다

■ **数** [shǔ 수]

형 세밀하다, 정교하다

□ **精致** [jīng zhì 찡 쯔]

동 〈문어〉 (재능·공적 등이) 세상에서 으뜸이다, 세상을 압도하다

□ **盖世** [gài shì 까이 쓰]

동 세상을 떠나다, 서거하다

□ **逝世** [shì shì 쓰 쓰]

동 세수하다, 얼굴을 씻다

□ **洗脸** [xǐ//liǎn 시 리앤]

형 세심치 못하다, 부주의하다, (생각하는 것이) 데면데면하다

□ **粗心** [cū xīn 추 씬]

형 세심하다, 주의 깊다, 찬찬하다

□ **细心** [xì xīn 씨 씬]

형 세심하지 않다, 꼼꼼하지 않다, 데면데면하다

□ **粗疏** [cū shū 추 쑤]

동 (점포·공장 등을) 세우다, 설립하다, (과목을) 개설하다

□ **开设** [kāi shè 카이 써]

사

동 세우다, 수립하다, 확립하다

□ 树立　　[shù lì 쑤 리]

동 세차게 부딪치다, 과감히 도전하다, 〈비유〉 충격을 받다[주다]

□ 冲击　　[chōng jī 총 찌]

명 세탁기

■ 洗衣机　　[xǐ yī jī 시 이 찌]

수 셋, 3　부 재삼, 여러 번

■ 三　　[sān 싼]

명 〈음역어〉 셔츠(shirts)

□ 恤衫　　[xù shān 쒸 싼]

명 〈동물〉 소　형 (소처럼) 완고하다　동 〈속어〉 허풍을 치다, 언쟁하다

■ 牛　　[niú 니우]

동 소개하다, 중매하다, 추천하다, 설명하다　명 소개, 설명

■ 介绍　　[jiè shào 찌에 싸오]

형 소극적이다, 부정(否定)적이다

□ 消极　　[xiāo jí 씨아오 지]

명 소금, 〈화학〉 염

□ 盐　　[yán 이앤]

명 소나기, 갑자기 내리는 비

□ 陈雨　　[zhèn yǔ 쩐 위]

| 178 |

명 소년, 소년기, 소년 시절

■ 少年 [shào nián 싸오 니앤]

형 소란스럽다, 떠들썩하다, 야단법석하다, 시끄럽다

□ 喧闹 [xuān nào 쒸앤 나오]

명 소량, 적은 양

□ 少量 [shǎo liàng 사오 리앙]

동 소멸하다, 없어지다, 멸망하다, 소멸시키다, 없애다

□ 消灭 [xiāo miè 씨아오 미에]

명 소모, 소비 동 소모하다, 소비하다, 소모시키다

□ 消耗 [xiāo hào 씨아오 하오]

동 소모하다, 소비하다, 〈방언〉 시간을 끌다, 꾸물거리다

□ 耗 [hào 하오]

형 (옷·문장이) 소박하다, 화려하지 않다, (생활이) 검소하다

□ 朴素 [pǔ sù 푸 쑤]

명 소변, 오줌 동 소변을 보다

□ 小便 [xiǎo biàn 시아오 삐앤]

명 소비 동 소비하다

□ 消费 [xiāo fèi 씨아오 페이]

명 소설 (*소설가 小说家 xiǎo shuō jiā)

□ 小说(儿) [xiāo shuō(r) 시아오 쑤오]

사

명 소수, 적은 수
□ 少数 [shǎo shù 사오 쑤]

명 소식, 기별, 정보(情報)
□ 信息 [xìn xī 씬 씨]

명 소식, 정보, 뉴스, 보도, 기사, 기별, 편지
□ 消息 [xiāo·xi 씨아오 시]

명 소유, 소물물 동 소유하다 형 모든, 일체의
■ 所有 [suǒ yǒu 수오 요우]

명 소원, 바람, 희망
□ 愿望 [yuàn wàng 위앤 왕]

동 소중하게 여기다, 아끼다, 매우 귀여워하다
□ 爱惜 [ài xī 아이 씨]

명 〈전기〉 소켓(socket), 콘센트
□ 插座 [chā zuò 차 쭤]

명 〈음역어〉 소파(sofa)
□ 沙发 [shā fā 싸 파]

명 소포, 보따리 동 싸다, 포장하다
□ 包裹 [bāo guǒ 빠오 구오]

명 〈전자〉 (컴퓨터의) 소프트웨어(software)
■ 软件 [ruǎn jiàn 루안 찌앤]

형 소홀하다, 건성으로 하다, 대충대충하다, 무책임하다

□ 马虎 [mǎ·hu 마 후]

동 소홀히 하다, 부주의하다, 경솔하다

□ 疏忽 [shū·hu 쑤 후]

명 〈생리〉 소화 동 소화하다, (배운 지식을) 소화하다

□ 消化 [xiāo·huà 씨아오 화]

명 소흥주 [중국의 술로 황주(黃酒)의 일종]

□ 绍兴酒 [shào xīng jiǔ 싸오 씽 지우]

명 속, 안, 거친 면, 안쪽, 이웃, 인근, 고향 양 리 [거리 단위]

■ 里 [lǐ 리]

명 속눈썹

□ 睫毛 [jié máo 지에 마오]

동 속다, 사기당하다, 꾐에 빠지다, 속임수에 걸리다

□ 上当 [shàng//dàng 쌍 땅]

동 속이다, 기만하다

□ 欺骗 [qī piàn 치 피앤]

명 손, 수단, 재주 부 손수, 직접 동 (손에) 잡다, 쥐다, 들다

■ 手 [shǒu 소우]

명 손가락

□ 手指 [shǒu zhǐ 소우 즈]

사

명 손가락, 발가락
- 指头 [zhǐ·tou 즈 토우]

명 손녀
- 孙女(儿) [sūn·nǚ(r) 쑨 뉘]

명 손님, 여객, 나그네, 길손, 행상(行商)
- 客人 [kè rén 커 런]

명 손목, 팔목
- 手腕子 [shǒu wàn·zi 소우 완 즈]

명 손목시계
- 手表 [shǒu biǎo 소우 비아오]

동 손상을 주다, 파괴하다, 모욕을 주다 명 손상, 파괴
- 摧残 [cuī cán 추이 찬]

명 손수건
- 手绢 [shǒu juàn 소우 쮜앤]

명 손실, 손해 동 손실되다, 손해를 보다
- 损失 [sǔn shī 순 쓰]

동 손(가락)으로 누르다
- 摁 [èn 언]

동 손을 뻗다, 착수하다, 〈비유〉(영애 등을 얻기 위해) 손을 내밀다
- 伸手 [shēn//shǒu 썬 소우]

동 손을 떼다[놓다], 마음놓고 하다, 내버려 두다, 중지하다

□ 放手 [fàng//shǒu 팡 소우]

명 손자

□ 孙子 [sūn · zi 쑨 즈]

동 손찌검을 하다, 손을 대다, 착수[시작]하다

□ 动手 [dòng//shǒu 똥 소우]

동 손해를 보다, (어떤 조건이) 불리하게 되다

□ 吃亏 [chī//kuī 츠 쿠이]

명 솔, 브러시

■ 刷子 [shuā · zi 쑤아 즈]

명 송별회

□ 送别会 [sòng bié huì 쏭 비에 후이]

명 (전화기의) 송수화기, 마이크, 메가폰(megaphone), 확성기

□ 话筒 [huà tǒng 화 통]

양 송이 [꽃 · 구름 등을 셀 때]

■ 朵 [duǒ 두오]

명 쇠고기

□ 牛肉 [niú ròu 니우 로우]

형 (신체가) 쇠약하다, 허약하다 동 (세력이) 약해지다

□ 衰落 [shuāi luò 쑤아이 뤄]

사

명 쇼핑센터

□ 购物中心　[gòu wù zhōng xīn 꼬우 우 쫑 씬]

명 쇼핑하기　동 물건[물품]을 사다

□ 买东西　[mǎi dōng·xi 마이 똥 시]

명 (면)수건, 타월

■ 毛巾　[máo jīn 마오 찐]

명 수건, 타월, 〈방언〉 손수건

■ 手巾　[shǒu·jīn 소우 찐]

형 수고롭다, 고되다, 힘들다　동 〈상투어〉 수고했습니다

□ 辛苦　[xīn·ku 씬 쿠]

동 수고를 덜다, 힘을 적게 들이다　형 수월하다, 수고롭지 않다

□ 省力　[shěng//lì 성 리]

명 수단, 매개, 방법, 수법, 잔재주, 잔꾀, 수완, 솜씨

□ 手段　[shǒu duàn 소우 뚜안]

명 수단, 방법, 방식, 조치, 방책, 술책

■ 办法　[bàn fǎ 빤 파]

명 수도, 국도(國都)

■ 首都　[shǒu dū 소우 뚜]

명 수명, 생명, 목숨, 〈비유〉 (물건의) 수명, 사용기간

□ 寿命　[shòu mìng 쏘우 밍]

명 〈식물〉 수박

□ 西瓜　　[xī guā 씨 꾸아]

동 수술(手術)을 하다[받다], 〈비유〉 대대적인 개혁을 실시하다

□ 动手术　　[dòng shǒu shù 똥 소우 쑤]

명 수업, 강의, 수업과목, 수업의 시간　양 (교재의) 과(課)

□ 课　　[kè 커]

명 수업, 강의, 학습, 학과목, (숙제·예습 등의) 공부

■ 功课　　[gōng kè 꽁 커]

동 수업에 빠지다, 무단 결석하다

□ 旷课　　[kuàng//kè 쾅 커]

동 수업을 받다, 수강하다, 청강하다, (수업·강의 등을) 참관하다

□ 听课　　[tīng//kè 팅 커]

동 수업이 끝나다, 수업을 마치다

□ 下课　　[xià//kè 씨아 커]

동 수업하다

□ 上课　　[shàng//kè 쌍 커]

동 수영하다, 헤엄치다　명 (yóu yǒng) 수영, 헤엄

■ 游泳　　[yóu//yǒng 요우 용]

명 수요, 요구, 필요　동 요구되다, 필요로 하다

□ 需求　　[xū qiú 쒸 치우]

명 수입, 〈전자〉 입력, 인풋(input) 동 받아들이다, 수입하다

□ 输入　　　[shū rù 쑤 루]

동 수정하다, 고치다, 정정하다

□ 修正　　　[xiū zhèng 씨우 쩡]

동 수지가[채산이] 맞다, (hé suàn) 합산하다, 합계하다

□ 合算　　　[hé//suàn 허 쑤안]

명 수집 동 수집하다, 모으다, 채집하다, (인재를) 모집하다

□ 搜集　　　[sōu jí 쏘우 지]

동 수집하다, 모으다, 채집하다, (인재를) 모집하다

□ 收集　　　[shōu jí 쏘우 지]

동 수축하다, 줄어들다, 축소하다, 집중하다

□ 收缩　　　[shōu suō 쏘우 쑤오]

명 수화기, 이어폰(earphone), 리시버(receiver)

□ 耳机　　　[ěr jī 얼 찌]

명 수확, 소득, 성과 동 수확하다, (농작물을) 거두어 들이다

□ 收获　　　[shōu huò 쏘우 훠]

형 숙련되다, 능숙하다, 익숙하다

□ 熟练　　　[shú liàn 수 리앤]

명 〈구어〉 숙부, 작은아버지, 〈경어〉 아저씨, 시동생

■ 叔叔　　　[shū · shu 쑤 수]

명 숙제, 작업, 〈군사〉 훈련　동 (군사·생산상의) 작업을 하다

■ **作业**　[zuò yè 쭤 예]

동 숙지하다, 잘 알다

□ **熟识**　[shú·shi 수 스]

명 순간, 때, 시각, 시간　부 시시각각, 언제나, 항상

□ **时刻**　[shí kè 스 커]

형 순결하다, 사심이 없다　동 깨끗하게 하다

□ **纯洁**　[chún jié 춘 지에]

형 순수하다, 깨끗하다　부 순전히, 완전히, 단순히

□ **纯粹**　[chún cuì 춘 취]

형 순수하다, 순결하고 올바르다

□ **纯正**　[chún zhèng 춘 쩡]

명 〈수학〉 순열　동 배열하다, 정렬하다

□ **排列**　[pái liè 파이 리에]

형 (일이) 순조롭다, 손에 알맞다, 쓰기 좋다　부 …하는 김에

□ **顺手(儿)**　[shùn shǒu(r) 쑨 소우]

형 순조롭다, 잘되다

□ **顺利**　[shùn lì 쑨 리]

명 순탄한 길　형 (길이) 순탄하다　부 오는 길에, 가는 김에

□ **顺路(儿)**　[shùn lù(r) 쑨 루]

사

형 순하다, 부드럽다, 평화롭다 명 평화

■ 和平　　　[hé píng 허 핑]

명 술, 팅크, 정기(丁幾), 알코올을 함유한 액체

□ 酒　　　[jiǔ 지우]

동 술에 취하다

□ 喝醉　　　[hē zuì 허 쮜]

동 (잘못·결점을) 숨기다, 속이다

□ 掩饰　　　[yǎn shì 이앤 쓰]

동 숨기다, 숨다, 감추다, 비밀로 하다

□ 隐藏　　　[yǐn cáng 인 창]

동 〈문어〉 숨기다, 은닉하다, 숨다

□ 藏匿　　　[cáng nì 창 니]

형 숭고하다, 고상하다

□ 崇高　　　[chóng gāo 총 까오]

동 〈비유〉 숲처럼 빽빽이 들어서다, 즐비하다

□ 林立　　　[lín lì 린 리]

형 쉽다, 용이하다, (어떤 일이) …하기 쉽다 부 쉽게, 쉽사리

□ 容易　　　[róng yì 롱 이]

명 슈퍼마켓

□ 超级市场　　　[chāo jí shì chǎng 차오 지 쓰 창]

통 스스로 긍지를 느끼다[자랑스럽게 여기다], 자긍심을 갖다
- 自豪　[zì háo 쯔 하오]

명 스웨터, 털옷
- 毛衣　[máo yī 마오 이]

명 스위치, 개폐기, 밸브(valve)
- 开关　[kāi guān 카이 꾸안]

명 〈전자〉 스캐너(=扫描仪)
- 扫描器　[sǎo miáo qì 사오 미아오 치]

명 〈체육〉 (huá bīng) 스케이팅 통 스케이트를 타다
- 滑冰　[huá//bīng 후아 삥]

명 〈체육〉 (huá xuě) 스키 (운동) 통 스키를 타다
- 滑雪　[huá//xuě 후아 쉬에]

명 스타(star), 유명 기업이나 상점, 밝은 별
- 明星　[míng xīng 밍 씽]

명 (전기) 스탠드, 탁상용 전등
- 台灯　[tái dēng 타이 떵]

명 스튜어디스, (여객기의) 여자 승무원
- 空中小姐　[kōng zhōng xiǎo jiě 콩 쫑 시아오 지에]

통 슬퍼하다, 상심하다, 애통해하다 명 비애, 슬픔 형 슬프다
- 悲哀　[bēi' āi 뻬이 아이]

사

형 슬프고 마음이 쓰리다[아프다] 동 몹시 슬퍼하다

□ 悲伤　　　[bēi shāng 뻬이 쌍]

형 슬프다, 비참하다 명 비애, 슬픔 동 슬퍼하다, 애통해하다

□ 悲哀　　　[bēi āi 뻬이 아이]

명 습관, 버릇, 습성, 관습 동 습관[버릇]이 되다, 익숙해지다

□ 习惯　　　[xí guàn 시 꾸안]

형 습기가 많다, 축축하다, 눅눅하다

□ 潮湿　　　[cháo shī 차오 쓰]

명 습도

□ 湿度　　　[shī dù 쓰 뚜]

명 습성, 습관

□ 习性　　　[xí xìng 시 씽]

명 승객

□ 乘客　　　[chéng kè 청 커]

명 승리, 성공 동 승리하다, 성과를 이루다, (사업 등이) 성공하다

□ 胜利　　　[shèng lì 썽 리]

명 승마 동 말을 타다, 승마를 하다

□ 骑马　　　[qí mǎ 치 마]

명 시(時), 시간

■ 点钟　　　[diǎn zhōng 디앤 쫑]

명 시간, 동안, 시기, 때, 시각

□ 时候(儿)　[shí · hou(r) 스 호우]

명 시간, 시각, 여가, 동안, 〈철학〉 시간

■ 时间　[shí jiān 스 찌엔]

명 시간, 여가, 짬[틈], 솜씨, 재주, 노력[품], 〈방언〉 시(時), 때

■ 工夫　[gōng · fu 꽁 푸]

명 〈구어〉 시간

■ 钟头　[zhōng tóu 쫑 토우]

명 시골, 지방, 농촌

■ 乡下　[xiāng · xia 씨앙 시아]

명 〈식물〉 시금치

□ 菠菜　[bō cài 뽀 차이]

명 (유리한) 시기, 기회, 시기의 순간

□ 时机　[shí jī 스 찌]

명 시기, 특정한[정해진] 때

□ 时期　[shí qī 스 치]

동 시끄럽게 싸우다, 소란을 피우다　형 소란하다, 떠들썩하다

□ 吵闹　[chǎo nào 차오 나오]

명 시내버스, 버스

■ 公共汽车　[gōng gòng qì chē 꽁 꽁 치 처]

| 형 | 시다, 시큼하다, (몸이) 시큰거리다, 비통하다 | 명 〈화학〉 산 |

□ **酸**　　　[suān 쑤안]

명 (역사상의) 시대, 당시, 현대, (일생 중의) 시절, 시기

□ **时代**　　　[shí dài 스 따이]

명 CD 플레이어

□ **CD唱机**　　　[CD chàng jī 씨디 창 찌]

명 시련, 검증, 시험　동 시험하다, 시련을 주다

□ **考验**　　　[kǎo yàn 카오 옌]

명 시설, 설비, 시책　동 조치를 취하다, 재능을 펼치다

□ **设施**　　　[shè shī 써 쓰]

형 시원스럽다, 인색하지 않다, (언행이) 거리낌없다, 고상하다

□ **大方**　　　[dà·fang 따 팡]

형 시원하다, 서늘[선선]하다　동 더위를 식히다, 바람을 쏘이다

□ **凉快**　　　[liáng·kuai 리앙 쿠아이]

명 시장

■ **市场**　　　[shì chǎng 쓰 창]

명 시종, 시말, 일의 처음과 끝　부 늘, 한결같이, 언제나, 결국

□ **始终**　　　[shǐ zhōng 스 쫑]

동 시중들다, 돌보다, 뒷바라지하다

□ **伺候**　　　[cì·hou 츠 호우]

동 시찰하다, 관찰하다, 고찰하다

□ 視察　　[shì chá 쓰 차]

명 시청률

□ 收視率　　[shōu shì lǜ 쏘우 쓰 뤼]

명 시합　동 시합을 하다

□ 比賽　　[bǐ sài 비 싸이]

명 시험, 고사　동 시험을 보다

■ 考试　　[kǎo shì 카오 쓰]

동 시험하다, 테스트하다　명 시험, 테스트

□ 測验　　[cè yàn 처 이앤]

명 식기(食器), 식사 도구

□ 餐具　　[cān jù 찬 쮜]

명 (호텔·역 등의) 식당, 레스토랑

■ 餐厅　　[cān tīng 찬 팅]

명 식당, 구내 식당, 음식점

□ 食堂　　[shí táng 스 탕]

명 식물

□ 植物　　[zhí wù 즈 우]

명 식탁

□ 饭桌　　[fàn zhuō 판 쭈오]

사

명 〈생리〉 신경, 정신 이상

☐ 神经   [shén jīng 선 찡]

명 신념, 믿음, 신조

☐ 信念   [xìn niàn 씬 니앤]

명 신뢰, 신용   동 신뢰하다, 믿다, 신용하다

☐ 信赖   [xìn lài 씬 라이]

형 신뢰할 만하다, 믿음직하다, 확실하다

☐ 可靠   [kě kào 커 카오]

명 신문, 간행물, 대가   동 알리다, 응답하다, 보답하다, 복수하다

■ 报   [bào 빠오]

동 신문을 보다[읽다]

☐ 看报   [kàn bào 칸 빠오]

명 신발, 구두

■ 鞋   [xié 시에]

명 신분, 지위, 품위, (남의 존중을 받는) 지위, 체면, (물건의) 품질

☐ 身份   [shēn·fen 썬 펀]

명 신비   형 신비롭다, 불가사의하다

☐ 神秘   [shén mì 선 미]

형 신선하다, 싱싱하다, (공기가) 신선하다, 보기 드물다

☐ 新鲜   [xīn·xiān 씬 씨앤]

형 신성하다, 성스럽다　명 〈문어〉 제왕(帝王)의 존칭

　□ 神圣　　　[shén shèng 선 썽]

형 신속하다, 빠르다, 급속하다

　□ 迅速　　　[xùn sù 쒼 쑤]

명 신식, 신형　형 신식의, 신형의

　□ 新式　　　[xīn shì 씬 쓰]

명 신앙, 신조, 믿음　동 (주장·종교 등을) 믿다, 신봉하다

　□ 信仰　　　[xìn yǎng 씬 양]

명 신용카드

　■ 信用卡　　[xìn yòng kǎ 씬 용 카]

명 〈생리〉 신장, 콩팥

　□ 肾脏　　　[shèn zàng 썬 짱]

형 신중하다, 분별있다, 엄숙하다　동 신중히 하다

　□ 慎重　　　[shèn zhòng 썬 쫑]

형 신중하다, 용의주도하다

　□ 谨慎　　　[jǐn shèn 진 썬]

명 신청　동 신청하다

　□ 申请　　　[shēn qǐng 썬 칭]

동 신청하다, 지원하다, 이름을 올리다, 등록하다

　□ 报名　　　[bào//míng 빠오 밍]

사

명 신체, 몸, 건강

■ 身体　　　[shēn tǐ 썬 티]

명 (교통) 신호등

□ 红绿灯　　[hóng lǜ dēng 훙 뤼 떵]

명 실, 선, 줄, 〈수학〉 선, 경계선, 교통 노선, 실마리, 〈비유〉 범위

■ 线　　　　[xiàn 씨앤]

동 실망[낙담]하다, 풀이[기가] 죽다, 기를 꺾다

□ 沮丧　　　[jǔ sàng 쥐 쌍]

동 실망하다, 낙담하다, 낙심하다, 의기소침하다

□ 灰心　　　[huī//xīn 후이 씬]

동 실망하다, 희망을 잃다, 〈문어〉 예상치 못하다　명 실망, 낙담

□ 失望　　　[shī wàng 쓰 왕]

명 실성, 정신이상　동 미치다, 실성하다, (농작물이) 웃자라다

□ 疯　　　　[fēng 펑]

명 실시, 실행　동 (법률·정책 등을) 실시하다, 실행하다

□ 实施　　　[shí shī 스 쓰]

명 실연　동 실연하다

□ 失恋　　　[shī//liàn 쓰 리앤]

명 실제, 사실　형 실제의, 실제적이다, 현실적이다, 구체적이다

□ 实际　　　[shí jì 스 찌]

형 실제적이다, 실용적이다 동 실제로 쓰다[사용하다]
- 实用　　　[shí yòng 스 용]

명 실질, 본질
- 实质　　　[shí zhì 스 쯔]

형 실질적이다, 실제에 부합하다, 확실하다, 착실하다, 성실하다
- 切实　　　[qiè shí 치에 스]

명 실천, 실행, 이행 동 실천하다, 실행하다, 이행하다
- 实践　　　[shí jiàn 스 찌앤]

명 실패, 패배 동 실패하다, 패배하다
- 失败　　　[shī bài 쓰 빠이]

동 실현하다, 이루다, 달성하다
- 实现　　　[shí xiàn 스 씨앤]

동 싫어하다, 미워하다, 혐오하다 형 싫다, 밉살스럽다
- 讨厌　　　[tǎo yàn 타오 옌]

형 심각하다, 정도가 깊다, (뜻·감정 등이) 깊다, 핵심을 찌르다
- 深刻　　　[shēn kè 썬 커]

명 심도, 깊이, (인식의) 정도 형 (정도가) 심한
- 深度　　　[shēn dù 썬 뚜]

동 심사숙고하다, 깊이 생각하다
- 沉思　　　[chén sī 천 쓰]

사

동 (계획·이력 등을) 심사[심의]하다, 검열하다 **명** 심사, 심의

□ 审查 　　[shěn chá 선 차]

명 〈생리〉 심장, 마음, 생각, 사상, 감정, (사물의) 가운데, 중심

■ 心 　　[xīn 씬]

명 〈생리〉 심장, 〈비유〉 중심부, 심장부

□ 心脏 　　[xīn zàng 씬 짱]

명 심정, 기분, 마음

□ 心情 　　[xīn qíng 씬 칭]

명 심중, 마음 속

□ 心中 　　[xīn zhōng 씬 쫑]

부 십분, 매우, 대단히, 아주, 완전히, 충분히

□ 十分 　　[shí fēn 스 펀]

명 십자로, 네거리, 사거리, 〈비유〉 (중대한 문제의) 갈림길, 기로

□ 十字路口 　　[shí zì lù kǒu 스 쯔 루 코우]

형 (맛이) 싱겁다, (농도가) 묽다, (색이) 엷다, 냉담하다

□ 淡 　　[dàn 딴]

형 싸다, 저렴하다 **명** (부당한) 이익, 공짜 **동** 이롭게 해주다

■ 便宜 　　[pián·yi 피앤 이]

동 (물건을) 싸다, 포위하다 **명** 보자기, 꾸러미 **양** 포, 봉지

■ 包 　　[bāo 빠오]

동 싸우다, 전쟁하다, 〈비유〉(상점이) 판매 경쟁을 하다

□ 打仗 [dǎ//zhàng 다 짱]

동 싸우다, 투쟁하다, 분투 노력하다 명 투쟁

□ 斗争 [dòu zhēng 또우 쩡]

동 (치고 받으며) 싸움을 하다, 다투다

□ 打架 [dǎ//jià 다 찌아]

동 싸워 이기다, 승리하다, 전승하다, 이겨 내다, 극복하다

□ 战胜 [zhàn shèng 짠 썽]

동 싸워서 이기다, (적을) 물리치다, 패전하다, (경기에서) 지다

□ 打败 [dǎ//bài 다 빠이]

명 쌀

□ 大米 [dà mǐ 따 미]

명 쌀밥

□ 米饭 [mǐ fàn 미 판]

동 쌓다, 축적하다, 누적하다 명 축적, (자본의) 축적, 적립금

□ 积累 [jī lěi 찌 레이]

형 썩다, 부패하다, 부식(腐蝕)하다, (제도·조직 등이) 부패하다

□ 腐烂 [fǔ làn 푸 란]

형 쓰기에 적절[적합]하다, 사용하기 알맞다

□ 适用 [shì yòng 쓰 용]

사

동 (금전·노력 등을) 쓰다, 지불하다, 낭비하다　명 비용, 수수료

■ **费** [fèi 페이]

형 (맛이) 쓰다, 괴롭다　동 고생시키다, 괴롭게 하다

■ **苦** [kǔ 쿠]

동 쓰다, 사용하다, (사람을) 부리다, 필요하다　명 비용, 쓸모, 효용

■ **用** [yòng 용]

명 쓰레기통, 휴지통

□ **垃圾箱** [lā jī xiāng　라 찌 씨앙]

동 쓸다, 청소하다, 없애다, 제거하다, (재빨리) 좌우로 움직이다

■ **扫** [sǎo 사오]

형 쓸쓸하다, 적막하다, 냉담하다　동 냉대하다, 푸대접하다

□ **冷淡** [lěng dàn 렁 딴]

명 씨, 종자, (생물 분류의) 종, 종류, 종족, 담력　양 가지, 종(류)

■ **种** [zhǒng 종]

동 (음식물을) 씹다, (문장 등을) 음미하다

□ **嚼** [jiáo 지아오]

동 씻다, 빨다, (수치를) 씻다, 제거하다, (사진을) 현상하다, 뒤섞다

■ **洗** [xǐ 시]

🔲 감 어! 어머! 어허! [놀람·찬탄 등을 나타냄]

□ 哦 [ó 오]

감 아! 오! [이해·납득을 나타냄]

□ 噢 [ō 오]

감 (ā) 아, 야, 앗 조 문장 끝에서 감탄·긍정·의문을 나타냄

■ 啊 [·a 아]

명 〈존칭〉 아가씨, 양(孃), 미스(Miss)

■ 小姐 [xiǎo·jie 시아오 지에]

동 (진귀하게 여겨) 아끼다, 소중히 여기다, 귀중하게 여기다

□ 珍惜 [zhēn xī 쩐 씨]

동 아끼다, 절약하다

□ 节省 [jié shěng 지에 성]

명 아내, 처, 부인

□ 妻子 [qī·zi 치 즈]

부 1. (부정문에서) 아니다, …않다, 못하다 2. 적은 수량을 나타냄

■ 不 [bù 뿌]

명 아동, 어린 아이, 꼬마 친구 [어른이 어린이를 친근하게 부를 때]

□ 小朋友 [xiǎo péng·you 시아오 펑 요우]

명 아동, 어린이

儿童　[ér tóng 얼 퉁]

명 아들

儿子　[ér · zi 일 즈]

명 아래, 밑, 다음, 나중, …아래　동 내려가다, 내리다　부 밑으로

下　[xià 씨아]

명 아래층, 일층

楼下　[lóu xià 로우 씨아]

명 〈생리〉아래턱(下颌 xià hé)의 통칭, 턱(下颏 xià ké)의 통칭

下巴　[xià · ba 씨아 바]

동 아르바이트를 하다

打工　[dǎ//gōng 다 꽁]

형 아름답다, 잘 생기다, 보기 좋다, (말·행동이) 멋지다, 훌륭하다

漂亮　[piào · liang 피아오 리앙]

형 아름답다, 훌륭하다, 미묘하다, 환상적이다

美妙　[měi miào 메이 미아오]

부 아마, 어쩌면, 혹시　접 혹은, 그렇지 않으면

或者　[huò zhě 훠 저]

부 아마도 …일 것이다, 대체로, 아마　동 염려하다, 두려워하다

恐怕　[kǒng pà 콩 파]

명 〈구어〉 아빠, 아버지

■ 爸爸　　[bà·ba 빠 바]

명 아이스박스, 냉장고

□ 冰箱　　[bīng xiāng 삥 씨앙]

명 아이스크림 (=冰激凌 bīng jī líng)

□ 冰淇淋　　[bīng qí lín 삥 치 린]

부 아직, 일찍이, 더욱, 또, 그만하면, 뜻밖에, …뿐만 아니라

■ 还　　[hái 하이]

부 아직도, 여전히, 역시, 이처럼　접 또는, 아니면, …일지라도

■ 还是　　[hái·shi 하이 스]

명 아침

■ 早上　　[zǎo·shang 자오 상]

동 아침밥[식사]을 먹다

□ 吃早饭　　[chī zǎo fàn 츠 자오 판]

명 아파트, 공동 주택

□ 公寓　　[gōng yù 꽁 위]

형 아프다　동 몹시 사랑하다, 대단히 아끼다, (물건을) 소중히하다

■ 疼　　[téng 텅]

수 아홉, 9, (횟수나 수량이) 많은 것, 다수

■ 九　　[jiǔ 지우]

명 악기

□ 乐器 [yuè qì 위에 치]

형 악독하다, 악랄하다

□ 恶毒 [è dú 어 두]

명 〈음악〉 악보

□ 乐谱 [yuè pǔ 위에 푸]

형 악성의, 악질의

□ 恶性 [è xìng 어 씽]

명 악수 동 (wò shǒu) 악수하다, 손을 잡다

□ 握手 [wò//shǒu 워 소우]

명 악습, 나쁜 습관, 고약한 버릇

□ 恶习 [è xí 어 시]

형 악하다, 나쁘다, 흉포하다 명 악, 악행, 〈문어〉 악인

■ 恶 [è 어]

동 악화되다, 나쁘게 되다, 나빠지다

□ 恶化 [è huà 어 화]

명 안(쪽), 속, 내부, 처(妻)나 처가의 친척, 〈문어〉 궁중(宮中), 내장

■ 内 [nèi 네이]

명 안개, 안개와 같은 작은 물방울

□ 雾 [wù 우]

명 안경

■ 眼镜(儿)　[yǎn jìng(r)　이앤 찡]

동 안다, 포옹하다, (생각·의견 등을) 품다, 간직하다, 〈방언〉 뭉치다

■ 抱　[bào 빠오]

명 〈법〉 안락사

□ 安乐死　[ān lè sǐ 안 러 스]

명 안색, 얼굴빛, 기색, 표정

□ 神色　[shén sè 선 써]

명 안색, 표정, 기색

□ 神情　[shén qíng 선 칭]

명 안전　형 안전하다　동 위로하다, 안심시키다, 위안하다

□ 安全　[ān quán 안 취앤]

형 (생활·마음 등이) 안정되다　동 안정시키다, 진정시키다

□ 安定　[ān dìng 안 띵]

형 안정되다, 변동[변화] 없다　동 안정시키다, 가라앉히다

□ 稳定　[wěn dìng 원 띵]

동 앉다, 타다, 놀다, 위치하다, 올려놓다, 고정되다　명 자리, 좌석

■ 坐　[zuò 쭤]

동 (뜻·방법 등을) 알다, 이해하다

□ 懂得　[dǒng · de 동 더]

동 알다, 이해하다, 깨닫다

■ 知道　　[zhī·dao 쯔 다오]

동 알리다, 고하다, 말하다

□ 告诉　　[gào·su 까오 수]

형 알맞다, 적당하다, 합당하다, 적합하다, 적절하다

□ 恰当　　[qià·dàng 치아 땅]

형 알맞다, 타당하다, 온당하다, 적당하다

□ 妥当　　[tuǒ·dàng 투오 땅]

명 〈의학〉 암

□ 癌症　　[ái zhèng 아이 쩡]

명 암시 동 암시하다

□ 暗示　　[àn shì 안 쓰]

명 〈물리〉 압력, (추상적인) 압력, 과중한 부담

□ 压力　　[yā lì 야 리]

명 압박, 억압 동 압박하다, 억압하다

□ 压迫　　[yā pò 야 포]

명 앙코르(encore 프), 재연주

□ 返场　　[fǎn//chǎng 판 창]

명 (장소·순서의) 앞, 정면, (시간) 전, 이전 동 앞으로 나아가다

■ 前　　[qián 치앤]

명 앞, 선두, 이전(以前), 조상　형 조상의, 죽은　부 미리, 먼저

■ 先　　　[xiān 씨앤]

명 앞길, 전도, 전망, 〈격식〉 상대방

□ 前途　　[qián tú 치앤 투]

동 (예정된 시간이나 기한을) 앞당기다

□ 提前　　[tí qián 티 치앤]

동 (남의 불행·슬픔을) 애석해하다, 안타까워하다, 아쉬워하다

□ 惋惜　　[wǎn xī 완 씨]

동 애쓰다, 힘을 소모하다　형 (fèi lì) 힘들다

□ 费力　　[fèi//lì 페이 리]

명 (개나 고양이 등의) 애완 동물

□ 宠物　　[chǒng wù 총 우]

명 애인, 연인, 정부(情婦), 정부(情夫)

□ 情人(儿)　[qíng rén(r) 칭 런]

명 (부부간의) 애정　형 (부부의) 금실이 좋다, 사랑이 깊다

□ 恩爱　　[ēn'ài 언 아이]

동 애호하다, 아끼다

□ 爱护　　[ài hù 아이 후]

야간 열차를 운전하다, 〈비유〉 밤을 새워 일하다[공부하다]

□ 开夜车　[kāi yè chē 카이 예 처]

| 208 |

명 〈체육〉 야구, 야구공

■ 棒球　　[bàng qiú 빵 치우]

명 야채, 채소

□ 蔬菜　　[shū cài 쑤 차이]

명 야채, 채소, 요리의 총칭, 반찬, 〈식물〉 유채(油菜)

■ 菜　　[cài 차이]

명 약, 약물, 화학 약품　동 〈문어〉 약으로 치료하다

■ 药　　[yào 야오]

양 약간, 몇, 조금 [확정적이 아닌 적은 수량], 얼마쯤 [약간]

■ 些　　[xiē 씨에]

명 약국, 약방, (병원·진료소 내의) 약국

■ 药房　　[yào fáng 야오 팡]

형 약소하다, 약하고 작다

□ 弱小　　[ruò xiǎo 뤄 시아오]

동 약을 먹다, (남에게) 괴로움을 당하다

□ 吃药　　[chī//yào 츠 야오]

명 (개인의) 약점, 흠, (사물의) 결함, 문제점, 고장, 〈방언〉 병, 질병

■ 毛病　　[máo·bìng 마오 삥]

명 약정, 약속　동 약정하다, 약속하다

□ 约定　　[yuē dìng 위에 띵]

| 형 (몸이) 약하다, 허약하다, (국력·병력이) 약하다 |
| 虚弱 [xū ruò 쒸 뤄] |

| 형 (힘 등이) 약하다, (옷·이불이) 얇다, (몸이) 허약하다 |
| 单薄 [dān bó 딴 보] |

| 동 약해지다, 약화되다, 약화시키다 |
| 减弱 [jiǎn ruò 지앤 뤄] |

| 명 양, 수량, (되·말 등) 용량을 되는 도구, 한도 동 가늠하다, 헤아리다 |
| 量 [liàng 리앙] |

| 명 〈동물〉 양 |
| 羊 [yáng 양] |

| 명 양말, 버선 |
| 袜子 [wà·zi 와 즈] |

| 명 양보, 인내 동 참고 양보[사양]하다 |
| 忍让 [rěn ràng 런 랑] |

| 동 양보[사양]하다, 양도하다 개 ···에 의해, ···에게 (···당하다) |
| 让 [ràng 랑] |

| 명 양복 |
| 西服 [xī fú 씨 푸] |

| 동 양성하다, 기르다, 키우다 |
| 养成 [yǎng chéng 양 청] |

동 양성하다, 육성하다, 키우다, 기르다, 〈생물〉 배양하다

□ 培养 [péi yǎng 페이 양]

명 양식, 식량

■ 粮食 [liáng·shi 리앙 스]

명 양탄자, 카펫, 융단

□ 地毯 [dì tǎn 띠 탄]

명 〈식물〉 양파, 옥파

□ 洋葱 [yáng cōng 양 총]

동 〈상투어〉 양해를 구합니다, (너그럽게) 용서해 주십시오

□ 包涵 [bāo·han 빠오 한]

동 〈겸양어〉 양해하다, 용서하다, 용인하다

□ 原谅 [yuán liàng 위앤 리앙]

형 (물이) 얕다, (길·폭이) 좁다, 평이하다, (지식 등이) 천박하다

■ 浅 [qiǎn 치앤]

형 (학식·이해가) 얕다, 옅다, 천박하다

□ 肤浅 [fū qiǎn 푸 치앤]

동 〈구어〉 얕보다, 깔보다, 경시하다, 우습게 보다

□ 小看 [xiǎo kàn 시아오 칸]

감 어! 아니! [놀람·의혹을 나타냄]

□ 嚄 [ǒ 오]

□ 哦 　　[ó 오]

명 어깨, 〈비유〉책임

□ 肩膀 　　[jiān bǎng 찌앤 방]

대 어느 (것), 어떤, 어디, 어느 …거나 　부 어떻게, 어째서 [반문]

■ 哪 　　[nǎ 나]

형 (경치가) 어둡다, 어스름하다, (얼굴이) 해쓱하다

□ 惨白 　　[cǎn bái 찬 바이]

형 (빛·색 등이) 어둡다, 선명하지 않다, 〈비유〉암담하다, 참담하다

□ 暗淡 　　[àn dàn 안 딴]

형 어둡다, 깜깜하다, 〈비유〉어둡고 부패하다, 암담하다

□ 黑暗 　　[hēi àn 헤이 안]

대 〈구어〉어디, 어느 곳, 어떻게, 어째서

□ 哪儿 　　[nǎr 날]

대 어떠하다, 어떻게 하다[어떻습니까?], 그리[별로] …않다

■ 怎么样 　　[zěn·me yàng 전 머 양]

대 어떻게, 왜, 어떤, 아무리 …해도, 그다지, 어떠하다, 뭐라고?

■ 怎么 　　[zěn·me 전 머]

형 (생활이) 어렵다, 고생스럽다, (마음이) 괴롭다, 슬프다

□ 难过 　　[nán guò 난 꿔]

형 어렵다, …하기 힘들다, 좋지 않다　동 난처하게 만들다

■ 难　　　　　[nán 난]

형 어렵다, 고달프다, 고생스럽다

□ 艰苦　　　　[jiān kǔ 찌앤 쿠]

형 어렵다, 곤란하다, 힘들다

□ 艰难　　　　[jiān nán 찌앤 난]

명 어른, 성인　동 어른이 되다, 인재가 되다

□ 成人　　　　[chéng//rén 청 런]

형 어리석다, 멍청하다, 멍하다, 고지식하다, 융통성이 없다

□ 傻　　　　　[shǎ 사]

형 어리석다, 아둔하다, 꿈뜨다, 서툴다, 〈문어〉 거칠다, 육중하다

□ 笨　　　　　[bèn 뻔]

명 어린 아이, 아동, 자녀, 자식

■ 孩子　　　　[hái·zi 하이 즈]

명 〈구어〉 어린이, 어린 아이

□ 小孩(儿)　　[xiǎo hái(r) 시아오 하이]

감 어이, 여보세요　동 먹이를 주다, (사람에게 음식을) 먹이다

■ 喂　　　　　[wèi 웨이]

명 어제

■ 昨天　　　　[zuó tiān 주오 티앤]

형 어지럽다, 머리가 찡하다

□ 头晕   [tóu yūn 토우 윈]

접 어쨌든, …에도 불구하고, …을 막론하고, …에 관계없이

□ 无论   [wú lùn 우 룬]

부 어쩌면, 아마도, 아마, 혹시

■ 也许   [yě xǔ 이에 쉬]

동 억누르다, 억압하다, 억제하다, 압착하여 만들다

□ 压制   [yā zhì 야 쯔]

명 〈생리〉 억제, 억압   동 억제하다, 억누르다

□ 抑制   [yì zhì 이 쯔]

동 억지로 갖다 붙이다, 억지쓰다   형 억지스럽다

□ 牵强   [qiān qiǎng 치앤 치앙]

동 얻다, 획득하다   형 알맞다   감 됐어, 아이고

■ 得   [dé 더]

동 얻다, 획득하다, 손에 넣다

□ 得到   [dé//dào 더 따오]

명 얼굴, 안색, 표정, 〈전용〉 체면, 면목, (물체의) 정면

■ 脸   [liǎn 리앤]

동 얼굴을 내밀다, 나타나다, 체면을 세우다

□ 露面(儿)   [lòu//miàn(r) 로우 미앤]

| 얼른, 급히, 바삐, 재빨리 |
| 连忙 [lián máng 리앤 망] |

| 얼마, 몇, 얼마 [부정(不定)의 수량을 나타냄] |
| ■ 多少 [duō · shao 뚜오 사오] |

| 얼핏 보다, 힐끗 보다, 언뜻 보다, 잠깐 보다 |
| 瞥 [piē 피에] |

| 엄격하다, 엄하다 엄격히 하다 |
| 严格 [yán gé 이앤 거] |

| 엄금하다 |
| 严禁 [yán jìn 이앤 찐] |

| 〈구어〉 엄마, 어머니 |
| 妈妈 [mā · ma 마 마] |

| 엄밀하다, 치밀하다, 주도면밀하다, (사물의 결합이) 빈틈없다 |
| 严密 [yán mì 이앤 미] |

| 엄숙하다, 진지하다, 허술한 데가 없다 엄숙하게 하다 |
| 严肃 [yán sù 이앤 쑤] |

| 엄중하다, 중대하다, 심각하다, 모질다 |
| 严重 [yán zhòng 이앤 쫑] |

| 엄호하다, 몰래 보호하다 엄폐물 |
| 掩护 [yǎn hù 이앤 후] |

명 업무, 일, 실무

□ 业务　　　[yè wù 예 우]

동 업신여기다, 무시하다, 깔보다, 멸시하다, 경멸하다

□ 看不起　　[kàn·bu qǐ 칸 부 치]

동 (소유·존재가) 없다, (아무도) …않다, …만 못하다　부 아직 …않다

■ 没有　　　[méi·yǒu 메이 요우]

동 없애다, 취소하다, 제거하다

□ 取消　　　[qǔ xiāo 취 씨아오]

명 〈구어〉 (사람의) 엉덩이, (동물의) 둔부, 꽁무니, (물체의) 꽁다리

□ 屁股　　　[pì·gu 피 구]

개 …에 대하여, …에 관하여 [동작·사태 설명의 대상을 나타냄]

■ 对于　　　[duì yú 뚜이 위]

개 …에 대하여, …에 관하여, …에 관한

■ 关于　　　[guān yú 꾸안 위]

동 …에 따르다[근거하다]　개 …에 근거하여[비추어], …에 따라

□ 按照　　　[àn zhào 안 짜오]

부 …에 불과하다, …에 지나지 않다　접 그러나, 하지만, 그런데

□ 不过　　　[bù guò 뿌 꿔]

동 …에 의하다, …에 따르다, …에 비추다

□ 依照　　　[yī zhào 이 짜오]

…(하기)에 편리하다, …에 용이하다
- 便于 [biàn yú 삐앤 위]

개 …에게, …을 향하여 양 쌍, 짝 동 대답하다, (상)대하다
- 对 [duì 뚜이]

개 …에서[부터] (장소·시간의 출발점), …을, …로 (경유 노선)
- 从 [cóng 총]

명 에스컬레이터(escalator)
- 电动扶梯 [diàn dòng fú tī 띠앤 똥 푸 티]

명 에어컨디셔너 동 공기를 조절하다
- 空调 [kōng tiáo 콩 티아오]

명 엘리베이터(elevator)
- 电梯 [diàn tī 띠앤 티]

명 여관, 호텔(Hotel), 〈방언〉 식당, 레스토랑
- 饭店 [fàn diàn 판 띠앤]

명 여권, 패스포트, 증명서
- 护照 [hù zhào 후 짜오]

수 여덟, 8
- 八 [bā 빠]

명 여동생, 누이동생, 친척 여동생
- 妹妹 [mèi·mei 메이 메이]

대 여러, 모든, 여러 가지, 갖가지 부 각각, 각자

■ **各**　　　[gè 꺼]

대 여러분, 모두 명 대가, 권위자, 명문(名門)

■ **大家**　　　[dà jiā 따 찌아]

명 여름 방학, 여름 휴가

■ **暑假**　　　[shǔ jià 수 찌아]

명 여름, 하계

■ **夏天**　　　[xià tiān 씨아 티앤]

주 여섯, 6 명 〈음악〉 중국의 음계 부호의 하나

■ **六**　　　[liù 리우]

명 〈동물〉 여우, 〈비유〉 간사하고 교활한 사람

□ **狐狸**　　　[hú·li 후 리]

형 여위고 허약하다

□ **瘦弱**　　　[shòu ruò 쏘우 뤄]

형 여위다, 수척하다, (옷이) 꼭 끼다, 메마르다, 비계가 적다

□ **瘦**　　　[shòu 쏘우]

명 여자, 여인

■ **女人**　　　[nǚ rén 뉘 런]

부 여전히, 의연히 형 의구하다, 예전 그대로다

□ **依旧**　　　[yī jiù 이 찌우]

부 여태껏, 지금까지, 이제까지

- **从来** [cóng lái 총 라이]

명 여행 동 여행하다

- **旅行** [lǚ xíng 뤼 싱]

명 여행짐, 행장, 수화물

- **行李** [xíng · li 싱 리]

명 역사, 개인의 경력, 이력(履歷), 과거의 사실, 역사학

- **历史** [lì shǐ 리 스]

명 연계, 연관, 결부, 관계, 관련 동 연계하다, 결부되다, 관계되다

- **联系** [lián xì 리앤 씨]

명 〈약학〉 연고(軟膏), 고약

- **药膏** [yào gāo 야오 까오]

명 연고, 까닭, 원인, 이유

- **缘故** [yuán gù 위앤 꾸]

동 연구 제작[제조]하다, 개발하다

- **研制** [yán zhì 이앤 쯔]

명 연구, 검토, 고려 동 연구하다, 검토하다, 고려하다

- **研究** [yán jiū 이앤 찌우]

명 연극

- **话剧** [huà jù 화 쮜]

| 명 〈식물〉 연근, 연뿌리 |
| 藕 | [ǒu 오우] |

| 명 연대, 시대, 시기, 한 세기 중의 10년 |
| 年代 | [nián dài 니앤 따이] |

| 명 연락, 연계, 접촉 동 연락하다, 연계를 맺다, 접촉하다 |
| 联络 | [lián luò 리앤 뤄] |

| 명 연령, 나이 |
| 年龄 | [nián líng 니앤 링] |

| 명 연맹, 동맹 |
| 联盟 | [lián méng 리앤 멍] |

| 동 연속하다, 계속하다 |
| 连续 | [lián xù 리앤 쒸] |

| 명 연애 편지 |
| 情书 | [qíng shū 칭 쑤] |

| 동 연애하다, 사랑을 속삭이다 |
| 谈恋爱 | [tán liàn' ài 탄 리앤 아이] |

| 형 (몸이) 연약하다, 가냘프다, (성격 등이) 무르다 |
| 软弱 | [ruǎn ruò 루안 뤄] |

| 형 연약하다, 무르다, 취약하다 |
| 脆弱 | [cuì ruò 추이 뤄] |

명 연주 동 연주하다

□ 演奏　　[yǎn zòu 이앤 쪼우]

명 연필

■ 铅笔　　[qiān bǐ 치앤 비]

명 연합, 공동 동 연합하다, 결합하다, 단결하다

□ 联合　　[lián hé 리앤 허]

주 열, 10 형 〈전용〉 완전한, 절정의, 많은

■ 十　　[shí 스]

동 열다, 개통하다, 피다, 녹다, 켜다, 해제하다, 운전하다

■ 开　　[kāi 카이]

형 열렬하다, 열광적이다, 열정적이다

□ 热烈　　[rè liè 러 리에]

명 열쇠, 〈비유〉 일을 해결하는 데 필요한 요소, 요새, 군사 요지

□ 锁钥　　[suǒ yuè 수오 위에]

명 열쇠, 키(key), 〈비유〉 (문제를 해결하는) 방법, 방도

□ 钥匙　　[yào·shi 야오 스]

형 열심이다, 적극적이다, 친절하다 동 매우 열성적으로 하다

□ 热心　　[rè xīn 러 씬]

동 열심히 공부하다, 힘써 배우다

■ 用功　　[yòng//gōng 용 꽁]

열악하다, 아주 나쁘다, 사악하다, 악질이다

□ 恶劣 [è liè 어 리에]

열이 나다 (병으로 인한) 발열

□ 发烧 [fā//shāo 파 싸오]

열정, 의욕, 열의 열정적이다, 친절하다, 정이 두텁다

□ 热情 [rè qíng 러 칭]

염원, 바람, 심원, 원망(愿望)

□ 心愿 [xīn yuàn 씬 위앤]

엽서, 우편엽서

■ 明信片 [míng xìn piàn 밍 씬 피앤]

영구, 영원 영구하다, 영원하다

□ 永久 [yǒng jiǔ 용 지우]

영도(자), 지도(자) 영도하다, 지도하다

□ 领导 [lǐng dǎo 링 다오]

영아, 갓난아기, 젖먹이

□ 婴儿 [yīng'ér 잉 얼]

(학술·사회 활동 범위의) 영역, 분야, (국가 주권이 미치는) 영역

□ 领域 [lǐng yù 링 위]

영용하다, 영특하고 용맹하다

□ 英勇 [yīng yǒng 잉 용]

명 영웅 형 영웅적이다

□ 英雄 [yīng xióng 잉 시옹]

명 영화

■ 电影 [diàn yǐng 띠앤 잉]

명 영화 관람 동 영화를 보다

□ 看电影 [kàn diàn yǐng 칸 띠앤 잉]

명 (유명한) 영화배우

□ 影星 [yǐng xīng 잉 씽]

명 옆, 곁, 가장자리, 〈수학〉 변, 끝 문 한편, 동시에 접미 …쪽

■ 边 [biān 삐앤]

명 옆, 곁, 측면, 부근, 근처

□ 旁边(儿) [páng biān(r) 팡 삐앤]

명 예고 동 예고하다, 미리 알리다

□ 预告 [yù gào 위 까오]

명 예방 동 예방하다

□ 预防 [yù fáng 위 팡]

명 예방 치료 동 예방 치료하다, 퇴치하다

□ 防治 [fáng zhì 팡 쯔]

명 예보 동 예보하다

□ 预报 [yù bào 위 빠오]

명 예비, 준비 통 예비하다, 준비하다

　□ 预备　　　[yù bèi 위 뻬이]

명 예술, 〈문어〉 기술, 기능 형 예술적이다, 미적(美的)이다

　□ 艺术　　　[yì shù 이 쑤]

명 예약, (예약) 주문 통 예약하다, (예약) 주문하다

　□ 预订　　　[yù dìng 위 띵]

형 예의 있다, 예의 바르다

　□ 有礼貌　　[yǒu lǐ mào 요우 리 마오]

명 옛 친구, 오랜 친구

　□ 旧交　　　[jiù jiāo 찌우 찌아오]

통 옛것을 고집하다, 구습에 얽매이다

　□ 守旧　　　[shǒu jiù 소우 찌우]

명 오늘, 현재

　■ 今天　　　[jīn tiān 찐 티앤]

통 오다, (문제·사건 등이) 발생하다, 일어나다, 하다 형 미래의

　■ 来　　　　[lái 라이]

형 오래 지속되다, 오래 유지하다

　□ 持久　　　[chí jiǔ 츠 지우]

형 (시간이) 오래다, 길다 명 (경과한) 시간

　■ 久　　　　[jiǔ 지우]

형 오래되다, 낡다, 옛날의, 과거의, 이전의, 원래의　명 오랜 우정

■ 旧　[jiù 찌우]

부 오래 전에, 이미, 벌써, 훨씬 전에　명 〈방언〉 옛날, 이전

□ 早已　[zǎo yǐ 자오 이]

명 오룡차, 우룡차

□ 乌龙茶　[wū lóng chá 우 룽 차]

명 오류, 잘못, 실수

□ 谬误　[miù wù 미우 우]

동 (떠)오르다, (등급이) 올라가다　양 리터(liter), 되　명 되, 됫박

■ 升　[shēng 셩]

명 〈조류〉 오리

□ 鸭子　[yā·zi 야 즈]

명 오의(奥義), 신비, 매우 깊은 뜻　형 깊고 신비하다

□ 奥秘　[ào mì 아오 미]

명 〈식물〉 오이

□ 黄瓜　[huáng·guā 후앙 꾸아]

명 오전

■ 上午　[shàng wǔ 쌍 우]

부 오직, 단지, 오직 …밖에 없다　접 그러나, 다만, 하지만

■ 只　[zhǐ 즈]

명 〈해양생물〉 오징어

墨鱼　　　[mò yú 모 위]

동 오한이 나다

发冷　　　[fā lěng 파 렁]

명 오후, 하오

■ 下午　　　[xià wǔ 씨아 우]

부 오히려, 반대로, 역으로, 도리어　접 그런데, 글쎄 말이지

反而　　　[fǎn' ér 판 얼]

명 〈식물〉 옥수수

玉米　　　[yù mǐ 위 미]

명 온도

温度　　　[wēn dù 원 뚜]

형 온순하다, 순종하다, 얌전하다

驯从　　　[xùn cóng 쒼 총]

명 〈구어〉 온종일, 하루 종일

成天　　　[chéng tiān 청 티앤]

형 (성격·언행이) 온화하다, 부드럽다　동 〈방언〉 (분쟁이) 멈추다

平和　　　[píng hé 핑 허]

형 (성질·태도 등이) 온화하다, 부드럽다, (기후가) 따뜻하다

温和　　　[wēn · hé 원 허]

형 온화하다, 평화롭다　개 …과[와], …에게　접 …와, 및

■ 和　　[hé 허]

동 올라가다, 오르다

□ 上去　　[shàng// · qù 쌍 쥐]

형 (태도가) 올바르다, 단정하다, 진지한, 정당한, 정식의, 정규의

□ 正经　　[zhèng · jing 쩡 징]

형 올바르다, 옳다, 정확하다, 틀림없다

□ 正确　　[zhèng què 쩡 취에]

동 (위치 · 인원 등을) 옮기다, 이동하다, 동원하다, 전근하다

□ 调动　　[diào dòng 띠아오 똥]

동 (위치를) 옮기다, 운반하다, 이사하다, 그대로 인용해 쓰다

■ 搬　　[bān 빤]

형 옳다, 맞다　감 예, 그래 [응답]　동 옳다고 여기다, 긍정하다

■ 是　　[shì 쓰]

명 옷, 의복

■ 衣服　　[yī · fu 이 푸]

동 옷[의복]을 갈아입다

□ 换衣服　　[huàn yī · fu 환 이 푸]

동 옷[의복]을 벗다

□ 脱衣服　　[tuō yī · fu 투오 이 푸]

동 옷[의복]을 입다

□ 穿衣服   [chuān yī·fu 추안 이 푸]

명 옷장, 장롱

□ 衣柜   [yī guì 이 꾸이]

명 옹호, 지지   동 옹호하다, 지지하다

□ 拥护   [yōng hù 용 후]

동 …와 비슷하다, 필적하다   개 …에 따라, …대로   접 만약 (…라면)

□ 如   [rú 루]

명 와이셔츠, 셔츠(shirt), 블라우스

□ 衬衫   [chèn shān 천 싼]

형 완고하다, 고집스럽다, 보수적이다, 견고하다, 완강하다

□ 顽固   [wán gù 완 꾸]

형 완만하다, 느리다

□ 缓慢   [huǎn màn 후안 만]

형 완벽하고 훌륭하다, 나무랄 데 없다   동 완전하게 하다

□ 完善   [wán shàn 완 싼]

형 완비되어 있다, 모두 갖추다

□ 完备   [wán bèi 완 뻬이]

형 완전무결하다, 완벽하다, 매우 훌륭하다

□ 完美   [wán měi 완 메이]

형 완전하게 갖추어져 있다, 완전무결하다
完整 [wán·zhěng 완 정]

형 완전[완벽]하다 동 다하다, 완성하다, (세금을) 다 내다 명 끝
■ 完 [wán 완]

형 완전하다, 완비되다, 전부의 부 전부, 완전히 동 보전하다
■ 全 [quán 취앤]

형 완전하다, 충분하다 부 완전히, 전적으로, 절대로
完全 [wán quán 완 취앤]

동 완전히 제거하다, 없애다, 청소[정리]하다 명 〈전자〉 클리어
清除 [qīng chú 칭 추]

동 완치되다, 완치하다
治好 [zhì hǎo 쯔 하오]

동 (태도·성격이) 완화되다, 부드러워지다, 누그러뜨리다
缓和 [huǎn hé 후안 허]

명 왕래, 거래, 통상, 교제 동 왕래하다, 오가다, 교제하다, 사귀다
往来 [wǎng lái 왕 라이]

명 왕래, 교제, 거래 동 왕래하다, 교제하다, 거래하다
来往 [lái wǎng 라이 왕]

명 왕복 동 왕복하다, 오가다
往返 [wǎng fǎn 왕 판]

튀	왕왕, 때때로, 자주, 종종

□ 往往　　　[wǎng wǎng 왕 왕]

대	왜, 무엇 때문에, 어째서

■ 为什么　　[wèi shén·me 웨이 선 머]

동	왜곡하다, 얽히다　형 비뚤다, 일그러지다

□ 歪曲　　　[wāi qū 와이 취]

접	왜냐하면 (…때문이다)　개 …때문에, …로 인하여

■ 因为　　　[yīn·wèi 인 웨이]

형	외롭다, 고독하다, 쓸쓸하다

□ 孤独　　　[gū dú 꾸 두]

형	외롭다, 쓸쓸하다, 고독하다, (힘이) 미약하다

□ 孤单　　　[gū dān 꾸 딴]

명	〈구어〉 외삼촌

□ 舅舅　　　[jiù·jiu 찌우 지우]

동	외출하다, 밖에 나가다, 집을 떠나 멀리 가다

□ 出门　　　[chū//mén 추 먼]

동	외치다, 부르짖다, 부르다, …하게 하다, (동물이) 울다

■ 叫　　　　[jiào 찌아오]

명	〈구어〉 외할머니, 산파

□ 姥姥　　　[lǎo·lao 라오 라오]

명 〈구어〉 외할아버지, 외조부
□ 姥爷   [lǎo · ye 라오 예]

명 외형, 겉모양, 형상
□ 形状   [xíng zhuàng 싱 쭈앙]

명 왼쪽, 동쪽, 옆   형 어긋나다, 비뚤어지다, 좌익[급진적]이다
■ 左   [zuǒ 주오]

명 요구, 요망, 요청   동 요구하다, 요망하다, 요청하다
■ 要求   [yāo qiú 야오 치우]

형 요령이 있다, 세상 이치에 밝다, 처세(술)에 능하다, 원활하다
□ 世故   [shì · gu 쓰 구]

명 요리사
□ 厨帅   [chú shī 추 쓰]

형 요원하다, 아득히 멀다
□ 遥远   [yáo yuǎn 야오 위앤]

명 요일(曜日), 주(週), 주일, 〈약칭〉 '星期日(일요일)' 의 준말
■ 星期   [xīng qī 씽 치]

동 요청[요구]하다, 초청하다, 한턱내다, 〈경어〉 …하십시오
■ 请   [qǐng 칭]

접 요컨대, 총체적으로 말하면, 하여간, 어쨌든
□ 总之   [zǒng zhī 종 쯔]

명 욕실, 목욕탕

□ 浴室　　　　[yù shì 위 쓰]

동 욕하다, 꾸짖다, 질책하다, 따지다

■ 骂　　　　[mà 마]

명 〈동물〉 용, 공룡 등의 파충류, 〈비유〉 황제, 뛰어난 인재

□ 龙　　　　[lóng 룽]

형 용감하다

□ 勇敢　　　　[yǒng gǎn 용 간]

동 (볼) 용건이 없다, 일이 없다, 관계가 없다, 〈방언〉 별일 아니다

□ 没事(儿)　　[méi//shì(r) 메이 쓰]

명 용기

□ 勇气　　　　[yǒng qì 용 치]

명 용도, 용처, 쓸모

■ 用处　　　　[yòng·chu 용 추]

동 용인하다, 허용하다, 참고 견디다, 참고 용서하다

□ 容忍　　　　[róng rěn 룽 런]

형 우람하다, 웅장하고 훌륭하다

□ 雄伟　　　　[xióng wěi 시옹 웨이]

형 우량하다, 우수하다, 훌륭하다

□ 优良　　　　[yōu liáng 요우 리앙]

대 우리(들), 나, 저, 당신(들)

■ 我们 　　　[wǒ·men 워 먼]

명 우산, 양산, 우산 모양의 물건

■ 伞 　　　[sǎn 산]

명 우상, 〈비유〉 미신 등의 대상물, 맹목적 숭배의 대상

□ 偶像 　　　[ǒu xiàng 오우 씨앙]

명 우수리, 나머지　형 소량이다, 자질구레하다　수 영, 0, 제로(zero)

■ 零 　　　[líng 링]

형 우수하다, 뛰어나다

□ 优秀 　　　[yōu xiù 요우 씨우]

명 우스갯소리, 농담, 웃음거리　동 비웃다

□ 笑话 　　　[xiào·hua 씨아오 후아]

명 우애　형 우애롭다

□ 友爱 　　　[yǒu·ài 요우 아이]

형 우연하다, 우연스럽다　부 우연히, 뜻밖에

■ 偶然 　　　[ǒu rán 오우 란]

동 우연히 일치하다, 우연히 맞다　명 우연한 일치, 암합

□ 偶合 　　　[ǒu hé 오우 허]

형 우월하다, 뛰어나다, 우량하다

□ 优越 　　　[yōu yuè 요우 위에]

명 우유

■ 牛奶　　　[niú nǎi 니우 나이]

명 우의, 친선

□ 友谊　　　[yǒu yì 요우 이]

명 우정, 우의(友誼)

□ 友情　　　[yǒu qíng 요우 칭]

명 〈천문〉 우주, 〈철학〉 일체의 물질과 그 존재 형식의 총체

□ 宇宙　　　[yǔ zhòu 위 쪼우]

명 〈약칭〉 우체국

■ 邮局　　　[yóu jú 요우 쥐]

명 우측, 오른쪽, 〈전용〉 서쪽, 서방　형 가장 낫다, 우익이다

■ 右　　　[yòu 요우]

명 우편물

□ 邮件　　　[yóu jiàn 요우 찌앤]

명 우표

■ 邮票　　　[yóu piào 요우 피아오]

명 〈체육〉 운동 선수, (선거 등의) 운동원

□ 运动员　　　[yùn dòng yuán 윈 똥 위앤]

명 (물체의) 운동, 〈철학〉 운동, 〈체육〉 스포츠, (정치·문화의) 운동

■ 运动　　　[yùn dòng 윈 똥]

아

명 운동화
□ 运动鞋 [yùn dòng xié 윈 똥 시에]

명 운명, 숙명
□ 命运 [mìng yùn 밍 윈]

명 운용, 활용, 응용 동 운용하다, 활용하다, 응용하다
□ 运用 [yùn yòng 윈 용]

명 운전 면허증
□ 驾驶执照 [jià shǐ zhí zhào 찌아 스 즈 짜오]

명 운전사, 조종사, 기관사 동 기계를 취급하다[관리하다]
□ 司机 [sī jī 쓰 찌]

동 운전하다, (기계를) 조종하다
□ 驾驶 [jià shǐ 찌아 스]

동 (천체나 배·차량이) 운행하다
□ 运行 [yùn xíng 윈 싱]

동 울다, (소리 내어) 울다
■ 哭 [kū 쿠]

동 (짐승이) 울부짖다, 으르렁거리다, 고함치다, 크게 울리다
□ 吼 [hǒu 호우]

동 움직이다, 행동하다, 불러일으키다, (마음이) 움직이다
■ 动 [dòng 똥]

동 웃다, 비웃다, 조소하다　명 웃음(거리)

■ 笑　　　　　　[xiào 씨아오]

웃음을 자아내다, 웃음거리가 되다, 어리석은 실수를 하다

□ 闹笑话　　　　[nào xiào huà 나오 씨아오 화]

명 원, 동그라미, 둥근 모양의 것, 테두리, 범위, 올가미

□ 圈子　　　　　[quān·zi 취앤 즈]

명 원고, 초고, 원화(原畵)

□ 原稿　　　　　[yuán gǎo 위앤 가오]

명 형 원래(의), 본래(의)　부 원래, 애초, 처음부터, 알고 보니

■ 原来　　　　　[yuán lái 위앤 라이]

명 원료, 소재

□ 原料　　　　　[yuán liào 위앤 리아오]

명 원리

□ 原理　　　　　[yuán lǐ 위앤 리]

형 원망스럽다, 밉살스럽다　동 몹시 애석하게 여기다

□ 可恨　　　　　[kě hèn 커 헌]

동 원망하다, 원망을 품다, 한스러워하다

□ 抱怨　　　　　[bào·yuàn 빠오 위앤]

명 〈동물〉 원숭이

□ 猴　　　　　　[hóu 호우]

명 원시, 최초 형 원시의, 최초의, 일차의

原始 [yuán shǐ 위앤 스]

명 원인

原因 [yuán yīn 위앤 인]

명 원조, 지원 동 원조하다, 지원하다

援助 [yuán zhù 위앤 쭈]

명 원천, 기원, 근원 동 기원(起源)하다, 유래하다

来源 [lái yuán 라이 위앤]

명 (여성복의 일종인) 원피스

连衣裙 [lián yī qún 리앤 이 췬]

명 〈의역어〉 월드컵(World Cup) 축구대회(의 우승컵)

世界杯 [shì jiè bēi 쓰 찌에 뻬이]

명 〈전자〉 (인터넷) 웹 사이트

网站 [wǎng zhàn 왕 짠]

명 위, 윗부분, 앞의 것, 상위, 상급 동 오르다, 나아가다, 바치다

■ 上 [shàng 쌍]

명 〈생리〉 위

胃 [wèi 웨이]

명 위기, 〈경제〉 경제 위기, 공황

危机 [wēi jī 웨이 찌]

□ **伟大** [wěi dà 웨이 따]

□ **宏伟** [hóng wěi 홍 웨이]

□ **安慰** [ān wèi 안 웨이]

□ **慰问** [wèi wèn 웨이 원]

□ **违犯** [wéi fàn 웨이 판]

□ **违反** [wéi fǎn 웨이 판]

□ **违背** [wéi bèi 웨이 뻬이]

□ **威士忌** [wēi shì jì 웨이 쓰 찌]

□ **上下** [shàng xià 쌍 씨아]

□ **压服** [yā//fú 야 푸]

명 위층, 2층

□ 楼上　　[lóu shàng 로우 쌍]

명 위탁, 위임　동 위탁하다, 위임하다, 의뢰하다, 맡기다

□ 委托　　[wěi tuō 웨이 투오]

명 위험　형 위험하다

■ 危险　　[wēi xiǎn 웨이 시앤]

명 유감, 유한　형 유감스럽다

□ 遗憾　　[yí hàn 이 한]

형 유구하다, 장구하다

□ 悠久　　[yōu jiǔ 요우 지우]

명 〈음역어〉 유럽 연합(EU)

□ 欧盟　　[Ōu méng 오우 멍]

명 〈음역어〉 유럽주, 구(라파)주

□ 欧洲　　[Ōu zhōu 오우 쪼우]

명 유럽식, (서)양식　형 유럽식의, (서)양식의

□ 欧式　　[ōu shì 오우 쓰]

명 〈음역어〉 유럽

□ 欧　　[Ōu 오우]

명 유로(Euro), 유럽 연합(EU)의 단일 화폐

□ 欧元　　[ōu yuán 오우 위앤]

명 유리, 〈구어〉 유리처럼 투명한 물건, 유리 모양의 물건

■ 玻璃 [bō · lí 뽀 리]

형 유리하다, 유익하다

□ 有利 [yǒu lì 요우 리]

동 유망하다, 가능성이 있다, 희망적이다

□ 有望 [yǒu wàng 요우 왕]

명 〈음역어〉 유머(humor), 해학 형 유머러스하다, 익살맞다

□ 幽默 [yōu mò 요우 모]

형 유명하다, 정당한 이유가 있다

□ 有名 [yǒu//míng 요우 밍]

명 유산, 유물

□ 遗产 [yí chǎn 이 찬]

형 유순하다, 연하고 부드럽다, 맛이 순하다, 느낌이 부드럽다

□ 柔和 [róu · hé 로우 허]

명 유아원, 유치원

□ 幼儿园 [yòu' ér yuán 요우 얼 위앤]

형 유약하다, 연약하다, 허약하다

□ 柔弱 [róu ruò 로우 뤄]

명 유언, 유언장

□ 遗嘱 [yí zhǔ 이 주]

형 유연하다, 부드럽고 연하다

□ 柔软　　[róu ruǎn 로우 루안]

형 유익하다, 이롭다, 유리하다

□ 有益　　[yǒu yì 요우 이]

명 유적, 흔적, 자취

□ 遗迹　　[yí jì 이 찌]

동 (사적·작품 등이) 유전하다, 세상에 널리 퍼지다

□ 流传　　[liú chuán 리우 추안]

동 유지하다, 보존하다, 돌보다, 원조하다

□ 维持　　[wéi chí 웨이 츠]

형 (kāi xīn) 유쾌하다, 즐겁다　동 기분 전환하다, 놀리다

□ 开心　　[kāi//xīn 카이 씬]

형 유쾌하다, 즐겁다, 기쁘다, 기분이 좋다

□ 愉快　　[yú kuài 위 콰이]

형 유해하다, 해롭다　동 유해하게 되다, 해롭게 되다

□ 有害　　[yǒu//hài 요우 하이]

명 유행, 현대적, 최신식　형 유행이다, 최신식이다

□ 时髦　　[shí máo 스 마오]

동 유행이 지나다, 시대에 뒤떨어지다, (지정된) 시간이 지나다

□ 过时　　[guò//shí 꿔 스]

형 유효하다, 효력이 있다, 효과가 있다

□ 有效 [yǒu xiào 요우 씨아오]

명 육교, 구름다리, 〈체육〉 평균대의 한 가지

□ 天桥 [tiān qiáo 티앤 치아오]

명 육지, 뭍

□ 陆地 [lù dì 루 띠]

형 융통성이 없다, 경직되다, 생기가 없다, 생동감이 없다

□ 死板 [sǐ bǎn 스 반]

동 …으로 되다, …가 되다

□ 成为 [chéng wéi 청 웨이]

명 은사(恩賜), 베풀어 주는 물건 동 (가엾이 여겨) 베풀다, 하사하다

□ 恩赐 [ēn cì 언 츠]

명 〈천문〉 은하, 은하수

□ 银河 [yín hé 인 허]

명 은행

■ 银行 [yín háng 인 항]

명 은혜

□ 恩惠 [ēn · huì 언 후이]

동 …을 같이하다, …와 같다, 함께 …하다 개 …와 (함께)

■ 同 [tóng 통]

아

개 …을 향하여 동 (…으로) 향하다, 알현[참배]하다 명 조정

□ 朝 [cháo 차오]

명 음(陰), 태음, 그늘, 뒷면 형 흐린, 움푹한, 숨겨진, 음흉하다

■ 阴 [yīn 인]

명 음료

□ 饮料 [yǐn liào 인 리아오]

동 음모를 꾸미다, 수작을 부리다

□ 搞鬼 [gǎo//guǐ 가오 구이]

명 음성, 소리, 목소리, 〈문어〉 음악, 시가(詩歌), 〈비유〉 의견

■ 声音(儿) [shēng yīn(r) 썽 잉]

명 음악

□ 音乐 [yīn yuè 인 위에]

명 음악 감상 동 음악을 듣다

□ 听音乐 [tīng yīn yuè 팅 인 위에]

명 음악가

□ 音乐家 [yīn yuè jiā 인 위에 찌아]

명 음악회, 콘서트

□ 音乐会 [yīn yuè huì 인 위에 후이]

형 (날씨·분위기 등이) 음울[침울]하다, 무겁다, 내성적이다

□ 沉闷 [chén mèn 천 먼]

명 응용, 사용 동 응용하다, 사용하다
　　　□ 应用　　　　[yìng yòng 잉 용]

명 응접실, 접대실, 거실
　　　■ 客厅　　　　[kè tīng 커 팅]

동 응집하다, 맺히다, 한데 엉기다, 집중하다
　　　□ 凝聚　　　　[níng jù 닝 쮜]

명 의견, (다른) 견해, 이의, 불만
　　　■ 意见　　　　[yì · jiàn 이 찌앤]

형 의기양양하다, 자만하다
　　　□ 得意　　　　[dé//yì 더 이]

동 의기투합하다, 의견이 서로 맞다, 배짱이 맞다, 투기하다
　　　□ 投机　　　　[tóu//jī 토우 찌]

명 의론, 논의, 시비 동 의론하다, 비평하다, 왈가왈부하다
　　　□ 议论　　　　[yì lùn 이 룬]

명 의무 형 무보수의, 봉사의
　　　□ 义务　　　　[yì wù 이 우]

명 의문
　　　□ 疑问　　　　[yí wèn 이 원]

명 의사, 의원
　　　□ 医生　　　　[yī shēng 이 셩]

명 의식 동 의식하다, 깨닫다

□ 意识　　[yì shí 이 스]

명 의심 동 의심하다, …이 아닌가 하고 생각하다

□ 疑心　　[yí xīn 이 씬]

형 의연하다, 여전하다, 예전 그대로다, 전과 다름이 없다

□ 依然　　[yī rán 이 란]

명 의외(의 사고), 뜻밖(의 재난) 형 의외다, 뜻밖이다

□ 意外　　[yì wài 이 와이]

명 의원, 병원

■ 医院　　[yī yuàn 이 위앤]

명 의자

■ 椅子　　[yǐ · zi 이 즈]

동 의지하다, 기대다, 의뢰하다 명 의지가 되는 사람이나 물건

□ 依靠　　[yī kào 이 카오]

대 이, 이것, 〈구어〉 (동사 · 형용사 앞에서) 과장의 뜻을 나타냄

■ 这个　　[zhè · ge 쩌 거]

대 이, 이것, 이때, 지금

■ 这　　[zhè 쩌]

명 이, 치아

■ 牙齿　　[yá chǐ 야 츠]

대 이곳, 여기

■ 这里 [zhè · lǐ 쩌 리]

동 이기다, 승리하다, 남다, 이득을 보다, (성공해서) 획득하다

■ 赢 [yíng 잉]

동 이끌다, 인솔하다, 지휘하다, 안내하다

□ 带领 [dài lǐng 따이 링]

동 이끌어나가다, 움직이다, 선도하다, 움직이게 하다

□ 带动 [dài dòng 따이 똥]

접 …이나, …지만, …하고(도), (…부터) …까지

■ 而 [ér 얼]

동 이루다, 성공하다, …이 되다, 이르다   형 기존의, 전체의

■ 成 [chéng 청]

동 (비행기가) 이륙하다, 〈비유〉 (사업이) 급성장하기 시작하다

□ 起飞 [qǐ fēi 치 페이]

동 이르다, 도달하다, (…에) 가다   개 …에, …으로, …까지

■ 到 [dào 따오]

동 이를 닦다, 양치질하다   명 칫솔

□ 刷牙 [shuā yá 쑤아 야]

형 이름 없다, 까닭 없다, 알 수 없다

□ 无名 [wú míng 우 밍]

명 이름, (날짜의) 일, (등급) 번호, 사이즈, 호[번], (사람의) 호

■ 号 　　　[hào 하오]

명 이름, 성명(姓名), (사물의) 명칭

■ 名字 　　[míng·zi 밍 즈]

형 이름나다, 유명하다, 명성이 높다 동 명성을 듣다

□ 闻名 　　[wén míng 원 밍]

명 이마

□ 前额 　　[qián'é 치앤 어]

명 이마, 액자, 액틀, 한정된 수량[분량]

□ 额 　　　[é 어]

명 〈구어〉 (결혼한) 이모

□ 姨妈 　　[yí mā 이 마]

명 이목, 귀와 눈, 남[세간]의 이목, 밀정, 스파이, 견문, 식견

□ 耳目 　　[ěr mù 얼 무]

부 이미, 벌써

■ 已经 　　[yǐ·jing 이 징]

명 이발 동 이발하다

□ 理发 　　[lǐ//fà 리 파]

명 이번 달

■ 本月 　　[běn yuè 번 위에]

동 이별하다, 구별하다 부 …하지 마라 형 다른 명 차이

■ 别 [bié 비에]

동 이별하다, 가리다, 구별하다 명 구별, 식별 부 따로, 각각

□ 分别 [fēn bié 펀 비에]

명 이불

□ 被子 [bèi · zi 뻬이 즈]

동 이사하다, 이전하다, (장소나 위치를) 옮기다

□ 搬家 [bān//jiā 빤 찌아]

명 이상, 꿈 형 이상적이다

□ 理想 [lǐ xiǎng 리 시앙]

동 이상하게 생각하다, 놀랍고 이상하다

□ 惊奇 [jīng qí 찡 치]

명 이슬비, 가랑비, 보슬비, 안개비

□ 细雨 [xì yǔ 씨 위]

명 24시간 편의점

□ 日夜商店 [rì yè shāng diàn 르 예 쌍 띠앤]

동 이야기하다, 말하다, 설명하다, 상의하다, 중시하다, 논하다

■ 讲 [jiǎng 지앙]

동 이어지다, 연루되다, 포함하다 부 연이어 개 …까지도

■ 连 [lián 리앤]

명 동 이용(하다), 활용[응용](하다), (수단을 써서) 이용(하다)

□ 利用　　　　[lì yòng 리 용]

명 이웃, 이웃집, 이웃 사람

□ 邻居　　　　[lín jū 린 쮜]

명 이유, 까닭

□ 理由　　　　[lǐ yóu 리 요우]

명 이윤

□ 利润　　　　[lì rùn 리 룬]

명 이익, 득, 이점, 장점, 좋은 점

□ 好处　　　　[hǎo·chu 하오 추]

명 이전

■ 以前　　　　[yǐ qián 이 치앤]

부 이제, 곧, 순식간에　동 눈으로 보고만 있다, 빤히 보면서 …하다

□ 眼看　　　　[yǎn kàn 이앤 칸]

형 이차적인, 부차적인, 다음으로[두 번째로] 중요한

□ 次要　　　　[cì yào 츠 야오]

명 이해, 파악　동 이해하다, 파악하다

□ 理解　　　　[lǐ jiě 리 지에]

동 이해하다, 알다

■ 懂　　　　　[dǒng 동]

| 동 (정책 · 계획 · 강령 등을) 이행하다, 실행하다 |
| 实行 | [shí xíng 스 싱] |

| 명 이혼 동 이혼하다 |
| 离婚 | [lí//hūn 리 훈] |

| 부 이후, 나중에, 그 뒤에, 그 다음에, 그후 명 뒤에 온 사람 |
| 后来 | [hòu lái 호우 라이] |

| 명 이후, 다음, 금후, 향후 |
| ■ 以后 | [yǐ hòu 이 호우] |

| 접 이후에, 연후에 |
| 而后 | [ér hòu 얼 호우] |

| 동 (일을) 인계하다, 교대하다, 당부하다, 자백하다, 설명하다 |
| 交代 | [jiāo dài 찌아오 따이] |

| 명 인공위성 |
| 人造卫星 | [rén zào wèi xīng 런 짜오 웨이 씽] |

| 명 인공호흡 |
| 人工呼吸 | [rén gōng hū xī 런 꽁 후 씨] |

| 명 인기척, 기척, 동정, 동태 |
| 动静 | [dòng · jing 똥 징] |

| 명 인내 동 인내하다, 억제하다, 참아내다 |
| 忍耐 | [rěn nài 런 나이] |

명 인내심, 참을성　형 참을성[인내심]이 있다, 끈기가 있다

　　□ 耐心　　　　[nài xīn 나이 씬]

명 인도, 보도

　　□ 人行道　　　[rén xíng dào 런 싱 따오]

동 인도하다, 이끌다, 유도하다, 안내하다

　　□ 引导　　　　[yǐn dǎo 인 다오]

동 인도하다, 이끌다, 지도하다, 안내하다

　　□ 指引　　　　[zhǐ yǐn 즈 인]

명 인류

　　■ 人类　　　　[rén lèi 런 레이]

명 인물, 중요한 인물, 〈미술〉 인물화, (예술작품 속의) 인물

　　□ 人物　　　　[rén wù 런 우]

동 (가볍게) 인사하다, (사전에) 알리다[통지하다]

　　□ 打招呼　　　[dǎ zhāo · hu 다 짜오 후]

명 인상

　　□ 印象　　　　[yìn xiàng 인 씨앙]

형 인색하다, 옹졸하다　동 인색하게 굴다, 쩨쩨하게 놀다

　　□ 小气　　　　[xiǎo · qi 시아오 치]

명 인생

　　□ 人生　　　　[rén shēng 런 썽]

명 〈심리〉 인식　동 알다, 인식하다

■ **认识**　[rèn·shi 런 스]

명 인재, 재능, 〈구어〉 아름답고 단정한 외모, 인품(人品)

□ **人才**　[rén cái 런 차이]

명 〈전자〉 인터넷 주소

□ **网址**　[wǎng zhǐ 왕 즈]

동 〈전자〉 인터넷[네트워크]에 접속하다

□ **上网**　[shàng wǎng 쌍 왕]

명 〈음역어〉 인터넷

□ **因特网**　[yīn tè wǎng 인 터 왕]

명 인품과 덕성

□ **品德**　[pǐn dé 핀 더]

명 인형, 꼭두각시, 짝, 배우자　형 쌍의, 짝(수)의　부 우연히

□ **偶**　[ǒu 오우]

동 일(손)을 돕다, 일을 거들어주다　명 (bāng máng) 원조, 조력

□ **帮忙(儿)**　[bāng//máng(r) 빵 망]

명 일, 사정, 볼일, (사물의) 진상, 사고, 사건, 업무, 직업

■ **事情**　[shì·qing 쓰 칭]

수 일곱, 7

■ **七**　[qī 치]

명 일기 예보
□ 天气预报 [tiān qì yù bào 티앤 치 위 빠오]

동 일깨우다, 깨우치다, 주의를 환기시키다
□ 提醒 [tí xǐng 티 싱]

명 일반, 보통, 통상 형 보통이다, 일반적이다
□ 通常 [tōng cháng 통 창]

형 일반적이다, 보통이다, 마찬가지다, 같다, 비슷하다
■ 一般 [yī bān 이 빤]

명 일상, 평소 형 일상의, 평소의, 일상적인
□ 日常 [rì cháng 르 창]

형 일상의, 평상시의, 정상적이다 부 늘, 언제나, 항상
□ 经常 [jīng cháng 찡 창]

형 일시적이다, 잠시적이다, 잠깐이다 부 잠시, 잠깐
□ 暂时 [zàn shí 짠 스]

명 일식 요리
□ 日餐 [rì cān 르 찬]

동 (잠자리에서) 일어나다, 기상하다, 출발하다, 자리에서 일어서다
□ 起身 [qǐ//shēn 치 썬]

동 일어나다, 옮기다, 올라가다, 뽑다 양 번, 차례, 건, 무리, 패
■ 起 [qǐ 치]

■ **亿**　[yì 이]

명 일요일

■ **星期天**　[xīng qī tiān　씽 치 티앤]

동 (시간을 지체하다가) 일을 그르치다, 시간을 허비하다

□ **耽误**　[dān · wu 딴 우]

형 일을 잘하다, 능력이 있다, 유능하다

□ **能干**　[néng gàn 넝 깐]

명 일의 상황, 형세, 정황(情况), 형편

■ **情形**　[qíng · xing 칭 싱]

부 일찍이, 이전에, 이미, 벌써

■ **曾经**　[céng jīng 청 찡]

명 동 일(하다), 노동(하다), 수고[폐]를 끼치다 명 공로, 노동자

□ **劳**　[láo 라오]

동 일하다, 노동하다, 작동하다 명 사업, 일, 노동, 일자리, 직업

■ **工作**　[gōng zuò 꽁 쭤]

동 읽다, 열독하다, 공부하다, 낭독하다 명 (글자의) 독음(讀音)

■ **读**　[dú 두]

동 잃다, 유실하다, 방치하다, 내버려두다, 던지다, 내버리다

■ **丢**　[diū 띠우]

동 잃다, 잃어버리다, (시기를) 놓치다

□ **失掉** [shī diào 쓰 띠아오]

동 잃어버리다, 분실하다

□ **丢失** [diū shī 띠우 쓰]

동 잃어버리다, 잃다

□ **失去** [shī qù 쓰 취]

명 임금, 노임, 월급

□ **工资** [gōng zī 꽁 쯔]

명 임무, 책무, 책임, 할당된 일

□ **任务** [rèn · wu 런 우]

명 임시 형 임시의, 정식이 아닌 동 때에 이르다, 그때가 되다

□ **临时** [lín shí 린 스]

동 임신하다

□ **怀孕** [huái//yùn 후아이 윈]

부 임의대로, 제멋대로 명 형 임의(의) 동 임의대로 하다

□ **任意** [rèn yì 런 이]

명 입, (기물의) 부리, 주둥이, 말, 말솜씨

■ **嘴** [zuǐ 주이]

명 입구, 현관

■ **门口(儿)** [mén kǒu(r) 먼 코우]

명 입술의 통칭

□ 嘴唇   [zuǐ chún 주이 춘]

동 (병원에) 입원하다

□ 住院   [zhù//yuàn 쭈 위앤]

동 입으로 힘껏 불다, (바람이) 불다, 〈구어〉 허풍을 떨다

■ 吹   [chuī 추이]

명 입장, 견지, 계급적 입장

□ 立场   [lì chǎng 리 창]

명 입장권, 입장료

■ 门票   [mén piào 먼 피아오]

동 입학하다, 취학하다 명 입학, 취학

□ 入学   [rù//xué 루 쉬에]

동 있다, 소유하다, 존재하다, 나타나다, 풍부하다 대 어느, 어떤

■ 有   [yǒu 요우]

동 잊다, 망각하다, 무시하다, 소홀히 하다, 경시하다

■ 忘   [wàng 왕]

동 잊다, 잊어버리다, 소홀히 하다

□ 忘记   [wàng·jì 왕 찌]

명 〈속어〉 (식물의) 잎, 트럼프

□ 叶子   [yè·zi 예 즈]

자

명 자, 척도(尺度), 기준, 표본

□ 尺子　　[chǐ · zi 츠 즈]

대 자기, 자신, 자기에게 속한 것　부 스스로, 저절로　명 나[저] 한 사람

■ 自己　　[zì jǐ 쯔 지]

명 자동차

■ 汽车　　[qì chē 치 처]

동 자라다, 나다, 생기다, 늘어나다　형 (나이가) 많다, 항렬이 높다, 맏이의

■ 长　　[zhǎng 장]

명 자료, 재료, (생산·생활 등의) 필수품

□ 资料　　[zī liào 쯔 리아오]

동 (칼로) 자르다, 썰다, 저미다, 〈수학〉 (선·면 등이 서로) 접히다

□ 切　　[qiē 치에]

명 자리, 위치, 직위　양 〈경어〉 분, 명, 〈전자〉 비트(bit)

■ 位　　[wèi 웨이]

동 자리[좌석]를 양보하다, (손님에게) 자리를 권하다

□ 让座(儿)　　[ràng//zuò(r) 랑 쮜]

명 자만, 자신만만　형 자만하다, 자신만만하다, 오만하다

□ 自满　　[zì mǎn 쯔 만]

형 자세하다, 세밀하다, 꼼꼼하다　동 주의[조심]하다

□ **仔细**　[zǐ xì 즈 씨]

명 (성공에 대한) 자신, 믿음　형 자신 있다, 재주 있다, 뛰어나다

□ **拿手**　[ná shǒu 나 소우]

명 자원　동 자원하다, 스스로 원하다

□ **自愿**　[zì yuàn 쯔 위앤]

명 자유　형 자유롭다

□ **自由**　[zì yóu 쯔 요우]

명 자장면

□ **炸酱面**　[zhá jiàng miàn 자 찌앙 미앤]

명 자전

■ **字典**　[zì diǎn 쯔 디앤]

명 자전거

■ **自行车**　[zì xíng chē 쯔 싱 처]

부 자주, 항상, 늘

□ **时常**　[shí cháng 스 창]

명 작년, 지난해

■ **去年**　[qù nián 취 니앤]

형 작다, 적다, 가장 어린　부 약간, 조금, 잠시　명 어린아이

■ **小**　[xiǎo 시아오]

동 (주인에게) 작별을 고하다, 헤어지다
　　□ 告辞　　[gào//cí 까오 츠]

명 작품, 방법, 수법, 방식
　　□ 作品　　[zuò pǐn 쭤 핀]

명 잔, 컵, 트로피(trophy)　양 잔 [잔에 담긴 액체를 셀 때]
　　■ 杯　　[bēi 뻬이]

동 (자세하게) 잘 알다, 이해하다, 알아보다, 조사하다
　　■ 了解　　[liǎo jiě 리아오 지에]

명 잘못, 착오　형 들쭉날쭉하다, 나쁘다　동 (이를) 갈다, 엇갈리다
　　■ 错　　[cuò 춰]

부 잠시, 잠깐, 곧, 잠깐 사이에
　　■ 一会儿　　[yī huìr 이 후일]

명 잠옷
　　□ 睡衣　　[shuì yī 쑤이 이]

동 잠을 자다
　　■ 睡觉　　[shuì//jiào 쑤이 찌아오]

동 (손으로) 잡다, 지키다　양 자루, 움큼　개 …를, …에 대해
　　■ 把　　[bǎ 바]

동 〈구어〉 잡담을 하다, 한담하다
　　□ 聊天儿　　[liáo//tiānr 리아오 티얼]

图 잡아 끌다, 잡아당기다, 연루되다, 관련되다, 끌어들이다

    □ 牵   [qiān 치앤]

图 잡아당기다, (시간을) 끌다, 지연시키다, 늘어뜨리다

    □ 拖   [tuō 투오]

명 잡지, 잡기(雜記)

    ■ 杂志   [zá zhì 자 쯔]

명 장갑, (야구·권투 등의) 글러브(glove), 〈체육〉 스틱(stick)

    ■ 手套(儿)   [shǒu tào(r) 소우 타오]

명 장기, 장기간, 긴 시간 형 장기적이다

    □ 长期   [cháng qī 창 치]

형 장구하다, (시간이) 아주 오래되다, 장기간의

    □ 长久   [cháng jiǔ 창 지우]

图 장난하다, 놀이를 하다, 쓰다, 업신여기다, 감상하다 명 감상품

    ■ 玩   [wán 완]

형 장대하다, 강대하다 图 강대해지다, 장대해지다, 강화하다

    □ 壮大   [zhuàng dà 쭈앙 따]

명 장래, 미래

    ■ 将来   [jiāng lái 찌앙 라이]

명 장래성, 미래, 발전성 图 〈방언〉 발전하다, 성장하다

    □ 出息   [chū·xi 추 시]

명 장려, 표창, 칭찬 동 장려하다, 표창하다, 칭찬하다

□ 奖励 [jiǎng lì 지앙 리]

형 장려하다, 웅장하고 아름답다

□ 壮丽 [zhuàng lì 쭈앙 리]

명 장마, 장마비

梅雨 [méi yǔ 메이 위]

명 〈연극〉 (연극이나 영화의) 장면, 신(scene), 정경(情景)

□ 场景 [chǎng jǐng 창 징]

명 장사, 상업, 사업, 영업

□ 生意 [shēng·yi 썽 이]

명 장소, 광장, 무대 양 (영화·경기 등의) 회, 편, (연극의) 장

■ 场 [chǎng 창]

명 장소, 마당, 운동장, 공지, 용지, 그라운드

□ 场地 [chǎng dì 창 띠]

명 장식, 장식품, 치장 동 장식하다, 치장하다

□ 装饰 [zhuāng shì 쭈앙 쓰]

명 장식품, 진열품 동 장식하다, 진열하다, 배치하다

□ 陈设 [chén shè 천 써]

명 장애, 방해 동 방해하다

□ 障碍 [zhàng' ài 짱 아이]

| 262 |

형 장엄하다, 장중하다, 정중하고 엄숙하다

□ 庄严　　　[zhuāng yán 쭈앙 이앤]

명 장점, 우수한 점

□ 优点　　　[yōu diǎn 요우 디앤]

명 장치, 설비　동 장치하다, 설치하다

□ 裝置　　　[zhuāng zhì 쭈앙 쯔]

명 장학금

□ 奖学金　　[jiǎng xué jīn 지앙 쉬에 찐]

명 재능, 기량, 수완, 능력

□ 本领　　　[běn lǐng 번 링]

명 재능이 뛰어난 사람, 재자

□ 才子　　　[cái zǐ 차이 즈]

동 (종이·천 등을) 재단하다, (적당한 순서로) 맞추다

□ 裁剪　　　[cái jiǎn 차이 지앤]

명 재료, 재목, (피복의) 감, 데이터(data), 〈비유〉 인재, 자질

□ 材料　　　[cái liào 차이 리아오]

명 재미, 흥미, 취미, 기호, 관심

□ 趣味　　　[qù wèi 취 웨이]

명 재방송　동 재방송을 하다

□ 重播　　　[chóng bō 총 뽀]

동 재배하다, 가꾸다, 기르다, 배양하다, (인재를) 양성하다

□ 培育 [péi yù 페이 위]

동 재배하다, 심어 가꾸다, 배양하다, (인재를) 기르다, 발탁하다

□ 栽培 [zāi péi 짜이 페이]

명 재봉사

□ 裁缝 [cái · feng 차이 펑]

부 재빨리, 어서, 얼른

■ 赶快 [gǎn kuài 간 콰이]

명 재산, 자산

□ 财产 [cái chǎn 차이 찬]

명 재스민 차

□ 茉莉花茶 [mò · lì huā chá 모 리 후아 차]

명 재작년

■ 前年 [qián nián 치앤 니앤]

명 재정

□ 财政 [cái zhèng 차이 쩡]

명 재주, 재능, 재능 있는 사람 부 방금, 이제 막, 비로소, 겨우

■ 才 [cái 차이]

명 재판, 심판 동 재판하다, (경기의) 심판을 보다

□ 裁判 [cái pàn 차이 판]

| 264 |

명 재해, 피해

□ 灾害　　[zāi hài 짜이 하이]

명 재혼　동 재혼하다

□ 再婚　　[zài hūn 짜이 훈]

명 쟁론, 논쟁　동 쟁론하다, 논쟁하다

□ 争论　　[zhēng lùn 쩡 룬]

명 쟁반, (옛날의) 매매가격, 시장가격, 팁(tip)

□ 盘子　　[pán·zi 판 즈]

동 쟁취하다, 얻다, 획득하다, 이룩하다, …을 목표로 노력하다

□ 争取　　[zhēng qǔ 쩡 취]

동 쟁탈하다, 다투다, 싸워서 빼앗다

□ 争夺　　[zhēng duó 쩡 두오]

대 저(것), 그(것), 그것(들), 저 사람(들)　접 그렇다면, 그러면

■ 那　　[nà 나]

대 〈구어〉 그곳, 그때

■ 那儿　　[nàr 날]

명 저녁, 밤

■ 晚上　　[wǎn·shang 완 상]

명 저녁, 저녁밥

□ 晚饭　　[wǎn fàn 완 판]

형 저명하다, 유명하다

□ 著名 [zhù míng 쭈 밍]

동 저장하다, 저축하다 명 저축한 돈이나 물건

□ 储存 [chǔ cún 추 춘]

동 〈문어〉 저주하다

□ 诅咒 [zǔ zhòu 주 쪼우]

명 저항, 대항 동 저항하다, 대항하다

□ 抵抗 [dǐ kàng 디 캉]

형 적극적이다, 열성적이다, 의욕적이다, 진취적이다

□ 积极 [jī jí 찌 지]

형 (수량이) 적다, 부족하다, 결핍되다 동 잃다, 분실하다, 빚지다

■ 少 [shǎo 사오]

조동 …하는 것은 좋지 않다, …하기에 적당하지 않다

□ 不宜 [bù yí 뿌 이]

형 적당하다, 알맞다, 적합하다, 편안하다, 〈방언〉 사이가 좋다

■ 合适 [hé shì 허 쓰]

형 적당하다, 적절하다, 알맞다

□ 适当 [shì dàng 쓰 땅]

형 적당하다, 알맞다, 적절하다, 적합하다

□ 适宜 [shì yí 쓰 이]

형 적막하다, 고독하다, 쓸쓸하다, 적적하다, 심심하다

寂寞　　　　[jì mò 찌 모]

형 적막하다, 스산하다, 불경기이다, 불황이다　명 불경기, 불황

萧条　　　　[xiāo tiáo 씨아오 티아오]

형 적막하다, 쓸쓸하다, 한산하다, 불경기다

冷清　　　　[lěng·qing 렁 칭]

명 적응　동 적응하다, 맞추다

适应　　　　[shì yìng 쓰 잉]

형 적합[부합]하다, 적절하다, 어울리다, 알맞다

适合　　　　[shì hé 쓰 허]

동 전하다, 전달하다, 접수하다　명 전달, (공공기관 등의) 접수

传达　　　　[chuán dá 추안 다]

동 전(달)하다, 전파하다, (열·전기 등이) 통하다, 전염되다

传　　　　　[chuán 추안]

동 전개하다, (점차) 넓히다　형 명랑하다, 쾌활하다

开展　　　　[kāi zhǎn 카이 잔]

명 (대학 등의) 전공, 학과(學科), 전문적인 업무[업종]

专业　　　　[zhuān yè 쭈안 예]

명 전기

电气　　　　[diàn qì 띠앤 치]

명 전기 밥솥

　　□ 电饭锅　　　[diàn fàn guō 띠앤 판 꾸오]

명 전기 청소기

　　□ 吸尘器　　　[xī chén qì 씨 천 치]

명 전도, 앞길, 미래, (옛 선비나 관리가 추구한) 공명, 관직

　　□ 前程　　　[qián chéng 치앤 청]

명 전등, 백열등

　　□ 电灯　　　[diàn dēng 띠앤 떵]

명 〈군사〉 전략, 〈비유〉 (투쟁의 기본 방침으로서의) 전략

　　□ 战略　　　[zhàn lüè 짠 뤼에]

명 전문가, 숙련자　형 정통하다, 숙련되다, 노련하다

　　□ 内行　　　[nèi háng 네이 항]

명 전보, 전신

　　■ 电报　　　[diàn bào 띠앤 빠오]

동 전복하다, 뒤집어엎다, (기존의 계획 등을) 번복하다, 뒤집다

　　□ 推翻　　　[tuī//fān 투이 판]

명 전부, 전체　형 전부의, 전체의, 총계의

　　■ 全部　　　[quán bù 취앤 뿌]

명 〈군사〉 전술, 〈비유〉 전술, 부분적 문제를 해결하는 방법

　　□ 战术　　　[zhàn shù 짠 쑤]

| 268 |

| 전시회, 전람회
　　□ 展览会　　[zhǎn lǎn huì 잔 란 후이]

| 전언(傳言)하다, 전하여 알리다, 전달하다
　　□ 转告　　[zhuǎn gào 주안 까오]

| 〈물리〉 전자, 일렉트론
　　□ 电子　　[diàn zǐ 띠앤 즈]

| 전자 우편, 이메일(E-mail)
　　□ 电子邮件　　[diàn zǐ yóu jiàn 띠앤 즈 요우 찌앤]

| 전자레인지
　　□ 微波炉　　[wēi bō lú 웨이 뽀 루]

| 전쟁
　　□ 战争　　[zhàn zhēng 짠 쩡]

| 전진　 | 전진하다, 앞으로 나아가다
　　□ 前进　　[qián jìn 치앤 찐]

| 전체, 온몸, 전신
　　□ 全体　　[quán tǐ 취앤 티]

| 전체, 총체
　　□ 整体　　[zhěng tǐ 정 티]

| 전체적으로 보아 …인 편이다, 대체로 …한 셈이다, 겨우
　　□ 总算　　[zǒng suàn 종 쏸]

자

전통

    □ 传统   [chuán tǒng 추안 퉁]

명 전투, 투쟁   동 전투하다, 투쟁하다

    □ 战斗   [zhàn dòu 짠 또우]

동 (말을) 전하다, 전달하다

    □ 转达   [zhuǎn dá 주안 다]

명 전형   형 전형적이다

    □ 典型   [diǎn xíng 디안 싱]

명 전화

    ■ 电话   [diàn huà 띠앤 화]

명 전화(轉化)   동 〈철학〉 전화(轉化)하다, 변하다

    □ 转化   [zhuǎn huà 주안 화]

명 전환, 변환   동 전환하다, 변환하다

    □ 转变   [zhuǎn biàn 주안 삐앤]

명 (어떤 시간의) 전후, 쯤, 전기간(全期間), (어떤 장소의) 앞뒤

    □ 前后   [qián hòu 치앤 호우]

형 절감하다, 절약하다, 절제하다, 아끼다

    □ 节俭   [jié jiǎn 지에 지앤]

형 절대의, 절대적인, 무조건적인   부 절대로, 완전히, 반드시

    □ 绝对   [jué duì 쥐에 뚜이]

명 (jué wàng) 절망 통 절망하다, 모든 희망을 버리다

□ **绝望** [jué//wàng 쥐에 왕]

형 절박하다, 급박하다, 간절하다, 절실하다

□ **迫切** [pò qiè 포 치에]

통 절약하다, 아끼다

□ **节约** [jié yuē 지에 위에]

명 절정, 최고조 통 극에 달하다 부 매우, 극히 형 최고의

■ **极** [jí 지]

명 절친한 친구 형 우호적이다

□ **友好** [yǒu hǎo 요우 하오]

명 젊은이, 청년

■ **年轻人** [nián qīng rén 니앤 칭 런]

명 점, 얼룩, 방울 통 점을 찍다 양 약간, 조금, 개, 가지, 시(時)

■ **点** [diǎn 디앤]

통 (지역·장소를) 점거하다, 강점하다, (위치·지위를) 차지하다

□ **占据** [zhàn jù 짠 쮜]

통 점령하다, 점유하다

□ **占领** [zhàn lǐng 짠 링]

통 점령하다, 정복하다, 함락시키다

□ **攻克** [gōng kè 꽁 커]

명 점심, 점심 식사

□ 午饭   [wǔ fàn 우 판]

명 (상점 등의) 점원, 판매원

□ 售货员   [shòu huò yuán 쏘우 훠 위앤]

동 점유하다, 점거하다, (어떤 지위를) 차지하다, 소유하다

□ 占有   [zhàn yǒu 짠 요우]

동 접근[접촉]하다, (이어)받다, 맞이하다, 연결하다, 접수하다

■ 接   [jiē 찌에]

동 접대하다, 초대하다

□ 接待   [jiē dài 찌에 따이]

명 접시

□ 碟子   [dié · zi 디에 즈]

명 젓가락

■ 筷子   [kuài · zi 콰이 즈]

명 정경, 광경, 상황, 장면

□ 情景   [qíng jǐng 칭 징]

형 정교하다, 세밀[정밀]하다, 매우 가늘다, 주의깊다, 세심하다

□ 精细   [jīng xì 찡 씨]

형 정당하다, 적절하다, (인품이) 바르고 곧다, 단정하다

□ 正当   [zhèng dàng 쩡 땅]

형 〈문어〉 정도가 적당하다, 적절하다

□ **适度** [shì dù 쓰 뚜]

동 (언행이) 정도를 벗어나다, 심하다, 지니치다

□ **过分** [guò//fèn 꿔 펀]

명 정돈, 정비 동 정돈하다, 정비하다

□ **整顿** [zhěng dùn 정 뚠]

명 정리, 정돈 동 정리하다, 정돈하다

■ **整理** [zhěng lǐ 정 리]

동 정리하다, 수습하다, 수리하다, 〈구어〉 없애다, 혼내주다

■ **收拾** [shōu · shi 쏘우 스]

동 정복하다, 극복하다

□ **征服** [zhēng fú 쩡 푸]

명 정부, 관청

■ **政府** [zhèng fǔ 쩡 푸]

명 (산의) 정상, 최고봉, 〈비유〉 (어떤 분야의) 정상, 최고봉

□ **顶峰** [dǐng fēng 딩 펑]

동 〈비유〉 (문예창작 등에) 정성을 다하다, 매우 고심하다, 심혈을 기울이다

□ **呕心** [ǒu//xīn 오우 씬]

명 정수리, 꼭대기 동 머리로 받(치)다, 지탱하다 부 아주, 대단히

■ **顶** [dǐng 딩]

명 정식, 공식 형 정식의, 공식의

□ 正式   [zhèng shì 쩡 쓰]

명 정신, 사상, 주된 의의, 요지

□ 精神   [jīng shén 찡 선]

형 정신이 없다, 혼미하다, 모호하다, 혼란시키다, 명확하지 않다

□ 迷糊   [mí · hu 미 후]

형 정액[정원] 외의, 초과의, 지나친, (어떤 한도를) 벗어난

□ 额外   [é wài 어 와이]

명 정원, 뜰

□ 庭院   [tíng yuàn 팅 위앤]

명 정점, 꼭대기, 절정, 클라이맥스, 〈수학〉 꼭지점

□ 顶点   [dǐng diǎn 딩 디앤]

동 (틀리거나 실수를) 정정하다, 잘못을 바로 고치다

□ 更正   [gēng zhèng 껑 쩡]

동 정지하다, 중지하다, 멈추다, 멎다, 자다

□ 停止   [tíng zhǐ 팅 즈]

명 정확한 시간, 정각, 정시 형 시간이 정확하다

□ 准时   [zhǔn shí 준 스]

접두 제…, …째 [차례의 몇 째를 가리킴] 부 〈문어〉 다만, 단지

■ 第   [dì 띠]

동 (걱정 · 장애 등을) 제거하다, 없애다, 해소하다, 퇴치하다

□ 消除　　[xiāo chú 씨아오 추]

동 제고하다, 향상시키다, 높이다, 끌어올리다, 고양(高揚)하다

□ 提高　　[tí//gāo 티 까오]

명 제공, 공급, 보급　동 제공하다, 공급하다, 보급하다

□ 供应　　[gōng yìng 꽁 잉]

동 제공하다, 공급하다, 제안하다

□ 提供　　[tí gōng 티 꽁]

부 제때에, 적시에, 즉시, 곧바로　형 시기가 적절하다

□ 及时　　[jí shí 지 스]

동 제멋대로 하다, 제 마음대로 하다, 마음 내키는 대로 하다

□ 任性　　[rèn xìng 런 씽]

부 제시간에, 제때에, 규정된 시간에

□ 按时　　[àn shí 안 스]

동 제시하다, 제기하다, 지적하다　명 (십자말 풀이의) 힌트

□ 提示　　[tí shì 티 쓰]

동 제어하다, 조종하다, 통제하다, 장악하다, 제압하다

□ 控制　　[kòng zhì 콩 쯔]

명 제의, 제안, 건의　동 제의[제안]하다, 건의하다

□ 建议　　[jiàn yì 찌앤 이]

명 제의, 제안, 제출 동 제의하다, 제안하다, 제출하다

提议 [tí yì 티 이]

동 제작하다, 건설하다, 날조하다 명 (소송의) 당사자, 〈방언〉 수확

造 [zào 짜오]

동 제작하다, 만들다, 제조하다

制作 [zhì zuò 쯔 쭤]

동 제조하다, 만들다, 제작하다, (상황·분위기 등을) 조성하다

制造 [zhì zào 쯔 짜오]

동 제지하다, 저지하다, 강력하게 막다

制止 [zhì zhǐ 쯔 즈]

동 제창하다, 장려하다

提倡 [tí chàng 티 창]

명 제한, 한정 동 제한하다, 한정하다

限制 [xiàn zhì 씨앤 쯔]

동 (협소한 범위로) 제한되다, 국한하다

局限 [jú xiàn 쥐 씨앤]

명 조각, 편, 구역 동 얇게 저미다 양 얇고 평평한 물건을 셀 때

片 [piàn 피앤]

명 조각품, 15분, 시각 동 새기다, 조각하다 형 심하다

刻 [kè 커]

명 〈해양생물〉 조개, (고대의) 패화(貝貨), 진귀한 물건, 보배

□ 贝　　[bèi 뻬이]

수량 조금, 약간, 적은 것, 작은 것, 전혀, 조금도

■ 一点儿　　[yī diǎnr 이 디앨]

부 조금, 약간, 좀, 다소, 잠시, 잠깐

□ 稍微　　[shāo wēi 싸오 웨이]

동 조급해하다, 초조해하다, 걱정하다, 마음을 졸이다, 안달하다

■ 着急　　[zháo//jí 자오 지]

명 조미료, 양념, 양념감

□ 作料(儿)　　[zuò·liao(r) 쭤 리아오]

형 조바심이 나다, 초조해하다, 조급하다, 충동적이다

□ 急躁　　[jí zào 지 짜오]

명 조반, 아침밥

□ 早饭　　[zǎo fàn 자오 판]

명 조사 동 조사하다

□ 调查　　[diào chá 띠아오 차]

동 조성하다, 구성하다, 조직하다, 편성하다

□ 组成　　[zǔ chéng 주 청]

동 조성하다, 만들다, 형성하다, (좋지 않은 상황을) 초래하다

□ 造成　　[zào chéng 짜오 청]

동 조심하다, 주의하다

당心   [dāng//xīn 땅 씬]

동 조심하다, 주의하다   형 조심스럽다, 세심하다, 주의깊다

■ 小心   [xiǎo · xīn 시아오 씬]

동 (머리를) 조아리다, (잠시) 멈추다, 피로해지다   양 끼니, 번, 차례

■ 顿   [dùn 뚠]

동 조언을 구하다, 가르침을 청하다, 지도를 바라다

请教   [qǐng//jiào 칭 찌아오]

명 (연극 · 영화의) 조연(助演), 상대역, 〈비유〉 보조적인 인물

配角(儿)   [pèi jué(r) 페이 쥐에]

형 조용하다, 고요하다, 한적하다

清静   [qīng jìng 칭 찡]

형 조용하다, 안정되다, 평온하다, (성격 · 태도가) 침착하다

安静   [ān jìng 안 찡]

명 조작   동 (기계 등을) 조작하다, 다루다

操作   [cāo zuò 차오 쭤]

명 조절, 조정   동 조절하다, 조정하다

调节   [tiáo jié 티아오 지에]

명 조정, 조절   동 조정하다, 조절하다

调整   [tiáo zhěng 티아오 정]

동 (약을) 조제하다, (tiáo jì) 알맞게 조절하다, (맛을) 조미하다

□ 调剂 [tiáo//jì 티아오 찌]

명 (비행기) 조종사, 파일럿

□ 飞行员 [fēi xíng yuán 페이 싱 위앤]

동 (기계 등을) 조종[조작]하다, (정당하지 못한 수단으로) 조정하다

操纵 [cāo zòng 차오 쫑]

명 조치, 대책, 시책 동 조치하다, 시책을 행하다

□ 措施 [cuò shī 춰 쓰]

명 존경 동 존경하다

□ 尊敬 [zūn jìng 쭌 찡]

명 존엄, 존엄성 형 존엄하다, 존귀하고 장엄하다

□ 尊严 [zūn yán 쭌 이앤]

동 존재하다, 생존하다, 속해 있다 개 …에, …에(서), …내에

■ 在 [zài 짜이]

동 존재하다, 현존하다 명 〈철학〉 존재, 자인(Sein)

□ 存在 [cún zài 춘 짜이]

동 존중하다 형 점잖다

□ 尊重 [zūn zhòng 쭌 쫑]

형 졸렬하다, 서툴다

□ 拙劣 [zhuō liè 쭈오 리에]

명 (bì yè) 졸업 통 (학교를) 졸업하다

■ **毕业** [bì//yè 삐 예]

명 졸업장, 졸업 증서

□ **毕业文凭** [bì yè wén píng 삐 예 원 핑]

형 (비)좁다, 협소하다, (마음·도량 등이) 편협하다, 좁고 한정되다

□ **狭窄** [xiá zhǎi 시아 자이]

명 〈구어〉 종, 시계, 시, 시간

■ **钟** [zhōng 쭝]

명 종결, 종료 통 끝나다, 마치다, 종결[종료]하다

□ **结束** [jié shù 지에 쑤]

명 종교

□ **宗教** [zōng jiào 쫑 찌아오]

명 종류, 등급 형 같다, 대등하다 통 기다리다 조 등, 따위

■ **等** [děng 덩]

명 종목, 프로그램, 레퍼토리, 목록, 항목

□ **节目** [jié mù 지에 무]

명 종이 양 장, 매, 통 [편지·문서의 장수를 셀 때]

■ **纸** [zhǐ 즈]

명 종전, 이전 부 예전에, 종전에

■ **从前** [cóng qián 총 치앤]

명 종합 동 종합하다
□ 综合　　　[zōng hé 쫑 허]

동 (상급자 등에) 종합 보고하다 명 종합[총괄] 보고
□ 汇报　　　[huì bào 후이 빠오]

형 (기분이) 좋다, 상쾌하다, 쾌적하다, 시원하다, 후련하다
□ 舒畅　　　[shū chàng 쑤 창]

형 좋다, 성하다, 괜찮다, 훌륭하다 부 잘, 적절하게, 마음껏, 충분히
□ 好好儿(的)　[hǎo hāor (·de) 하오 하올 (더)]

형 좋다, 훌륭하다, 친근하다 부 아주, 매우 감 좋다
■ 好　　　　[hǎo 하오]

동 좋아하다, 애호하다, 호감을 가지다, 사랑하다
□ 喜爱　　　[xǐ ài 시 아이]

동 좋아하다, 호감을 가지다 형 유쾌하다, 즐겁다, 기쁘다
■ 喜欢　　　[xǐ·huan 시 후안]

명 좌담, 간담 동 좌담하다, 간담하다, 이야기를 나누다
□ 座谈　　　[zuò tán 쭤 탄]

명 좌우, 양측, 측근, 안팎, 내외 동 좌우하다, 지배하다
■ 左右　　　[zuǒ yòu 주오 요우]

명 〈구어〉 주(週), 요일, 일요일 명 동 〈문어〉 〈종교〉 예배(하다)
■ 礼拜　　　[lǐ bài 리 빠이]

명 주간, 낮, 대낮

■ 白天　　　[bái tiān 바이 티앤]

명 주관　형 주관적이다

□ 主观　　　[zhǔ guān 주 꾸안]

동 〈문어〉 주다 [목적어가 뒤에 옴]

□ 给以　　　[gěi//yǐ 게이 이]

동 주다, 바치다, 허용하다　개 …에게, …를 위하여, …에 의하여

■ 给　　　　[gěi 게이]

동 주다, 베풀다, 사귀다, 상대하다, 찬성하다　개 …에게　접 …과[와]

□ 与　　　　[yǔ 위]

형 주도면밀하다, 세밀하다, 빈틈없다

□ 周密　　　[zhōu mì 쪼우 미]

명 주동, 주도권　형 능동적이다, 자발적이다, 적극적이다

□ 主动　　　[zhǔ dòng 주 똥]

동 (요리를 선택해서) 주문하다

□ 点菜　　　[diǎn//cài 디앤 차이]

명 〈전자〉 주사(走査), 스캐닝　동 스캐닝하다, 휘둘러보다

□ 扫描　　　[sǎo miáo 사오 미아오]

동 주사를 놓다, 주사를 맞다

□ 打针　　　[dǎ//zhēn 다 쩐]

명 〈연극·영화〉 주연, 주인공, 주요 인물, 중심 인물

□ 主角(儿)　　　[zhǔ jué(r) 주 쥐에]

형 주요하다, 주되다　부 주로, 대부분

□ 主要　　　　　[zhǔ yào 주 야오]

명 주위, 둘레, 사방

□ 四周　　　　　[sì zhōu 쓰 쪼우]

동 주유하다, 기름을 치다, 힘을 내다, 가일층 노력하다, 응원하다

□ 加油　　　　　[jiā//yóu 찌아 요우]

명 (zhù yì) 주의, 조심　동 주의하다, 조심하다, 신경을 쓰다, 유의하다

■ 注意　　　　　[zhù//yì 쭈 이]

동 주의하다, 조심하다

□ 留神　　　　　[liú//shén 리우 선]

명 주인, 소유주, 임자, 중심이 되는 인물[존재], 당사자

■ 主人　　　　　[zhǔ·rén 주 런]

명 주장, 견해, 의견　동 주장하다, 결정하다

□ 主张　　　　　[zhǔ zhāng 주 짱]

동 주재하다, 주관하다, 책임지고 집행하다, 옹호하다, 주장하다

□ 主持　　　　　[zhǔ chí 주 츠]

명 주전자, 술병, 단지　양 주전자, 단지

□ 壶　　　　　　[hú 후]

명 주차장

□ 停车场　　[tíng chē chǎng 팅 처 창]

동 죽다, 그만두다, 사라지다　형 죽은, 막히다　부 필사적으로

■ 死　　[sǐ 스]

동 죽다, 서거하다, 사망하다, 세상을 떠나다

□ 去世　　[qù shì 취 쓰]

동 준비하다, 대비하다, …할 예정[계획]이다, …하려고 하다

■ 准备　　[zhǔn bèi 준 뻬이]

동 준수하다, 지키다

□ 遵守　　[zūn shǒu 쭌 소우]

형 준엄하다, 호되다, 매섭다

□ 严厉　　[yán lì 이앤 리]

부 줄곧, 내내, 계속해서, 끊임없이, 똑바로, 곧장, 곧바로

■ 一直　　[yī zhí 이 즈]

부 줄곧, 본래부터, 늘, 언제나

□ 向来　　[xiàng lái 씨앙 라이]

명 (식물의) 줄기, 줄기 비슷한 물건　양 〈문어〉 가닥, 올, 대

□ 茎　　[jīng 찡]

동 줄다, 감소하다, 줄이다, 적게 하다

□ 减少　　[jiǎn shǎo 지앤 사오]

동 (경비·인원 등을) 줄이다, 삭감하다, 압축하다

□ 压缩　　[yā suō 야 쑤오]

명 중계 방송　동 중계 방송하다

□ 转播　　[zhuǎn bō 주안 뽀]

명 중국 요리, 중국 음식

□ 中餐　　[zhōng cān 쭝 찬]

동 중단하다[되다], 끊다, 끊기다

□ 中断　　[zhōng duàn 쭝 뚜안]

형 중대하다, (매우) 크다

□ 重大　　[zhòng dà 쭝 따]

명 중량, 무게　형 무겁다, (정도가) 심하다, 비싸다, 중요하다

■ 重　　[zhòng 쭝]

명 중복, 반복, 되풀이　동 중복되다, 반복하다, 되풀이하다

□ 重复　　[chóng fù 총 푸]

동 중복하다, 겹치다　부 거듭, 다시　형 겹겹의　양 층(層), 겹

■ 重　　[chóng 총]

명 중시, 중요시　동 중시하다, 중요시하다

□ 重视　　[zhòng shì 쭝 쓰]

동 중시하다, 가치를 두다, 중요시하다

□ 看重　　[kàn zhòng 칸 쭝]

동 중히 여기다, 신경쓰다   형 정교하고 아름답다   명 (숨은) 의미

□ **讲究**　　[jiǎng · jiu 지앙 지우]

명 중앙, 한가운데, 안, 중간, 중급   형 적당하다, 치우치지 않다

■ **中**　　[zhōng 쫑]

명 〈비유〉 중요하게 여기지 않는 말, 마이동풍

□ **耳边风**　　[ěr biān fēng 얼 삐앤 펑]

형 중요하다

□ **重要**　　[zhòng yào 쫑 야오]

형 중요하다, 요긴하다   명 요점, 관건   동 원하다, 청구하다

■ **要**　　[yào 야오]

형 중요하다, 요긴하다, 심각하다, 엄중하다

■ **要紧**　　[yào jǐn 야오 진]

동 중재하다, 화해시키다, 달래다, 타이르다, 권유하다, 설득하다

□ **劝解**　　[quàn jiě 취앤 지에]

동 중지하다, 중단하다, 도중에 그만두다

□ **中止**　　[zhōng zhǐ 쫑 즈]

형 중첩되다, 중복되다

□ **重叠**　　[chóng dié 총 디에]

명 중학교

□ **初中**　　[chū zhōng 추 쫑]

명 〈동물〉 쥐 [주로 집쥐를 가리킴]

■ **老鼠**　　　[lǎo · shǔ 라오 수]

동 쥐다, 잡다, 파악하다, 이해하다　명 자신, 가망, (성공) 가능성

□ **把握**　　　[bǎ wò 바 워]

부 즉시, 곧, 당장

■ **立刻**　　　[lì kè 리 커]

명 즐거움, 재미

□ **乐趣**　　　[lè qù 러 취]

동 즐거워하다, 좋아하다, 기뻐하다　형 즐겁다, 기쁘다, 유쾌하다

■ **高兴**　　　[gāo xìng 까오 씽]

동 즐겁게[기쁘게] 모이다　명 즐거운 모임

□ **欢聚**　　　[huān jù 후안 쮜]

형 즐겁다, 유쾌하다

□ **欢乐**　　　[huān lè 후안 러]

동 즐기다, 애호하다, 좋아하다　명 취미, 기호

□ **爱好**　　　[ài hào 아이 하오]

동 증가하다, 늘어나다, 신장되다, 높아지다

□ **增长**　　　[zēng zhǎng 쩡 장]

동 증가하다, 더하다, 늘리다　명 〈전자〉 증가(augment)

□ **增加**　　　[zēng jiā 쩡 찌아]

(난방용) 증기, 온수, 스팀(steam), 난방설비

□ 暖气　　　[nuǎn qì 누안 치]

명 증명, 증명서, 소개장　동 증명하다

□ 证明　　　[zhèng míng 쩡 밍]

명 증오　동 증오하다, 미워하다

□ 憎恶　　　[zēng wù 쩡 우]

동 증진하다, 늘리다, 증진시키다

□ 增进　　　[zēng jìn 쩡 찐]

동 지각하다, 연착(延着)하다

□ 迟到　　　[chí dào 츠 따오]

명 지갑, 돈지갑, 돈주머니, 돈가방

□ 钱包　　　[qián bāo 치앤 빠오]

명 〈천문〉 지구

□ 地球　　　[dì qiú 띠 치우]

명 지금, 현재, 이제　부 당장, 바로

■ 现在　　　[xiàn zài 씨앤 짜이]

동 지나가다, (시간이) 지나다, 초과하다　명 잘못, 과실

■ 过　　　　[guò 꿔]

명 지난달

■ 上月　　　[shàng yuè 쌍 위에]

동 (꽃잎 등이) 지다, 떨어지다, 〈비유〉 (노인이) 죽다　명 죽음

□ 凋谢　[diāo xiè 띠아오 씨에]

명 지도, 교도, 지도원, 코치　동 지도하다, 교도하다

□ 指导　[zhǐ dǎo 즈 다오]

명 지방 [각급 행정구역의 통칭], 그곳, 그 지방

■ 地方　[dì fāng 띠 팡]

동 지배하다, 지도하다, 안배하다, 할당하다

□ 支配　[zhī pèi 쯔 페이]

동 (돈을) 지불하다[지급하다]　명 지불, 지급

□ 付款　[fù//kuǎn 푸 쿠안]

명 지붕, 옥상

□ 屋顶　[wū dǐng 우 딩]

동 지속하다, 유지하다, 계속하다

□ 持续　[chí xù 츠 쒸]

동 지시를 바라다, (상급 기관에) 물어보다

□ 请示　[qǐng//shì 칭 쓰]

형 지연하다, 느리다, 완만하다

□ 迟缓　[chí huǎn 츠 후안]

명 지원, 원조　동 지원하다, 원조하다

□ 支援　[zhī yuán 쯔 위앤]

명 지원, 포부, 희망, 자원   동 지원하다, 희망하다, 자원하다

□ 志愿   [zhì yuàn 쯔 위앤]

명 지은이, 작자, 저자, 필자

□ 作者   [zuò zhě 쭤 저]

동 (기름에) 지지다, 부치다, (약을) 달이다   양 탕약 달인 횟수

■ 煎   [jiān 찌앤]

동 지지하다, 후원하다, 지탱하다, 견디다

□ 支持   [zhī chí 쯔 츠]

형 지치다, 나른해지다, 피곤하여 맥이 풀리다

□ 疲倦   [pí juàn 피 쮜앤]

형 지치다, 피로하다   명 피로   동 피로해지다

□ 疲劳   [pí láo 피 라오]

동 (어떤 상태를) 지키다, 유지하다

□ 保持   [bǎo chí 바오 츠]

명 〈약칭〉 지하철

■ 地铁   [dì tiě 띠 티에]

명 직업, 일

■ 职业   [zhí yè 즈 예]

명 동 〈농업〉 직파(하다), 〈매스컴〉 생방송[생중계](하다)

□ 直播   [zhí bō 즈 뽀]

명 진공, 진격, 공격 동 진공하다, 공격하다, 공세를 취하다

□ 进攻   [jìn gōng 찐 꽁]

형 진귀하다, 보배롭고 귀중하다

□ 珍贵   [zhēn guì 쩐 꾸이]

동 진력하다, 있는 힘을 다하다

□ 竭力   [jié//lì 지에 리]

명 진리

□ 真理   [zhēn lǐ 쩐 리]

명 진보 동 진보하다 형 진보적이다

□ 进步   [jìn bù 찐 뿌]

명 진실 형 진실하다

□ 真实   [zhēn shí 쩐 스]

형 진실하다, 참되다, 확실하다 명 진면목, 진실 부 정말, 참으로

■ 真   [zhēn 쩐]

동 진압하다, 탄압하다, 〈구어〉처단하다, 사형에 처하다

□ 镇压   [zhèn yā 쩐 야]

동 진열하다, 전시하다

□ 陈列   [chén liè 천 리에]

명 진영, 진지, (군대의) 진, 전쟁터 양 한때, 잠시 동안, 차례

■ 陈   [zhèn 쩐]

동 진정하다, 마음을 가라앉히다   형 냉정하다, 침착하다

□ 镇静   [zhèn jìng 쩐 찡]

형 진짜의, 본고장의, 질이 좋다, 순수하다, 문자그대로

□ 地道   [dì · dao 띠 다오]

동 진찰하다, 치료하다, 문병하다, 〈방언〉 치료나 진찰을 받다

□ 看病   [kàn//bìng 칸 삥]

형 (맛이) 진하다, (농도가) 짙다, 농후하다, (정도가) 깊다, 강렬하다

□ 浓   [nóng 농]

동 진행하다, 거행하다, 개최하다, 개설하다

□ 举办   [jǔ bàn 쥐 빤]

명 진흙, 점토, 흙, 토양(土壤)

□ 泥土   [ní tǔ 니 투]

형 질기다, 오래 쓰다, 오래가다   동 내용하다, 견디다

□ 耐用   [nài yòng 나이 용]

명 〈물리〉 질량, 질과 양, 품질, 질, 질적인 내용

□ 质量   [zhì liàng 쯔 리앙]

명 질문, 문제   동 질문하다, 문제를 내다

□ 提问   [tí wèn 티 원]

명 질병, 병

□ 疾病   [jí bìng 지 삥]

동 질투하다, 샘내다
- 嫉妒 [jí dù 지 뚜]

명 집, 건물
- ■ 房子 [fáng · zi 팡 즈]

동 집안일을 맡아보다, 〈비유〉 지배적인 위치를 차지하다
- 当家 [dāng//jiā 땅 찌아]

동 집에 가다, 귀가하다, 귀성하다, 귀향하다
- 回家 [huí//jiā 후이 찌아]

동 집을 빌리다[세내다] 명 (zū fáng) 빌려 사는 집, 셋집
- 租房 [zū//fáng 쭈 팡]

명 집주인
- 房东 [fáng dōng 팡 똥]

동 집중하다[되다], 모으다, 집결하다, 모이다, (의견 등을) 집약하다
- 集中 [jí zhōng 지 쫑]

동 집합하다, 모이다, (의견 등을) 모으다
- 集合 [jí hé 지 허]

동 집합하다, 한데 모이다, 〈화학〉 중합하다
- 聚合 [jù hé 쮜 허]

동 집행하다, 실행하다, 실시하다 명 〈전자〉 실행(execute)
- 执行 [zhí xíng 즈 싱]

동 짓다, 제조하다, 만들다, 글을 쓰다, 종사하다, (행사를) 치르다

■ 做　　　[zuò 쭤]

명 징벌, 처벌　동 징벌하다, 처벌하다

□ 惩罚　　[chéng fá 청 파]

형 (맛이) 짜다, 소금기가 있다　부 〈문어〉 전부, 모두

■ 咸　　　[xián 시앤]

명 짝사랑　동 짝사랑하다

□ 单相思　[dān xiāng sī 딴 씨앙 쓰]

형 (길이·시간이) 짧다　동 결여되다, 부족하다　명 단점, 흠

■ 短　　　[duǎn 두안]

형 (시간이) 짧다

□ 短暂　　[duǎn zàn 두안 짠]

동 (증기로) 찌다, 데우다, 증발하다, 김이 오르다

□ 蒸　　　[zhēng 쩡]

| 294 |

차

명 차, 〈식물〉 차나무, 음료의 명칭, 찻빛, 담갈색

- 茶　　　　[chá 차]

명 차, 수레, 바퀴가 달린 기구, 기계, 선반(旋盤)　동 선반으로 깎다

- 车　　　　[chē 처]

형 차다, 매우 차다, 차디차다

- 冰涼　　　[bīng liáng 삥 리앙]

명 차도

- 车道　　　[chē dào 처 따오]

접 차라리 (…하는 것이 낫다), 오히려 (…할지언정)

- 宁可　　　[nìng kě 닝 커]

양 차례, 번, 〈방언〉 행(行), 줄, 열(列)　명 행렬, 줄

- 趟　　　　[tàng 탕]

명 차례, 순서　양 번, 차, 횟수　수 제2의, 두 번째의, 다음의

- 次　　　　[cì 츠]

동 차를 타다

- 上车　　　[shàng chē 쌍 처]

명 차별, 구별, 격차

- 差别　　　[chā bié 차 비에]

명 차비, 교통비
□ **车费** [chē fèi 처 페이]

동 차에서 내리다, 하차하다, 부임(赴任)하다
□ **下车** [xià chē 씨아 처]

명 차이
□ **差异** [chā yì 차 이]

명 차이나드레스, 중국 여성이 입는 원피스 모양의 의복
□ **旗袍(儿)** [qí páo(r) 치 파오]

동 (비행기가) 착륙하다, 〈체육〉 착지하다, 터치다운 (touchdown) 하다
□ **着陆** [zhuó//lù 주오 루]

형 착하다, 선량하다, 어질다
□ **善良** [shàn liáng 싼 리앙]

동 찬미하다, 찬양하다
□ **赞美** [zàn měi 짠 메이]

동 찬성하다, 동의하다, 〈문어〉 성공하도록 도와주다
□ **赞成** [zàn chéng 짠 청]

명 찬양, 상찬(賞讚) 동 찬양하다, 칭찬하다
□ **赞扬** [zàn yáng 짠 양]

동 찬양하다, 찬미하다, 칭송하다, 노래하다
□ **歌颂** [gē sòng 꺼 쏭]

🅜 찬조, 협조, 지지 🅓 찬조하다, 협찬하다, 협조하다, 지지하다

□ 赞助　　　[zàn zhù 짠 쭈]

🅓 (조직 · 활동에) 참가하다, 가입하다, 참석하다, (의견을) 제시하다

■ 参加　　　[cān jiā 찬 찌아]

🅜 참관, 견학 🅓 참관하다, 견학하다, 잘 보다

■ 参观　　　[cān guān 찬 꾸안]

🅜 참기름, 향기로운 기름

□ 香油　　　[xiāng yóu 씨앙 요우]

🅜 〈식물〉 참깨, 〈비유〉 깨알같이 작은 것, 사소한 것[일]

□ 芝麻　　　[zhī · ma 쯔 마]

🅓 참다, 참아내다, 견디다, 이겨내다

□ 忍受　　　[rěn shòu 런 쏘우]

🅗 참되다, 진실하다, 확실하다 🅟 정말로, 확실히, 사실은

■ 实在　　　[shí zài 스 짜이]

🅜 〈조류〉 참새, 마작(麻雀)의 다른 이름

□ 麻雀　　　[má què 마 취에]

🅗 참신하다, 아주 새롭다

□ 崭新　　　[zhǎn xīn 잔 씬]

🅜 〈식물〉 참외

□ 甜瓜　　　[tián guā 티앤 꾸아]

명 참을성, 인내심
□ 耐性 [nài xìng 나이 씽]

동 참지 못하다, 견디지 못하다　부 〈전용〉 자기도 모르게
□ 不禁 [bù jīn 뿌 찐]

명 창, 창문
■ 窗户 [chuāng · hu 추앙 후]

명 동 창립(하다), (이론·의견이) 성립(하다), (조직을) 결성(하다), 설치(하다)
□ 成立 [chéng lì 청 리]

명 창립, 창시　동 창립하다, 창시하다
□ 创立 [chuàng lì 추앙 리]

동 창립하다, 창설하다, 시작하다
□ 创办 [chuàng bàn 추안 빤]

명 〈생리〉 창자, 장, 배알, 마음씨, 속마음, 심보, 근성, 소시지
□ 肠子 [cháng · zi 창 즈]

동 (문예 작품을) 창작하다　명 창작, 문예 작품
□ 创作 [chuàng zuò 추앙 쮜]

동 창조하다, 발명하다
□ 创造 [chuàng zào 추앙 짜오]

동 (지하자원을) 채굴하다, 채취하다, 발굴하다, 개발하다
□ 开采 [kāi cǎi 카이 차이]

동 채용하다, 채택하다, 도입하다, 택하다

采用　[cǎi yòng 차이 용]

명 책, 편지, 글씨체, 서류, 문건　동 (글씨를) 쓰다, 기록하다

■ 书　[shū 쑤]

명 책가방

书包　[shū bāo 쑤 빠오]

명 책꽂이, 서가

书架(子)　[shū jià (‧zi) 쑤 찌아 (즈)]

명 책망, 지탄, 질책, 비난　동 책망하다, 질책하다, 비난하다

指责　[zhǐ zé 즈 저]

동 책을 (소리내어) 읽다, 독서하다, 공부[면학]하다

念书　[niàn//shū 니앤 쑤]

명 책임

责任　[zé rèn 저 런]

명 처, 아내, 〈경어〉 부인, 마님, 〈방언〉 증조모나 증조부

■ 太太　[tài‧tai 타이 타이]

명 처녀, 아가씨, 딸

姑娘　[gū‧niang 꾸 니앙]

명 처리, 처분　동 처리[처치]하다, 처분하다, (일을) 안배하다

处理　[chǔ lǐ 추 리]

동 (사무를) 처리하다, 취급하다, 해결하다

□ **办理** [bàn lǐ 빤 리]

동 처리하다, 경영하다, 준비하다 명 사무실(办公室)의 준말

■ **办** [bàn 빤]

동 (법에 의해) 처벌하다

□ **处罚** [chǔ fá 추 파]

명 처분, 처벌 동 〈문어〉 처분하다, 처리하다, (죄인 등을) 처벌하다

□ **处分** [chǔ fèn 추 펀]

명 처음, 애당초 부 처음에, 시초에, 최초에

□ **起初** [qǐ chū 치 추]

명 처음, 원래, 본래 부 처음, 원래, 본래

□ **原先** [yuán xiān 위앤 씨앤]

명 처음, 최초 부 처음에, 최초로 동 시작하다, 개시하다

□ **起头(儿)** [qǐ tóu(r) 치 토우]

양 척, 자 [길이 단위, 寸의 10배] 명 자, 자 모양의 물건

■ **尺** [chǐ 츠]

수 천, 1000 형 〈비유〉 매우 많다

■ **千** [qiān 치앤]

동 천둥이 치다

□ **打雷** [dǎ//léi 다 레이]

명 천만(千萬) 형 〈비유〉 수가 많다 부 제발, 부디, 절대로

■ 千万　　　　　[qiān wàn 치앤 완]

명 천재, 〈문어〉 타고난 재능, 천부적 자질

□ 天才　　　　　[tiān cái 티앤 차이]

명 〈종교〉 천주교

□ 天主教　　　　[Tiān zhǔ jiào 티앤 주 찌아오]

형 천진하다, 순진하다, 꾸밈없다, 유치하다, 단순하다

□ 天真　　　　　[tiān zhēn 티앤 쩐]

동 천천히 걷다, 〈구어〉 (배웅하며) 안녕히 가세요, 살펴 가세요

□ 慢走　　　　　[màn zǒu 만 조우]

부 천천히, 차츰, 느릿느릿

■ 慢慢(儿)　　　[màn màn(r) 만 만]

명 〈천문〉 천체

□ 天体　　　　　[tiān tǐ 티앤 티]

형 철저하다, 투철하다 부 철저히, 투철히

□ 彻底　　　　　[chè dǐ 처 디]

명 첫사랑, 연애한 지 얼마 되지 않은 시기

□ 初恋　　　　　[chū liàn 추 리앤]

명 첫차, 〈비유〉 첫 번째 기회

□ 头班车　　　　[tóu bān chē 토우 빤 처]

명 청구, 요구, 부탁 동 바라다, 청구하다, 부탁하다
- 请求 [qǐng qiú 칭 치우]

명 청년, 젊은이
- 青年 [qīng nián 칭 니앤]

명 청바지, 진스(jeans)
- 牛仔裤 [niú zǎi kù 니우 자이 쿠]

동 청소하다, 소제하다, 치우다, 재고품을 처분하다
- 打扫 [dǎ sǎo 다 사오]

동 (라디오를) 청취하다, (방송을) 듣다
- 收听 [shōu tīng 쏘우 팅]

동 (원조·지지 등을) 청하다, 구하다, 호소하다 명 호소, 요청
- 呼吁 [hū yù 후 위]

동 체결하다, 조인하다, (계약을) 맺다
- 签订 [qiān dìng 치앤 띵]

명 체득, 이해 동 체득하다, 경험하여 알다, 이해하다
- 体会 [tǐ huì 티 후이]

명 체력, 힘
- 体力 [tǐ lì 티 리]

동 (잠시) 체류하다, 머물다, 묵다, 멈추다
- 停留 [tíng liú 팅 리우]

차

동 체면 깎이다, 창피 [망신]당하다, 볼 낯이 없게 되다

□ 丢面子　[diū miàn·zi 띠우 미앤 즈]

동 체면 차리다, 체면을 중시하다

愛面子　[ài miàn·zi 아이 미앤 즈]

동 체면을 세워주다[봐주다]

□ 给面子　[gěi miàn·zi 게이 미앤 즈]

명 체온

□ 体温　[tǐ wēn 티 원]

명 〈체육〉 체조

■ 体操　[tǐ cāo 티 차오]

명 체크아웃(check out) 동 집을 반환하다[내주다], 퇴거하다

□ 退房　[tuì//fáng 투이 팡]

명 체험 동 체험하다

体验　[tǐ yàn 티 옌]

동 체현하다, 구현하다, 반영하다

□ 体现　[tǐ xiàn 티 씨앤]

동 첼로를 연주하다

□ 拉大提琴　[lā dà tí qín 라 따 티 친]

동 쳐들다, 들어 올리다, 일으키다, 선거하다, (예를) 들다 명 거동, 행위

■ 举　[jǔ 쥐]

동 초대에 응하다, 초청을 받아들이다

□ 应邀　　　[yìng yāo 잉 야오]

동 초대하다, 접대하다, 환대하다　명 접대원, 접대인

□ 招待　　　[zhāo dài 짜오 따이]

명 초등학교, 〈문어〉 소학

□ 小学　　　[xiǎo xué 시아오 쉬에]

형 초라하다, 빈약하다, 보잘것없다, 누추하다

□ 简陋　　　[jiǎn lòu 지앤 로우]

명 〈색깔〉 초록색, 녹색, 풀색　형 푸르다, 녹색의, 초록색의

■ 绿　　　　[lǜ 뤼]

명 초원, 풀밭

□ 草原　　　[cǎo yuán 차오 위앤]

명 초인종

□ 门铃　　　[mén líng 먼 링]

형 〈문어〉 초조하다, 애타다, 안달하다

□ 焦急　　　[jiāo jí 찌아오 지]

명 초청, 초대　동 초청하다, 초대하다

□ 邀请　　　[yāo qǐng 야오 칭]

명 〈음역어〉 초콜릿

□ 巧克力　　　[qiǎo kè lì 치아오 커 리]

동 촉진하다, 재촉하다

促进 [cù jìn 추 찐]

양 촌, 치 [길이 단위, 1척(尺)의 1/10] 형 〈비유〉(매우) 짧다, 작다

■ 寸 [cùn 춘]

명 총괄, 개괄 동 총괄하다, 개괄하다

总括 [zǒng kuò 종 쿼]

명 총괄, 총화, 총결산 동 총괄하다, 총화하다, 총결산하다

总结 [zǒng jié 종 지에]

동 총괄하다, 한데 모으다 형 전체의, 우두머리의 부 항상, 결국, 대개

■ 总 [zǒng 종]

형 총명하다, 영리하다, 똑똑하다, 영민하다

■ 聪明 [cōng · ming 총 밍]

명 최고, 으뜸 부 가장, 제일

■ 最 [zuì 쭈이]

명 최근, 근래, 근간 부 (이전부터 지금까지) 줄곧, 내내, 언제나

一向 [yī xiàng 이 씨앙]

명 최초, 처음, 시작 부 처음에, 최초로

起先 [qǐ xiān 치 씨앤]

동 추대하다, 받들어[우러러] 모시다 명 추대

爱戴 [ài dài 아이 따이]

명 추상 형 추상적이다

□ 抽象　　[chōu xiàng 초우 씨앙]

명 추억, 회고, 회상 동 추억하다, 회고하다, 회상하다

□ 回忆　　[huí yì 후이 이]

동 추진하다, 밀고 나아가다, 촉진하다 명 (tuī dòng) 추진, 촉진

□ 推动　　[tuī//dòng 투이 똥]

동 추진하다, 추진시키다, (전선이나 군대가) 밀고 나아가다

□ 推进　　[tuī jìn 투이 찐]

동 추측해서 풀다, 짐작하여 맞추다, 추측하다, 알아맞히다

■ 猜　　[cāi 차이]

형 (용모나 모양이) 추하다, 못생기다, 누추하다

□ 丑陋　　[chǒu lòu 초우 로우]

명 추호, 조금, 극히 적은 수량 [주로 부정문에 쓰임]

□ 丝毫　　[sī háo 쓰 하오]

명 〈체육〉 축구, 축구공

■ 足球　　[zú qiú 주 치우]

명 축구팬, 구기광(球技狂)

□ 球迷　　[qiú mí 치우 미]

동 축소하다, (작게) 줄이다

□ 缩小　　[suō xiǎo 쑤오 시아오]

| 명 축원 동 축원하다

　　□ 祝愿　　[zhù yuàn 쭈 위앤]

| 명 축하 동 축하하다

　　□ 祝贺　　[zhù hè 쭈 허]

| 동 축하하다

　　■ 恭喜　　[gōng xǐ 꽁 시]

| 동 축하하다, 경축하다

　　□ 庆祝　　[qìng zhù 칭 쭈]

| 동 출근하다, 근무하다, 당번 근무를 하다　명 〈문어〉 고관(高官)

　　□ 上班　　[shàng//bān 쌍 빤]

| 동 출렁이다, 흔들리다, (정세·상황이) 동요하다

　　□ 动荡　　[dòng dàng 똥 땅]

| 명 출발 동 출발하다, …을 출발점으로 삼다[기본 입장으로 삼다]

　　□ 出发　　[chū//fā 추 파]

| 동 출발하다, 길을 떠나다

　　□ 起程　　[qǐ chéng 치 청]

| 명 출생 동 출생하다, 태어나다

　　□ 出生　　[chū shēng 추 썽]

| 동 출석을 부르다, 점호를 하다, 지명(指名)하다

　　□ 点名　　[diǎn//míng 디앤 밍]

| 308 |

명 출신, 신분　동 …출신이다

□ 出身　[chū shēn 추 썬]

동 출장하다, (임시 업무 처리를 위해) 파견되다　명 (chū chāi) 출장

□ 出差　[chū//chāi 추 차이]

명 출판　동 출판하다

□ 出版　[chū bǎn 추 반]

동 출현하다, 나타나다

□ 出现　[chū xiàn 추 씨앤]

형 춥다, 차다, 냉담하다, 생소하다　동 식히다, 차게 하다

■ 冷　[lěng 렁]

동 충고하여 그만두게 하다, 단념시키다, 말리다

□ 劝阻　[quàn zǔ 취앤 주]

명 충돌, 모순　동 충돌하다, 모순되다

□ 冲突　[chōng tū 총 투]

명 충동　동 흥분하다, 충동되다, 격해지다

□ 冲动　[chōng dòng 총 똥]

형 충분하다

□ 充分　[chōng fèn 총 펀]

형 (수량·시간 등이) 충분하다, 넉넉하다　부 충분히, 대단히

■ 够　[gòu 꼬우]

조동 충분히 …할 수 있다, …할 줄 안다, (허가의 의미로) …할 수 있다

■ **能够** [néng gòu 넝 꺼우]

형 충성스럽다, 충실하다, 성실하다

□ **忠诚** [zhōng chéng 쫑 청]

형 충실하다, 충직하다, 진실하다, 참되다

□ **忠实** [zhōng shí 쫑 스]

형 충실하다, 풍부하다 동 채워 넣다, 보강[강화]하다

□ **充实** [chōng shí 총 스]

형 충족하다, 충분하다

□ **充足** [chōng zú 총 주]

동 취득하다, 얻다, 획득하다 명 〈전자〉 인출(fetch)

□ **取得** [qǔ dé 취 더]

동 취재하다, 탐방하다, 인터뷰하다

□ **采访** [cǎi fǎng 차이 팡]

동 (방침·태도 등을) 취하다, 채택하다, 채용하다

□ **采取** [cǎi qǔ 차이 취]

명 층(계), 계층 형 겹겹의, 중첩한 양 층, 겹, (사항 등의) 가지

■ **层** [céng 청]

동 (손바닥으로) 치다, (전보를) 보내다 명 채, 라켓, 〈음악〉 박자

■ **拍** [pāi 파이]

동 치다, 깨뜨리다, 공격하다, 쌓다, 묶다, 만들다, 찍다, 때리다
■ 打 [dǎ 다]

동 치다, 때리다, 두드리다, 공격하다, 타격을 주다　명 타격, 공격
□ 打击 [dǎ jī 다 찌]

동 치다, 두드리다, 때리다, 〈구어〉 속이다, 사기치다, 속여서 빼앗다
□ 敲 [qiāo 치아오]

동 (사람을) 치다, 때리다, 구타하다
□ 殴 [ōu 오우]

명 치료　동 치료하다
□ 治疗 [zhì liáo 쯔 리아오]

명 치마, 스커트
■ 裙子 [qún · zi 췬 즈]

명 (옷 등의) 치수, 사이즈, 길이, 〈구어〉 법도(法度), 분별
□ 尺寸 [chǐ · cun 츠 춘]

명 치약
■ 牙膏 [yá gāo 야 까오]

명 치즈
□ 干酪 [gān lào 깐 라오]

명 치통(齒痛)　형 이가 아프다
□ 牙疼 [yá téng 야 텅]

명 친구, 벗, 동무, 연인, 애인

■ 朋友 [péng · you 펑 요우]

형 친근하다, 가깝다, 친밀하다 동 친밀하게 지내다, 친해지다

□ 亲近 [qīn jìn 친 찐]

형 친밀하다, 다정하다, 친절하다 동 친하게 지내다

□ 亲热 [qīn rè 친 러]

명 친목 형 친하다, 사이가 좋다, 정답다

□ 亲睦 [qīn mù 친 무]

형 친밀하다, 사이가 좋다

□ 亲密 [qīn mì 친 미]

형 친절하다, 친근하다, 다정다감하다 명 친절, 친함, 친근감

□ 亲切 [qīn qiè 친 치에]

명 친척, 〈문어〉 부모형제, 일가족, 친밀함, 친한 관계

□ 亲戚 [qīn · qī 친 치]

명 칠판, 흑판

■ 黑板 [hēi bǎn 헤이 반]

명 침구, 이불과 요

□ 被褥 [bèi rù 뻬이 루]

명 침낭, 슬리핑 백(sleeping bag)

□ 睡袋 [shuì dài 쑤이 따이]

명 침대(bed), 물건을 놓는 대(臺), 평상, 〈전용〉 가게 양 채, 자리

- **床**　　　　[chuáng 추앙]

명 침략 동 침략하다

- 侵略　　　　[qīn lüè 친 뤼에]

동 침략하여 점령하다, 점거하다, (남의 재물을) 점유하다, 침해하다

- 侵占　　　　[qīn zhàn 친 짠]

명 동 침묵(하다) 형 과묵하다, 입이 무겁다, 말이 적다

- 沉默　　　　[chén mò 천 모]

명 침범 동 침범하다, 침입하다

- 侵犯　　　　[qīn fàn 친 판]

동 침수하다, 물이 스며들다

- 浸水　　　　[jìn shuǐ 찐 수이]

명 침실

- 卧室　　　　[wò shì 워 쓰]

명 침입, 침투 동 침입하다, 침투하다

- 侵入　　　　[qīn rù 친 루]

형 침착하다 동 〈의료〉 (색소 등이) 침착하다

- 沉着　　　　[chén zhuó 천 주오]

형 침착하다, 신중하다, 듬직하다, 평온하다

- 沉稳　　　　[chén wěn 천 원]

형 침착하다, 차분하다, (시간·경제적으로) 여유가 있다

□ 从容　　　[cóng róng 총 롱]

동 침투하다, 스미다, (속속들이) 배다, (흠뻑) 적시다

□ 浸透　　　[jìn tòu 찐 토우]

명 칩거　동 〈문어〉 칩거하다

□ 蛰居　　　[zhé jū 저 쮜]

명 칫솔

□ 牙刷　　　[yá shuā 야 쑤아]

명 칭찬, 찬양　동 칭찬하다, 찬양하다

□ 称赞　　　[chēng zàn 청 짠]

명 칭호

□ 称号　　　[chēng hào 청 하오]

명 칼, 〈구어〉 작은 칼
- 刀子 　[dāo · zi 따오 즈]

명 커튼, 블라인드
- 窗帘 　[chuāng lián 추앙 리앤]

명 〈음역어〉 커피나무, 커피(coffee)
- 咖啡 　[kā fēi 카 페이]

명 커피숍
- 咖啡厅 　[kā fēi tīng 카 페이 팅]

명 컴퓨터(computer)
- 电脑 　[diàn nǎo 띠앤 나오]

명 케이블카
- 缆车 　[lǎn chē 란 처]

명 〈음역어〉 케이에프씨(KFC Corporation)
- 肯德基 　[Kěn dé jī 컨 더 찌]

명 케이크(cake), 카스텔라
- 蛋糕 　[dàn gāo 딴 까오]

명 코, 〈문어〉 (기물의) 코
- 鼻子 　[bí · zi 비 즈]

［명］〈동물〉코끼리, 형상(形状), 모양　［동］모방하다, 흉내 내다

■ **象** 　 [xiàng 씨앙]

［명］(오버) 코트, 외투

■ **大衣** 　 [dà yī 따 이]

［동］코피를 흘리다, 코피가 나다

□ **流鼻血** 　 [liú bí xuè 리우 비 쒸에]

［명］〈음역어〉콜라 [＊코카콜라(可口可乐)·펩시콜라(百事可乐)]

□ **可乐** 　 [kě lè 커 러]

［동］콧물이 나다, 콧물을 흘리다

□ **流鼻涕** 　 [liú bí tì 리우 비 티]

［명］〈식물〉콩, 대두, 대두의 종자

□ **大豆** 　 [dà dòu 따 또우]

［형］쾌적하다, 편안하다, 아늑하다, 안락하다, 기분이 좋다

□ **舒适** 　 [shū shì 쑤 쓰]

［형］쾌활하다, 즐겁다, 유쾌하다

□ **快活** 　 [kuài · huo 콰이 후오]

［동］크게 하다, 제한을 없애다, 넓히다, 놓아주다, 석방하다

□ **放开** 　 [fàng · kāi 팡 카이]

［명］크기, 큰 것과 작은 것, 대소, 어른과 아이, (친족 간의) 존비

□ **大小** 　 [dà xiǎo 따 시아오]

카

| 317 |

형 크다, 높다, 극도의, 최고의　부 너무, 정말, 대단히, 그다지

■ 太　[tài 타이]

형 크다, 많다, (힘 등이) 세다, 서열이 높다　부 매우, 몹시

■ 大　[dà 따]

명 클래식 음악

□ 古典音乐　[gǔ diǎn yīn yuè 구 디앤 인 위에]

명 클릭(click)　동 클릭하다

□ 点击　[diǎn jī 디앤 찌]

형 키가 작다

□ 个子矮　[gè · zi ǎi 꺼 즈 아이]

형 키가 작다, (높이가) 낮다, 낮추다, (등급·지위 등이) 낮다

■ 矮　[ǎi 아이]

형 키가 크다

□ 个子高　[gè · zi gāo 꺼 즈 까오]

명 〈전자〉 키보드, 〈음악〉 건반, 키보드

□ 键盘　[jiàn pán 찌앤 판]

동 키스하다, 입 맞추다

□ 亲吻　[qīn wěn 친 원]

양 킬로그램 (kg)

■ 公斤　[gōng jīn 꽁 찐]

통 (말 등을) 타다, 올라타다, 〈전용〉 (두 물건의) 양쪽에 걸치다

- 骑　　　　[qí 치]

통 타도하다, 쳐부수다, 때려눕히다

□ 打倒　　　[dǎ//dǎo 다 다오]

통 (제한·구속 등을) 타파하다, 때려 부수다, 깨다

□ 打破　　　[dǎ pò 다 포]

통 타파하다, 배제하다

□ 破除　　　[pò chú 포 추]

명 타협 통 타협하다, 의견이 맞다, 단합되다

□ 妥协　　　[tuǒ xié 투오 시에]

명 〈체육〉 탁구, 탁구공

- 乒乓球　　　[pīng pāng qiú 핑 팡 치우]

명 탁자, 테이블

- 桌子　　　[zhuō·zi 쭈오 즈]

통 탄복하다, 감탄하다

□ 佩服　　　[pèi·fú 페이 푸]

명 〈화학〉 탄수화물, 설탕, 사탕, 엿, 사탕과자, 캔디

- 糖　　　　[táng 탕]

| 동 | (무력으로) 탈취하다, 강탈하다, 빼앗다, 애써 얻다, 쟁취하다 |

□ 夺取　　[duó qǔ 두오 취]

| 동 | 탐색하다, 찾다, 조사하다 |

□ 探索　　[tàn suǒ 탄 수오]

| 동 | 탓하다, 책망하다　| 형 | 이상[괴상]하다　| 부 | 아주, 매우　| 명 | 괴물 |

■ 怪　　[guài 꽈이]

| 명 | 〈체육〉 태권도 |

□ 跆拳道　　[Tái quán dào 타이 취앤 따오]

| 명 | 태극권 |

□ 太极拳　　[tài jí quán 타이 지 취앤]

| 명 | (일·생활 등의) 태도, 기풍, (작가의) 작풍, 풍격, 수법 |

□ 作风　　[zuò fēng 쭤 펑]

| 명 | 태양, 해, 햇볕, 햇빛, 햇살, 일광 |

■ 太阳　　[tài yáng 타이 양]

| 동 | 태어나다, 낳다, 자라다　| 형 | 살아있는, 설(익)다　| 명 | 일생, 생명 |

■ 生　　[shēng 썽]

| 동 | 태어나다, 출생하다, 탄생하다, 생기다, 나오다 |

□ 诞生　　[dàn shēng 딴 썽]

| 동 | 태우다, 불사르다, 끓이다, 굽다, (음식을) 볶다　| 명 | 열(熱) |

■ 烧　　[shāo 싸오]

타

명 택시

■ 出租汽车　[chū zū qì chē 추 쭈 치 처]

명 '택시 기사'를 풍자해 부르는 말

□ 的哥　[dí gē 디 꺼]

명 털, 초목, 털실　형 거칠다, 대략적이다　동 (화폐 가치가) 떨어지다

■ 毛　[máo 마오]

명 〈체육〉 테니스, 테니스공

■ 网球　[wǎng qiú 왕 치우]

명 텔레비전(television)

■ 电视　[diàn shì 띠앤 쓰]

명 TV 방송국

□ 电视台　[diàn shì tái 띠앤 쓰 타이]

명 〈동물〉 토끼

□ 兔　[tù 투]

명 〈건축〉 토대, 기초, 기반, (사물 발전의) 기초[근본]

□ 基础　[jī chǔ 찌 추]

명 토론, 의논　동 토론하다, 의논하다

■ 讨论　[tǎo lùn 타오 룬]

명 〈식물〉 토마토

□ 西红柿　[xī hóng shì 씨 홍 쓰]

囱 토막, 조각, 기간, 단계, 단락, 대목　명 수단, 방법

■ 段　　　　　　[duàn 뚜안]

동 통과하다, 지나가다, 채택되다　개 (tōng guò) …을 통하여[거쳐]

□ 通过　　　　　[tōng//guò 통 꿔]

명 통신(문), 뉴스, 기사　동 통신하다

□ 通汛　　　　　[tōng xùn 통 쒼]

명 통신, 서신 왕래　동 서신 왕래하다, 〈전자〉 통신하다

□ 通信　　　　　[tōng//xìn 통 씬]

명 통오리구이

□ 烤鸭(子)　　　[kǎo yā (·zi) 카오 야 (즈)]

명 통일　동 통일하다　형 일치하다, 단일하다, 통일적인

■ 统一　　　　　[tǒng yī 통 이]

명 통지, 통고서, 연락　동 통지하다, 알리다

□ 通知　　　　　[tōng zhī 통 쯔]

명 통치, 지배　동 통치하다, 다스리다, 지배하다

□ 统治　　　　　[tǒng zhì 통 쯔]

동 통치하다, 관리하다, 다스리다, 정비하다, 정리하다

□ 治理　　　　　[zhì lǐ 쯔 리]

동 (전화가) 통화중이다

□ 占线　　　　　[zhàn//xiàn 짠 씨앤]

타

| 323 |

동 퇴근하다, 근무시간이 끝나다 명 (xià bān) 다음 조(組)

□ 下班　　[xià//bān 씨아 빤]

동 퇴원하다

□ 出院　　[chū//yuàn 추 위앤]

동 퇴장하다 명 (tuìc hǎng) 퇴장

□ 退场　　[tuì//chǎng 투이 창]

명 〈지리〉 퇴적 동 쌓아 올리다, 쌓이다, 밀리다

□ 堆积　　[duī jī 뚜이 찌]

동 퇴직하다, 사직하다 명 퇴직

□ 退职　　[tuì//zhí 투이 즈]

동 퇴치하다, 제거하다, 청소하다, 숙청하다 명 청소

□ 扫除　　[sǎo chú 사오 추]

동 투고하다 명 (tóu gǎo) 투고

□ 投稿　　[tóu//gǎo 토우 가오]

동 투신하다, 헌신하다

□ 投身　　[tóu shēn 토우 썬]

동 투입하다, 넣다, 뛰어들다, 참가하다, 돌입하다, 집중하다

□ 投入　　[tóu rù 토우 루]

동 투자하다 명 (tóu zī) 투자, 투자금

□ 投资　　[tóu//zī 토우 쯔]

타

동 투표하다 명 (tóu piào) 투표
□ 投票 [tóu//piào 토우 피아오]

명 투항 동 투항하다
□ 投降 [tóu xiáng 토우 시앙]

동 (기름에) 튀기다, 〈방언〉 (야채를) 데치다
□ 炸 [zhá 자]

동 (물방울·흙탕물 등이) 튀다, 튀기다
□ 濺 [jiàn 찌앤]

동 튕기다, (솜을) 타다, (손가락으로) 튀기다, (악기를) 치다
□ 弾 [tán 탄]

명 트럭(truck), 화물차
□ 卡车 [kǎ chē 카 처]

명 특기, 장기, 특색, 장점
□ 特长 [tè cháng 터 창]

형 특별하다, 비상한, 예사롭지 않다 부 대단히, 매우, 극도로
□ 非常 [fēi cháng 페이 창]

형 특별하다, 특이하다, 별다르다 부 매우, 아주, 특별히, 특히
■ 特别 [tè bié 터 비에]

부 특별히, 각별히, 일부러, 모처럼
□ 特地 [tè dì 터 띠]

형 특수하다, 특별하다　동 특별 대우하다, 특별 취급하다

　　□ **特殊**　　　[tè shū 터 쑤]

형 (신체가) 튼튼하다, 단단하다, 건장하다, (물건이) 질기다

　　■ **结实**　　　[jiē · shi 찌에 스]

형 틀린, 잘못된　명 잘못, 실수, 틀린 행위

　　□ **错误**　　　[cuò wù 춰 우]

형 틀림없다, 맞다, 그렇다, 정확하다, 〈구어〉 좋다, 괜찮다

　　■ **不错**　　　[bù cuò 뿌 춰]

동 틀어막(히)다, 채우다, 밀어[쑤셔] 넣다　명 뚜껑, 마개

　　□ **塞**　　　[sāi 싸이]

명 〈구어〉 팁(tip)

　　□ **小费**　　　[xiǎo fèi 시아오 페이]

세

파

- 명 〈식물〉 파 형 푸르다, 새파랗다
  - □ 蔥　　　　　[cōng 총]
- 동 파견하다, 보내다
  - □ 派遣　　　　[pài qiǎn 파이 치앤]
- 동 파괴[파손]하다, 훼손하다, (규정 등을) 위반하다, 타파하다
  - □ 破坏　　　　[pò huài 포 화이]
- 명 파도, 물결
  - □ 波浪　　　　[bō làng 뽀 랑]
- 명 〈물리〉 파동 동 동요하다, 술렁거리다, 기복이 있다
  - □ 波动　　　　[bō dòng 뽀 똥]
- 동 파멸하다, (환상이나 희망이) 깨지다, 사라지다
  - □ 破灭　　　　[pò miè 포 미에]
- 동 파생하다, 갈라져 나오다
  - □ 派生　　　　[pài shēng 파이 썽]
- 명 파손 동 파손하다, 파손되다
  - □ 破损　　　　[pò sǔn 포 순]
- 동 파악하다, 정통하다, 주관하다, 관리하다, 장악하다, 지배하다
  - □ 掌握　　　　[zhǎng · wò 장 워]

명 파티, 연회

□ 宴会　[yàn huì 옌 후이]

명 〈동물〉 판다(panda)

□ 熊猫　[xióng māo 시옹 마오]

명 팔

□ 胳膊　[gē · bo 꺼 보]

동 팔다, 판매하다, 팔아먹다[배반하다], (자신을) 과시하다, 자랑하다

■ 卖　[mài 마이]

동 팔아서 돈을 만들다, 팔려서 돈이 되다, 장사가 잘 되다

□ 卖钱　[mài//qián 마이 치앤]

명 패스트푸드, 인스턴트 식품, 즉석 음식

□ 快餐　[kuài cān 콰이 찬]

명 패스트푸드점, 즉석 음식점

□ 快餐厅　[kuài cān tīng 콰이 찬 팅]

명 팩스(fax), 초상(화)　동 초상화를 그리다, 사진을 전송하다

□ 传真　[chuán zhēn 추안 쩐]

형 팽팽하다, 단단하다, 급박하다, (생활이) 어렵다　동 바짝 죄다, 아끼다

■ 紧　[jǐn 진]

명 펜, 만년필, (등사용) 철필

■ 钢笔　[gāng bǐ 깡 비]

파

| 329 |

동 펴다, 늘어놓다, 보다, 과장하다　양 장, 개 [평면인 것을 셀 때]

■ 张　　　[zhāng 짱]

동 펴다, 펼치다, 벌이다, 전개하다, 진행하다

□ 展开　　　[zhǎn//kāi 잔 카이]

명 편도

□ 单程　　　[dān chéng 딴 청]

형 편리하다　동 편리하게 하다

□ 便利　　　[biàn lì 삐앤 리]

형 편리하다, 적당[넉넉]하다　동 (대소)변을 보다, 편의를 꾀하다

□ 方便　　　[fāng biàn 팡 삐앤]

형 (마음이) 편안하고 후련하다, 널찍하고 쾌적하다, 넓고 평평하다

□ 宽舒　　　[kuān shū 쿠안 쑤]

형 (육체·정신이) 편안하다, 가뿐하다, 안락하다, 쾌적하다

□ 舒服　　　[shū·fu 쑤 푸]

명 편지 봉투

□ 信封(儿)　　　[xìn fēng(r) 씬 펑]

명 편집, 편찬, 편집인, 편집자　동 편집하다, 편찬하다

□ 编辑　　　[biān jí 삐앤 지]

동 펼치다, 뻗다, 늘이다, 펴다　형 분명하다, 즐겁다, 멋있다

□ 伸展　　　[shēn zhǎn 썬 잔]

명 평가 통 평가하다

□ 评价　[píng jià 핑 찌아]

형 평범하다

□ 平凡　[píng fán 핑 판]

명 〈문어〉 평범한 사람, 용재, 범재(凡才)

□ 庸才　[yōng cái 용 차이]

명 평소, 평상시 형 평범하다, 일반적이다, 보통이다

□ 平常　[píng cháng 핑 창]

부 평소, 평상시, 보통 때, 여느 때

□ 平时　[píng shí 핑 스]

형 평안하다, 편안하다, 안일하다, 무사하다

□ 平安　[píng' ān 핑 안]

형 평온하다, 조용하다, 고요하다, 평정하다, 진정시키다

□ 平静　[píng jìng 핑 찡]

명 평원, 벌판

□ 平原　[píng yuán 핑 위앤]

명 〈생리〉 폐, 폐장

□ 肺脏　[fèi zàng 페이 짱]

통 (법령·조약 등을) 폐지하다, 파기하다, 취소하다

□ 废除　[fèi chú 페이 추]

파

동 폐기하다, 녹여 없애다, 소각하다

□ 销毁   [xiāo huǐ 씨아오 후이]

동 (판결 · 계약 등을) 폐지하다, 취소하다, 철회하다, 해임하다

□ 撤销   [chè xiāo 처 씨아오]

동 포괄하다, 포함하다, 일괄하다

□ 包括   [bāo kuò 빠오 쿼]

동 (권리 · 주장 · 의견 등을) 포기하다, 철회하다, 버리다

□ 放弃   [fàng qì 팡 치]

동 포기하다, 단념하다, 희망을 버리다, 마음을 확실히 정하다

□ 死心   [sǐ//xīn 스 씬]

동 포기하다, 폐기[폐지]하다   형 쓸데없다, 불구의, 황폐하다

□ 废   [fèi 페이]

명 〈식물〉 포도, 포도나무

□ 葡萄   [pú · táo 푸 타오]

명 포도주, 와인

□ 葡萄酒   [pú · táo jiǔ 푸 타오 지우]

동 (컴퓨터를) 포멧하다, 초기화하다

□ 格式化   [gé · shi huà 거 스 화]

동 포장하다, 짐을 묶다, 포장을 풀다, 음식점에서 남은 음식을 싸주다

□ 打包   [dǎ//bāo 다 빠오]

동 포함하다, 참다

　□ 包含　[bāo hán 빠오 한]

동 폭로하다, 까발리다

　□ 揭露　[jiē lù 찌에 루]

동 폭로하다, 드러내다

　□ 暴露　[bào lù 빠오 루]

명 폭포

　□ 瀑布　[pù bù 푸 뿌]

명 폭풍우, 〈비유〉 급격한 변화, 혼란

　□ 暴风雨　[bào fēng yǔ 빠오 펑 위]

명 표, 증서, 지폐, 증명서, 유가증권　양 〈방언〉 한 건(件)

　■ 票　[piào 피아오]

명 표면, 겉, 외견, 외관

　□ 表面　[biǎo miàn 비아오 미앤]

동 표명하다, 분명히 하다, 분명하게 보이다[나타내다]

　□ 表明　[biǎo míng 비아오 밍]

동 (의사를) 표시하다, 표명하다, 가리키다　명 표정, 기색

　■ 表示　[biǎo shì 비아오 쓰]

명 (사격·공격 등의) 표적, 목표물, 목적, 목표

　□ 目标　[mù biāo 무 삐아오]

명 표정, 안색, 의기양양함　형 기운차다, 생기가 넘치다

□ 神气　[shén · qì 선 치]

명 표준, 기준, 표준 규격　형 표준[규범]적이다, 정확하다

□ 标准　[biāo zhǔn 삐아오 준]

명 표창, 칭찬, 표양　동 표창하다, 칭찬하다, 표양하다

□ 表扬　[biāo yáng 비아오 양]

명 표현, 태도, 품행, 행동　동 표현하다, 나타내다, 과시하다

□ 表现　[biāo xiàn 비아오 씨앤]

동 (생각 · 감정 등을) 표현하다, 나타내다

□ 表达　[biāo dá 비아오 다]

명 풀, 짚, 초서, 필기체, 초고, 초안　형 거칠다, 조잡하다, 어설프다

■ 草　[cǎo 차오]

명 품격, 성품, 품행, (문학이나 예술 작품의) 풍격

□ 品格　[pǐn gé 핀 거]

명 품성, 인품, 소질, 품질

□ 品质　[pǐn zhì 핀 쯔]

명 풍격, 품격, 기풍 , (예술 작품에 표현된) 특징

□ 风格　[fēng gé 펑 거]

명 풍도, 풍채, 훌륭한 태도, 풍모

□ 风度　[fēng dù 펑 뚜]

[형] (인력·물자 등이) 풍부하다, 충분하다, 매우 든든하다
- 雄厚 [xióng hòu 시옹 호우]

[형] 풍부하다, 많다, 풍족하다 [동] 풍부하게[넉넉하게] 하다
- 丰富 [fēng fù 펑 푸]

[형] 풍부하다, 성대하다, 풍성하다, 호화롭다, 무성하다
- 丰盛 [fēng shèng 펑 썽]

[명] 풍속, 풍습
- 风俗 [fēng sú 펑 수]

[동] 풍자하다, 비아냥[빈정]거리다, 비난하다, 비웃다, 비꼬다
- 讥讽 [jī fěng 찌 펑]

[명] 풍작, 다수확
- 丰产 [fēng chǎn 펑 찬]

[명] 풍작 [동] 풍작이 들다
- 丰收 [fēng shōu 펑 쏘우]

[명] 풍채, 의표, 의용(儀容), 계기(計器), 계량기, 미터(meter)
- 仪表 [yí biǎo 이 비아오]

[명] (중국식) 프라이팬, 냄비, 솥
- 锅 [guō 꾸오]

[명] 프런트 데스크
- 服务台 [fú wù tái 푸 우 타이]

동 프린트하다, 인쇄하다

- **打印** [dǎ yìn 다 인]

명 플랫폼(platform), (옥외의) 테라스

□ **月台** [yuè tái 위에 타이]

명 〈전기〉 플러그(plug)

□ **插头** [chā tóu 차 토우]

명 〈구어〉 피, 혈액

- **血** [xiě 시에]

형 피곤하다, 지치다, 힘들다 동 피곤하게 하다, 수고를 끼치다

- **累** [lèi 레이]

동 (꽃이) 피다, 개방하다, 개항하다, 공개하다, 해제하다

- **开放** [kāi fàng 카이 팡]

형 피동적이다, 수동적이다

□ **被动** [bèi dòng 뻬이 똥]

형 피로하다, 피곤하다, 지치다, (기능이) 약해지다 명 피곤, 피로

□ **疲乏** [pí fá 피 파]

명 피부

□ **皮肤** [pí fū 피 푸]

명 PC방, 인터넷 카페

□ **网吧** [wǎng bā 왕 빠]

동 피아노를 치다

□ 弹钢琴　[tán gāng qín 탄 깡 친]

명 〈음역어〉 피자(pizza)

□ 比萨饼　[bǐ sà bǐng 비 싸 빙]

명 〈음역어〉 피자 헛(Pizza Hut)

□ 必胜客　[Bì shèng kè 삐 썽 커]

동 피하다, 모면하다, 피면하다

□ 避免　[bì miǎn 삐 미앤]

동 피할 수 없다, 면하기 어렵다, …하지 않을 수 없다, 불가피하다

□ 免不了　[miǎn · bu liǎo 미앤 부 리아오]

부 필경, 결국, 드디어, 어차피

□ 毕竟　[bì jìng 삐 찡]

명 필름(film)

□ 胶片　[jiāo piàn 찌아오 피앤]

명 필명, 펜네임(pen name)

□ 笔名　[bǐ míng 비 밍]

명 (생활) 필수품

□ 必需品　[bì xū pǐn 삐 쒸 핀]

형 필연적이다　부 반드시, 꼭, 필연적으로　명 〈철학〉 필연

□ 必然　[bì rán 삐 란]

파

| 337 |

명 필요 형 필요(로)하다

□ 必要　　　[bì yào 삐 야오]

동 필적하다, 적수가 되다　양 필 (옷감), 마리 (말)　형 단독의

■ 匹　　　[pǐ 피]

명 필통, 필갑

□ 笔盒(儿)　　[bǐ hé(r) 비 허]

동 핍박하다

□ 逼迫　　　[bì pò 삐 포]

명 〈생리〉 핏줄, 혈관

□ 血管(儿)　　[xuè guǎn(r) 쒸에 구안]

동 핑계[구실]로 삼다, 빙자하다　명 (jiè kǒu) 핑계, 구실

□ 借口　　　[jiè//kǒu 찌에 코우]

동 하강하다, 떨어지다, 내려앉다, (기온·물가 등이) 낮아지다

□ 下降　　[xià jiàng 씨아 찌앙]

동 …하게 보이다, …인 것처럼 보이다, (어떠한 상황이) 드러나다

□ 显得　　[xiǎn·de 시앤 더]

조 …하고 있(는 중이)다, …한 채로 있다, …하면서 …하다

■ 着　　[·zhe 저]

접 …하기보다, …하느니 (차라리)

□ 与其　　[yǔ qí 위 치]

수 하나, 1　명 첫째, 첫 번째　형 같다, 다른, 또 하나의, 모든, 하나의

■ 一　　[yī 이]

부 …하는 김에

□ 顺便(儿)　　[shùn biàn(r) 쑨 삐앤]

명 하늘, 공중

□ 天空　　[tiān kōng 티앤 콩]

명 하늘, 천공, 꼭대기 부분, 하루, 날씨　형 타고난, 자연의

■ 天　　[tiān 티앤]

동 (어떤 활동을) 하다, 진행하다, 행진하다, 전진하다

□ 进行　　[jìn xíng 찐 싱]

동 (일을) 하다, 담당하다　명 (나무의) 줄기, (사물의) 주체

- 干　　　　　　[gàn 깐]

동 하다, 마련하다, (…을) 만들다, 어떤 관계를 맺다

- 搞　　　　　　[gǎo 가오]

동 하다, 행하다, …로 삼다　개 …에게 …당하다[하게 되다]

- 为　　　　　　[wéi 웨이]

동 …하도록 (재촉)하다, …하게 하다

□ 促使　　　　[cù shǐ 추 스]

명 〈전자〉 하드웨어(hardware), (생산 · 연구 등의) 기계 설비 및 장비

硬件　　　　[yìng jiàn 잉 찌앤]

조동 …하려고 하다, …할 작정이다　명 동 계획(하다), 타산(하다)

- 打算　　　　[dǎ · suan 다 수안]

명 하루 종일, 온종일

- 整天　　　　[zhěng tiān 정 티앤]

부 하마터면, 자칫하면, 거의　형 조금 다르다, 조금 뒤떨어지다

□ 差点儿　　　[chà//diǎnr 차 디앨]

접 하물며, 게다가, 더구나

□ 况且　　　　[kuàng qiě 쾅 치에]

접 하물며, 더군다나

□ 何况　　　　[hé kuàng 허 쿠앙]

하

| 341 |

명 하이힐, 굽이 높은 구두

□ 高跟(儿)鞋 [gāo gēn(r) xié 까오 껀 시에]

…하지 마라, …해서는 안 된다, 바라지[요구하지] 않다, 필요없다

■ 不要 [bù yào 뿌 야오]

명 학교

■ 学校 [xué xiào 쉬에 씨아오]

명 학기

□ 学期 [xué qī 쉬에 치]

명 학년

■ 年级 [nián jí 니앤 지]

명 학생, 견습생, 실습생, 〈방언〉 사내 아이

■ 学生 [xué · sheng 쉬에 성]

명 학습, 공부 동 배우다, 학습하다, 본받다, 모방하다

■ 学习 [xué xí 쉬에 시]

명 학점, 성적, 점수

□ 学分 [xué fēn 쉬에 펀]

동 한 곳에 모이다, 가까이 가다, 아쉬운 대로 지내다 형 형편이 좋다

□ 凑合 [còu · he 초우 허]

동 …한 뒤에 정하다[하기로 하다] 접 게다가, 덧붙여 말하자면

□ 再说 [zài shuō 짜이 쑤오]

| 형 | 한 쌍의, 짝수의, 두 배의, 갑절의 | 양 | 쌍, 켤레

■ 双   [shuāng 쑤앙]

| 명 | 한방약(漢方藥), 한약, 중국 의약

□ 中药   [zhōng yào 쫑 야오]

| 부 | 한창 …하고 있는 중이다, 마침 …하고 있다, 바야흐로

□ 正在   [zhèng zài 쩡 짜이]

| 명 | 〈구어〉 한평생, 일생(一生)

□ 一辈子   [yī bèi · zi 이 뻬이 즈]

| 조동 | …할 수 있다, …해도 좋다, …할 가치가 있다 | 형 | 좋다

■ 可以   [kě yǐ 커 이]

| 동 | …할 지경이다, …정도에 이르다 | 개 | …로 말하면

□ 至于   [zhì yú 쯔 위]

| 부 | …할 필요가 없다, …하지 마라, …하여도 소용없다

□ 甭   [béng 벙]

| 부 | …할 필요가 없다, …하지 마라

■ 不必   [bù bì 뿌 삐]

| 명 | 〈구어〉 할머니, 〈경어〉 할머니와 같은 항렬·같은 연배의 부인

■ 奶奶   [nǎi · nai 나이 나이]

| 명 | 할아버지, 조부, 〈경어〉 할아버지와 같은 연배의 어른에 대한 존칭

■ 爷爷   [yé · ye 예 예]

하

| 동 함께 일하다, 한 직장에서 일하다　명 (tóng shì) 직장 동료, 동업자

　　□ 同事　　　[tóng//shì 퉁 쓰]

| 동 (영토를) 함락당하다, 적에게 점령당하다

　　□ 失陷　　　[shī xiàn 쓰 씨앤]

| 동 합격하다

　　□ 及格　　　[jí//gé 지 거]

| 동 (시험에) 합격하다

　　■ 考上　　　[kǎo//shàng 카오 쌍]

| 형 합리적이다, 도리에 맞다

　　□ 合理　　　[hé lǐ 허 리]

| 동 합치다, 겸유하다, 나란히 하다　부 함께, 일제히　접 또한, 게다가

　　■ 并　　　　[bìng 삥]

| 명 항공

　　□ 航空　　　[háng kōng 항 콩]

| 명 〈물리〉 항력, 저항, 저항력, 방해, 장애물

　　□ 阻力　　　[zǔ lì 주 리]

| 부 항상, 늘, 종종, 언제나

　　□ 常常　　　[cháng cháng 창 창]

| 명 항의　동 항의하다

　　□ 抗议　　　[kàng yì 캉 이]

동	(배·비행기가) 항행하다

□ 航行　　[háng xíng 항 싱]

명	해, 세월, 〈문어〉 시간, 한 해의 수확, 작황	양	세, 살 [나이 셀 때]

■ 岁　　[suì 쑤이]

동	해결하다, 풀다, (적을) 소멸시키다, 없애 버리다

■ 解决　　[jiě jué 지에 쥐에]

조	…해라 (명령), …하자 (건의·재촉), …이지? (추측)

■ 吧　　[·ba 바]

동	해를 끼치다, 손해를 주다, 손상시키다, 침해하다

□ 损害　　[sǔn hài 순 하이]

동	(정치적으로) 해방되다, 자유롭게 되다, (속박에서) 벗어나다

□ 解放　　[jiě fàng 지에 팡]

명	해변, 해안, 바닷가

□ 海滨　　[hǎi bīn 하이 삔]

명	해산, 해체	동	해산하다, 흩어지다, (조직을) 해체하다

□ 解散　　[jiě sàn 지에 싼]

부	…해서는 안 된다, …할 수가 없다	접미	(·bu·de) …하지 마라

□ 不得　　[bù dé 뿌 더]

조동	〈구어〉 …해야 한다, …일 것이다	형	〈방언〉 만족하다, 편안하다

□ 得　　[[děi 데이]

하

동 해치다, 해를 끼치다, 손상시키다 명 위해, 해, 해독

□ 危害　　　[wēi hài 웨이 하이]

명 〈음역어〉 해커(hacker)

□ 黑客　　　[hēi kè 헤이 커]

동 〈불교〉 해탈하다, 벗어나다, (죄나 책임 등을) 벗다, 회피하다

□ 解脱　　　[jiě tuō 지에 투오]

명 핸드백, 손가방

□ 手提包　　[shǒu tí bāo 소우 티 빠오]

명 (중국식) 햄(ham)

□ 火腿　　　[huǒ tuǐ 후오 투이]

명 〈음역어〉 햄버거(hamburger)

□ 汉堡包　　[hàn bǎo bāo 한 바오 빠오]

동 행동하다, 처세하다, (올바른) 사람이 되다 명 사람 됨됨이

□ 做人　　　[zuò rén 쭤 런]

명 행복 형 행복하다

■ 幸福　　　[xìng fú 씽 푸]

명 행위, 거동, 보람 동 …로 여기다[삼다], 〈전용〉 …의 신분이다

□ 作为　　　[zuò wéi 쭤 웨이]

명 행인, 통행인, 여행자

□ 行人　　　[xíng rén 싱 런]

명 향락 동 향락하다, 즐거워하다
□ 享乐　　　[xiāng lè 시앙 러]

명 향수
□ 香水(儿)　　[xiāng shuǐ(r) 씨앙 수이]

형 허다한, 대단히[매우] 많은, 좋다, 상당하다
■ 许多　　　[xǔ duō 쉬 뚜오]

명 허리, 바지의 허리 부분, 허리에 차는 주머니, (사물의) 중간
□ 腰　　　　[yāo 야오]

형 허심하다, 겸허하다
□ 虚心　　　[xū xīn 쒸 씬]

형 (신체가) 허약하다, 쇠약하다 동 (세력이) 약해지다
□ 衰弱　　　[shuāi ruò 쑤아이 뤄]

명 허위, 거짓 형 허위의, 거짓의, 허위적이다
□ 虚假　　　[xū jiǎ 쒸 지아]

명 허위, 거짓, 위선 형 허위적이다, 위선적이다, 거짓이다
□ 虚伪　　　[xū wěi 쒸 웨이]

동 헐뜯다, 낮게 평가하다, 얕잡아보다
□ 贬低　　　[biǎn dī 비앤 띠]

명 헤어드라이어(hair dryer)
□ 吹风机　　[chuī fēng jī 추이 펑 찌]

하

명 〈신체〉 혀, 적의 정보를 캐기 위하여 잡아 온 적의 보초병

- 舌头　　　[shé·tou 서 토우]

명 혁신　동 혁신하다

□ 革新　　　[gé xīn 거 씬]

명 현금, 은행 금고에 보존되어 있는 화폐

□ 现金　　　[xiàn jīn 씨앤 찐]

명 현대, 〈역사〉 현대

- 现代　　　[xiàn dài 씨앤 따이]

명 현실　형 현실적이다, 실질적이다

□ 现实　　　[xiàn shí 씨앤 스]

형 현저하다, 두드러지다, 뚜렷하다

□ 显著　　　[xiǎn zhù 시앤 쭈]

동 혐오하다, 싫어하다

□ 厌恶　　　[yàn wù 옌 우]

명 협력, 제휴　동 협력하다, 제휴하다

□ 协作　　　[xié zuò 시에 쭤]

명 협상, 협의　동 협상하다, 협의하다

□ 协商　　　[xié shāng 시에 쌍]

형 (범위나 도량 등이) 협소하다, 좁고 작다

□ 狭小　　　[xiá xiǎo 시아 시아오]

명 동 협조(하다), 협력(하다), 합작(하다), 제휴(하다)

■ **合作**   [hé zuò 허 쭤]

명 형, 오빠, 친척 형, 친척 오빠

■ **哥哥**   [gē · ge 꺼 거]

명 (구체적인) 형상, 모양, (문학작품 속의) 형상, 이미지(image)

形象   [xíng xiàng 싱 씨앙]

동 형성하다, 이루다, 구성하다

□ **形成**   [xíng chéng 싱 청]

명 형세, 상황, 정세(情勢), 기세, 형편, 지세(地勢), 지형

□ **形势**   [xíng shì 싱 쓰]

명 형식, 형태

□ **形式**   [xíng shì 싱 쓰]

명 형제, 형과 동생

■ **兄弟**   [xiōng dì 씨옹 띠]

명 형태, 모양, 〈언어〉 단어(單語)의 어형(語形) 변화 형식

□ **形态**   [xíng tài 싱 타이]

형 호기심이 많다 동 신기한 것을 좋아한다

□ **好奇**   [hào qí 하오 치]

명 〈동물〉 호랑이

■ **老虎**   [lǎo hǔ 라오 후]

명 〈식물〉 호박

□ 南瓜 [nán guā 난 꾸아]

명 호소 동 호소하다

□ 号召 [hào zhào 하오 짜오]

명 호수

□ 湖 [hú 후]

동 호위하다 명 호위병

□ 护卫 [hù wèi 후 웨이]

명 호응, 응답, 공명 동 (제창·호소 등에) 호응하다, 응답하다

□ 响应 [xiǎng yìng 시앙 잉]

명 호전 동 (일·병세 등이) 호전되다

□ 好转 [hǎo zhuǎn 하오 주안]

명 (의복의) 호주머니, 부대, 자루

■ 口袋(儿) [kǒu·dai(r) 코우 다이]

명 호텔, 영빈관, (시설이 좋고 큰) 여관

□ 宾馆 [bīn guǎn 삔 구안]

동 호흡하다, 큰소리로 외치다, 부르다, 호출하다 의 획획, 윙윙

□ 呼 [hū 후]

명 혼란, 혼돈 형 혼란하다, 문란하다

□ 混乱 [hùn luàn 훈 롼]

동 혼합하다, 한데 섞다 명 〈화학〉 혼합

□ 混合 [hùn hé 훈 허]

동 홀로 서다, 독립하다, 독자적으로 하다 명 독립

□ 独立 [dú lì 두 리]

명 〈전자〉 홈페이지(home page)

□ 网页 [wǎng yè 왕 예]

명 홍차

□ 红茶 [hóng chá 홍 차]

형 홑의, 단일의, 홀수의, 혼자의 부 단지, 오로지, 혼자서

■ 单 [dān 딴]

명 화가

□ 画家 [huà jiā 화 찌아]

동 화내다, 성내다 명 (shēng qì) 생기, 생명력, 활력

■ 生气 [shēng//qì 썽 치]

동 화내다, 언짢아하다, 골나다, 고의로 다투다, 화나게[언짢게] 하다

□ 怄气 [òu//qì 오우 치]

형 화목(和睦)하지 않다, 불화하다

□ 不和 [bù hé 뿌 허]

명 화물, 물품, 상품

□ 货物 [huò wù 훠 위]

명 화병, 울화병, (마음 속의) 걱정, 근심, 수심

□ 心病　　[xīn bìng 씬 삥]

명 〈의학〉 화상　동 화상을 입다

□ 烧伤　　[shāo shāng 싸오 쌍]

명 화장실, 변소

□ 洗手间　　[xǐ shǒu jiān 시 소우 찌앤]

명 화장지, 휴지

□ 卫生纸　　[wèi shēng zhǐ 웨이 썽 즈]

명 화제, 이야기의 주제

□ 话题　　[huà tí 화 티]

명 화학 실험, 화학 분석　동 화학 실험을 하다

□ 化验　　[huà yàn 화 옌]

동 화해하다, 화목해지다　형 화목하다

□ 和好　　[hé hǎo 허 하오]

형 (입장·의지 등이) 확고하다　동 굳히다

□ 坚定　　[jiān dìng 찌앤 띵]

동 확대하다, 넓히다

□ 扩大　　[kuò dà 쿼 따]

동 확산하다, 뿌리다, 퍼뜨리다, 확산시키다

□ 扩散　　[kuò sàn 쿼 싼]

형 확실하다, 진실하다 부 확실히, 정말로, 진실로

□ **确实** [què shí 취에 스]

부 확실히, 정확히, 참으로, 정말, 실로

□ **的确** [dí què 디 취에]

형 확정적이다, 명확하다, 확고하다 동 확정하다, 확실히 하다

□ **确定** [què dìng 취에 띵]

동 확충하다, 증대하다

□ **扩充** [kuò chōng 쿼 총]

동 환대하다, 후하게 대접하다, 정중히 대접하다

□ **款待** [kuǎn dài 쿠안 따이]

명 환상 동 환상하다

□ **幻想** [huàn xiǎng 환 시앙]

동 환영하다, 즐겁게 받아들이다

■ **欢迎** [huān yíng 후안 잉]

명 환영회

□ **欢迎会** [huān yíng huì 후안 잉 후이]

명 환자, 병자

□ **病人** [bìng rén 삥 런]

동 환전하다, 돈을 바꾸다, (물건을) 돈으로 바꾸다

□ **换钱** [huàn//qián 환 치앤]

하

형 환하다, 밝다, 빛나다, 반짝거리다, 명백하다, 분명하다

□ 明亮　　　[míng liàng 밍 리앙]

형 활동적이다, 활기 차다　동 활약하다, 활기를 띠게 하다

□ 活跃　　　[huó yuè 후오 위에]

형 활발하다, 생기있다, 활기가 넘치다, 〈화학〉 반응도가 높다

□ 活泼　　　[huó · po 후오 포]

명 활보　동 활보하다, 성큼성큼 걷다

□ 阔步　　　[kuò bù 쿼 뿌]

동 (꽃이) 활짝 피다, 만발하다

□ 盛开　　　[shèng kāi 썽 카이]

부 황급히, 황망히　형 황망하다, 황급하다

□ 慌忙　　　[huāng máng 후앙 망]

명 회, 생선회

□ 生鱼片　　　[shēng yú piàn 썽 위 피앤]

명 회담　동 회담하다

□ 会谈　　　[huì tán 후이 탄]

명 회답, 대답　동 회답하다, 대답하다

□ 回答　　　[huí dá 후이 다]

명 〈전기〉 회로망, 네트워크(network), 망상(網狀) 조직[계통]

■ 网络　　　[wǎng luò 왕 뤄]

동 회복하다[되다], 되찾다
□ 恢复 [huī fù 후이 푸]

명 회사, 기업
■ 公司 [gōng sī 꽁 쓰]

명 회상 동 회상하다, 돌이켜 보다
□ 回想 [huí xiǎng 후이 시앙]

동 회수하다, 되찾다, (의견·제의·명령 등을) 취소하다, 철회하다
□ 收回 [shōu//huí 쏘우 후이]

명 회의, 의심 동 회의하다, 의심을 품다, 추측하다
□ 怀疑 [huái yí 후아이 이]

명 (huì huà) 회화, 그림 동 그림을 그리다
□ 绘画 [huì//huà 후이 화]

동 획득하다, 얻다, 거두다
□ 获得 [huò dé 훠 더]

명 횡단보도
□ 人行横道 [rén xíng héng dào 런 싱 헝 따오]

명 효과, 효능, 〈연극·영화〉 효과
□ 效果 [xiào guǒ 씨아오 구오]

명 〈식물〉 후추, 후추씨
□ 胡椒 [hú jiāo 후 찌아오]

하

退后   [tuì hòu 투이 호우]

동 후퇴하다, 물러나다

后退   [hòu tuì 호우 투이]

명 후회 동 후회하다

后悔   [hòu huǐ 호우 후이]

형 훌륭하다, 멋지다, 근사하다, 다채롭다

精彩   [jīng cǎi 찡 차이]

동 (외모·복장 등을) 훑어보다, 관찰하다, (…라고) 생각하다

打量   [dǎ·liang 다 리앙]

동 훼멸하다, 파멸시키다, 근절하다, 섬멸[박멸]하다

毁灭   [huǐ miè 후이 미에]

형 휘황(찬란)하다, 눈부시다

辉煌   [huī huáng 후이 후앙]

명 휴가 기간, 방학 기간

假期   [jià qī 찌아 치]

명 휴대폰, 핸드폰

手机   [shǒu jī 소우 찌]

명 휴식, 휴양, 휴업 동 휴식하다, 휴양하다, 휴업하다

休息   [xiū·xi 씨우 시]

명 흉작, 흉년 형 흉작이다, 흉년이다

　　□ 欠收　　　[qiàn shōu 치앤 쏘우]

동 흐르다, 이동하다, 퍼지다 명 흐름, 물결, 부류, 종류

　　■ 流　　　[liú 리우]

명 흠, 결함, 부족, 결핍 형 흠이 있다, 결함이 있다, 부족하다

　　□ 欠缺　　　[qiàn quē 치앤 취에]

동 (양분을) 흡수하다, (사상·구성원 등을) 받아들이다

　　□ 吸收　　　[xī shōu 씨 쏘우]

동 흡수하다, 섭취하다, 받아들이다, 빨아들이다

　　□ 吸取　　　[xī qǔ 씨 취]

동 흥(성)하다, 유행하다, 성행시키다, 일으키다, 일어나다

　　□ 兴　　　[xīng 씽]

동 흥[기분]이 깨지다, 흥취가 사라지다

　　□ 扫兴　　　[sǎo//xìng 사오 씽]

명 흥미, 취미, 흥취, 재미, 의향, 의욕

　　□ 兴趣　　　[xìng qù 씽 취]

형 흥미를 느끼다

　　□ 感兴趣　　　[gǎn xìng qù 간 씽 취]

명 〈생리〉 흥분, 자극 동 흥분하다, 감격하다, 감동하다

　　□ 兴奋　　　[xīng fèn 씽 펀]

하

동 흩뿌리다, 살포하다, 떨어뜨리다, 쏟다, 엎지르다, 흘리다

□ 撒　　　[sǎ 사]

동 흩어져 없어지다, 산실되다, (에너지·수분 등이) 없어지다

□ 散失　　[sàn shī 싼 쓰]

명 〈연극〉 희극

□ 喜剧　　[xǐ jù 시 쮜]

형 희다, 하얗다, 순수하다　부 헛되이, 공연히, 공짜로, 무료로

■ 白　　　[bái 바이]

명 희망, 바람, 기대, 소망　동 희망하다, 바라다, 기대하다

■ 希望　　[xī wàng 씨 왕]

형 희미하다, 분명치 않다, 어렴풋하다, 은은하다

□ 隐约　　[yǐn yuē 인 위에]

명 희생, 재물용 가축　동 희생하다

□ 牺牲　　[xī shēng 씨 썽]

명 희열　형 기쁘다, 즐겁다

□ 喜悦　　[xǐ yuè 시 위에]

동 히히덕거리다, 낄낄거리고 웃다, 장난치며 웃다

□ 嬉笑　　[xī xiào 씨 씨아오]

명 (육체적인) 힘, 체력, 완력

□ 力气　　[lì·qi 리 치]

| 명 힘, 에너지, 사기, 태도, 기색, 흥미 | 접미 …함, …하기 |

□ 劲(儿)   [jìn(r) 찐]

| 명 힘, 능력, 역량, 세기, 세력, 작용, 효력, 병력 |

□ 力量   [lì·liang 리 리앙]

| 형 힘겹다, 어렵고 막중하다 |

□ 艰巨   [jiān jù 찌앤 쮜]

| 동 〈문어〉 힘껏 피하다, 애써 벗어나다 |

□ 力避   [lì bì 리 삐]

| 동 〈문어〉 힘써 노력하다, 추구하다, 되도록 힘쓰다 |

□ 力求   [lì qiú 리 치우]

| 동 힘을 다하다, 최선을 다하다 |

□ 尽力   [jìn//lì 찐 리]

| 형 힘이 없다, 무력하다 |

□ 无力   [wú lì 우 리]

| 형 힘이 있다, 힘이 세다, 강력하다, 유력하다 |

□ 有力   [yǒu lì 요우 리]

하

구르는 돌에는 이끼가 끼지 않는다.
流水不腐, 户枢不蠹。
[liú shuǐ bù fǔ, hù shū bú dú 리우수이뿌푸, 후쑤부두]

개미구멍이 둑을 무너뜨린다.
千里长堤, 溃於蚁穴。
[qiān lǐ cháng dī, kuì yú yǐ xué 치앤리창띠, 쿠이위이쉬에]

집안이 화목해야 만사가 잘 된다.
家内和睦万事亨通。
[jiā nèi hé mù wàn shì hēng tōng 찌아네이허무 완쓰헝퉁]

젊어서 고생은 사서도 한다.
少年吃苦花钱买。
[shǎo nián chī kǔ huā qián mǎi 사오니앤츠쿠 후아치앤마이]

범의 굴에 들어가야 범을 잡는다.
不入虎穴, 焉得虎子?
[bú rù hǔ xué, yān dé hǔ zǐ 부루후쉬에, 이앤더후즈]

천리 길도 한걸음부터다.
千里之行, 始於足下。
[qiān lǐ zhī xíng, shǐ yú zú xià 치앤리쯔싱, 스위주씨아]

발 없는 말이 천리를 간다.
说话没脚走千里。
[shuō huà méi jiǎo zǒu qiān lǐ 쑤오화메이 지아오조우치앤리]

부록 | 책속의 책

현대 중국어 사용빈도순
필수 중국어 상용한자 2500자

중국한자는 중국어 학습의 기본! ○ ○

중국어 학습에서 빼놓을 수 없는 것이 바로 중국한자입니다. 중국 사람들에게도 한자는 배우고 익히기에 만만치 않은 글자인데, 그래서 중국어를 배울 때 가장 큰 걱정 중 하나가 그 많은 한자를 어떻게 외워야 되는가 하는 것입니다. 이처럼 중국한자는 중국어 학습의 기본으로 중국한자를 모르고서는 중국어의 달인이 될 수 없습니다.

이 책에서는 현대 중국어 빈도순 필수 중국어 상용한자 2,500자를 수록하여 중국어회화 학습의 기틀을 다지도록 하였습니다. 한자는 최대 8, 9만자에 이르지만, 실제로 중국 사람들이 일상생활에서 많이 사용하는 한자는 2,500자 정도로, 이 정도의 한자만 익힌다면 실생활에서 중국어를 쓰는데 별 문제가 없습니다.

Point 1 필수 중국어 상용한자 2500자 수록!!

현대 중국어에서 사용 빈도가 높은 필수 중국어 상용한자 2,500자를 수록하였습니다. 이 책에 수록한 한자는 '중국언어문자공작위원회'와 '국가교육위원회' 등에서 선정한 최신 자료를 참고하여 선정, 정리하였습니다. 이 정도의 한자만 익힌다면 기초 중국어는 물론 중급 수준 이상의 중국어 실력을 갖출 수 있습니다.

Point 2   필수 중국어 상용한자 2500자 수록!!

한자를 많이 알고 있다고 생각하는 사람들도 막상 중국에 가보면 간판이나 주변에 보이는 한자 가운데 모르는 한자가 너무 많다는 것을 알 수 있습니다. 우리가 알고 있고 흔히 쓰는 한자를 번체자(繁体字)라 하고, 이것을 단순화시켜 간략하게 줄여 만든 한자를 약자(略字)라는 의미로 간체자(简体字)라고 하는데, 현재 중국에서는 번체자를 쓰지 않고 이 간체자를 쓰고 있습니다. 이 책에서는 중국어 학습을 위한 한자의 기초를 확실히 다지고 학습효과를 높이기 위해서, 각 한자는 간체자와 번체자 순으로 배치하였습니다.

Point 3   필수 중국어 상용한자 2500자 수록!!

중국에서는 뜻글자인 한자의 발음을 로마자로 표기하여 쉽고 정확하게 발음을 익힐 수 있도록 하였습니다. 중국어 발음부호라고 할 수 있는 '한어병음(漢語拼音)'은 한어병음방안(漢語拼音方案)에 따라 표음부호로서 공식 제정되어 표준말의 보급에 절대적인 공헌을 하고 있습니다. 이 책에서는 각 한자의 중국어 발음과 성조, 한자의 뜻과 음을 함께 표기하였습니다. 2,500자의 한자 발음만 익히면 중국 전적의 95% 정도를 읽을 수 있을 것입니다.

的	的	de, dì | 더, 띠
		[조사]/과녁 적

一	一	yī | 이
		하나 일

了	了	le, liǎo | 러, 리아오
		[어조사] 료

是	是	shì | 쓰
		옳다 시

不	不	bù | 뿌
		아니다 불/부

我	我	wǒ | 워
		나 아

在	在	zài | 짜이
		~에(서)/있다 재

有	有	yǒu | 요우
		가지다, 있다 유

人	人	rén | 런
		사람 인

这	這	zhè | 쩌
		이(것) 저

他	他	tā | 타
		그(사람) 타

们	們	men | 먼
		~들, 무리 문

来	來	lái | 라이
		오다 래

个	個	gè, ge | 꺼, 거
		낱, 개, 명 개

上	上	shàng, shang | 쌍, 상
		지난(번), 위 상

地	地	de, dì | 더, 띠
		[조사]/땅 지

大	大	dà | 따
		크다, 많다 대

着	着	zhe, zháo, zhuó | 저, 자오, 주오
		~하고 있다, 붙다, 입다 착

就	就	jiù | 찌우
		곧, 이루다, 나아가다 취

你	你	nǐ | 니
		너 니

说	說	shuō, shuì | 쑤오, 쑤이 말하다 설/설득하다 세	那	那	nà | 나 저, 그 나

说 說 shuō, shuì | 쑤오, 쑤이
말하다 설/설득하다 세

到 到 dào | 따오
~까지, 이르다 도

和 和 hé, hè, huo | 허, 후오
화하다, 합치다 화

子 子 zǐ | 즈
아들 자

要 要 yào, yāo | 야오
중요하다/요구하다 요

里 裏 lǐ | 리
속, 안, 가운데/리 리

么 麼 me | 머
[접미사]/그런가 마

得 得 de, dé | 더
[조사]/얻다 득

去 去 qù, qu | 취
가다 거

也 也 yě | 이에
[어조사]/~도 야

那 那 nà | 나
저, 그 나

会 會 huì, kuài | 후이, 콰이
모이다/합계 회

主 主 zhǔ | 주우
주인 주

时 時 shí | 스
때 시

出 出 chū | 추
나가다 출

下 下 xià | 씨아
아래 하

国 國 guó | 구오
나라 국

过 過 guò, guo | 꿔, 구오
지나다, 초월하다 과

为 爲 wèi, wéi | 웨이
하다/위하여 위

好 好 hǎo, hào | 하오
좋다, 좋아하다 호

看	看	kàn, kān | 칸 보다/지키다 간	
生	生	shēng | 생 낳다 생	
可	可	kě | 커 가하다 가	
以	以	yǐ | 이 ~로(써), ~에서 이	
还	還	hái, huán | 하이, 후안 아직, 돌아오다, 뒤돌아보다 환	
学	學	xué | 쉬에 배우다 학	
起	起	qǐ | 취 일어나다 기	
都	都	dōu, dū | 또우,뚜 모두/수도 도	
年	年	nián | 니앤 해, 년 년	
小	小	xiǎo | 시아오 작다 소	

没	没	méi, mò | 메이, 모 없다/숨다 몰	
能	能	néng | 넝 능하다, 잘하다, 재능 능	
多	多	duō | 뚜오 많다 다	
天	天	tiān | 티앤 하늘 천	
工	工	gōng | 꽁 일꾼, 작업 공	
家	家	jiā | 찌아 집 가	
把	把	bǎ, bà | 바, 빠 쥐다/자루 파	
动	動	dòng | 똥 움직이다 동	
用	用	yòng | 용 쓰다 용	
对	對	duì | 뚜이 옳다, 대답하다 대	

中	中	zhōng, zhòng | 쭝 가운데, 적중하다 중	
作	作	zuò | 쭤 하다, 여기다 작	
自	自	zì | 쯔 자기, 스스로, ~부터 자	
发	發	fā | 파 보내다 발	
又	又	yòu | 요우 또, 다시 우	
同	同	tóng, tòng | 퉁 같다 동	
民	民	mín | 민 백성 민	
面	麵	miàn | 미앤 국수/얼굴 면	
想	想	xiǎng | 시앙 생각하다, ~하려고 하다 상	
样	樣	yàng | 양 모양 양	

成	成	chéng | 청 이루다 성	
义	義	yì | 이 정의 의	
后	後	hòu | 호우 뒤, 후 후	
她	她	tā | 타 그녀 타	
头	頭	tóu, tou | 토우 머리 두	
经	經	jīng | 찡 지나다 경	
产	産	chǎn | 찬 낳다 산	
道	道	dào | 따오 길, 도로 도	
十	十	shí | 스 열, 십 십	
什	甚	shén, shí | 선, 스 무엇 심/열, 십 십	

进	進	jìn | 찐 나아가다 **진**	
心	心	xīn | 씬 마음 **심**	
现	現	xiàn | 씨앤 현재 **현**	
然	然	rán | 란 그러할 **연**	
只	隻	zhǐ, zhǐ | 쯔 마리, 쪽, 짝 **척**/다만 **지**	
种	種	zhōng, zhòng | 종, 쭝 종/심다 **종**	
老	老	lǎo | 라오 늙다, 노인 **로**	
事	事	shì | 쓰 일, 일하다 **사**	
从	從	cóng | 총 따르다, ~부터 **종**	
分	分	fēn, fèn | 펀 나누다/성분 **분**	

前	前	qián | 치앤 앞 **전**	
些	些	xiē | 씨에 조금, 약간 **사**	
点	點	diǎn | 디앤 점, 방울 **점**	
开	開	kāi | 카이 열다 **개**	
而	而	ér | 얼 [접속사] **이**	
很	很	hěn | 헌 매우 **흔**	
方	方	fāng | 팡 네모, 막 **방**	
于	於	yú | 위 [어조사]/~에(서) **어**	
行	行	xíng, háng | 싱, 항 가다 **행**/줄, 열 **항**	
长	長	cháng, zhǎng | 창, 장 길다, 어른, 자라다 **장**	

见	見	jiàn | 찌앤 보이다/의견 견	气	氣	qì | 치 기체 기
水	水	shuǐ | 수이 물 수	问	問	wèn | 원 묻다 문
两	兩	liǎng | 리앙 둘 량	它	它	tā | 타 그(것), 저(것) 타
走	走	zǒu | 조우 걷다 주	给	給	gěi, jǐ | 게이, 지 ~에게 공급하다 급
高	高	gāo | 까오 높다 고	手	手	shǒu | 소우 손 수
三	三	sān | 싼 셋 삼	全	全	quán | 취앤 완전하다 전
象	象	xiàng | 씨앙 형상 상	部	部	bù | 뿌 부분 부
回	回	huí | 후이 돌다, 번 회	二	二	èr | 얼 둘 이
实	實	shí | 스 충실하다 실	力	力	lì | 리 힘 력
当	當	dǎng, dàng | 땅 ~이 되다, 간주하다 당	正	正	zhèng, zhēng | 쩡 바르다/정월 정

定 定	dìng / 띵 정하다 정	知 知	zhī / 쯔 알다 지
意 意	yì / 이 뜻, 생각 의	物 物	wù / 우 물건 물
命 命	mìng / 밍 명하다 명	理 理	lǐ / 리 이치, 결 리
几 幾	jǐ, jī / 지, 찌 몇/거의 기	声 聲	shēng / 썽 소리 성
机 機	jī / 찌 기계 기	等 等	děng / 덩 기다리다, 같다 등
党 黨	dǎng / 당 정당, 파벌 당	打 打	dǎ, dá / 다 치다, 때리다, 공격하다 타
所 所	suǒ / 수오 장소, 하는바 소	话 話	huà / 화 말, 이야기 화
向 向	xiàng / 씨앙 향하다 향	本 本	běn / 번 근본 본
战 戰	zhàn / 짠 싸우다 전	社 社	shè / 써 단체 사
己 己	jǐ / 지 자기 기	边 邊	biān / 삐앤 가, 방면 변

		wài	와이				ne	너
外	外		바깥 **외**		呢	呢		[의문조사] **니**
法	法	fǎ	파 / 법, 방법 **법**		使	使	shǐ	스 / 시키다, 부리다 **사**
化	化	huà	화 / 변하다 **화**		重	重	zhòng, chóng	쫑, 총 / 무겁다, 겹치다 **중**
之	之	zhǐ	쯔 / [조사] ~의/[지시] 이/가다 **지**		叫	叫	jiào	찌아오 / ~하게 하다, 부르짖다 **규**
如	如	rú	루 / 같다, 같게 하다 **여**		身	身	shēn	썬 / 몸, 스스로 **신**
情	情	qíng	칭 / 감정 **정**		間	間	jiān, jiàn	찌앤 / 사이, 중간/틈 **간**
候	候	hòu	호우 / 때, 기다리다 **후**		業	業	yè	예 / 일/이미 **업**
眼	眼	yǎn	이앤 / 눈 **안**		反	反	fǎn	판 / 반대의 **반**
无	無	wú	우 / 없다 **무**		真	真	zhēn	쩐 / 진실하다 **진**
但	但	dàn	딴 / 다만, 그러나 **단**		明	明	míng	밍 / 밝다, 알다 **명**

		tīng	팅	
听	聽		듣다	청

		cái	차이	
才	才		재능, 비로소	재

		fàng	팡	
放	放		놓아주다	방

		gé	거	
革	革		바꾸다	혁

		lù	루	
路	路		길, 도로	로

		sì	쓰	
四	四		넷	사

		bié	비에	
别	別		다르다/나누다	별

		zuò	쭤	
做	做		만들다, 되다	주

		zhì	쯔	
志	志		뜻, 의지	지

		wén	원	
文	文		글, 문자	문

		yǐ	위	
已	已		이미	이

		jí	지	
级	級		등급	급

		zěn	전	
怎	怎		어째서	즘

		zuì	쭈이	
最	最		가장	최

		bā	빠	
吧	吧		[어조사]	파

		liàng, liáng	리앙	
量	量		용량, 양/헤아리다, 재다	량

		diàn	띠앤	
电	電		전기	전

		chē	처	
车	車		차	차

		xiān	씨앤	
先	先		먼저	선

		mā	마	
妈	媽		엄마	마

新	新	xīn 씬 / 새롭다 신	体	體	tǐ 티 / 몸 체
口	口	kǒu 코우 / 입, 입구 구	少	少	shǎo, shào 사오, 싸오 / 적다, 잃다/젊다 소
干	幹	gàn 깐 / 줄기, (일 등을)하다 간	山	山	shān 싼 / 산 산
军	軍	jūn 쮠 / 군대 군	代	代	dài 따이 / 대신하다 대
制	製	zhì 쯔 / 만들다, 제도 제	五	五	wǔ 우 / 다섯 오
度	度	dù, duó 뚜, 두오 / 법칙 도/짐작하다 탁	政	政	zhèng 쩡 / 정치 정
解	解	jiě 지에 / 이해하다, 풀다 해	阶	階	jiē 찌에 / 계단 계
活	活	huó 후오 / 살다 활	光	光	guāng 꾸앙 / 빛, 영광, 빛내다 광
加	加	jiā 찌아 / 더하다 가	门	門	mén 먼 / 문 문
因	因	yīn 인 / 인하다, ~때문에 인	员	員	yuán 위앤 / 종사원 원

住	住	zhù | 쭈 살다 주	第	第	dì | 띠 차례, 제 제
常	常	cháng | 창 자주, 보통 상	应	應	yīng, yìng | 잉 ~해야 한다, 대답하다 응
关	關	guān | 꾸안 닫다, 관계 관	条	條	tiáo | 티아오 가지, 조목 조
各	各	gè | 꺼 여러, 각각 각	太	太	tài | 타이 몹시, 매우 타
原	原	yuán | 위앤 최초의, 본래 원	合	合	hé | 허 합치다 합
比	比	bǐ | 비 비교하다, ~보다 비	争	爭	zhēng | 쩡 다투다 쟁
月	月	yuè | 위에 달 월	吃	吃	chī | 츠 먹다 흘
建	建	jiàn | 찌앤 세우다 건	利	利	lì | 리 이롭다 리
变	變	biàn | 삐앤 바뀌다 변	再	再	zài | 짜이 다시 재
次	次	cì | 츠 순서, 횟수 차	果	果	guǒ | 구오 과실 과

表 表	biǎo | 비아오 겉, 나타내다/시계 표	提 提	tí | 티 들다, 내다 제
立 立	lì | 리 서다 립	平 平	píng | 피잉 평평하다 평
快 快	kuài | 콰이 빠르다 쾌	百 百	bǎi | 바이 백 백
题 題	tí | 티 제목 제	东 東	dōng | 똥 동쪽 동
西 西	xī | 씨 서쪽 서	领 領	lǐng | 링 이끌다/목, 옷깃 령
总 總	zǒng | 종 늘, 총괄하다 총	性 性	xìng | 씽 성질 성
思 思	sī | 쓰 생각하다 사	您 您	nín | 닌 당신, 귀하 니
由 由	yóu | 요우 ~부터, 원인 유	书 書	shū | 쑤 책, 적다 서
结 結	jié, jiē | 지에, 찌에 매다/(씨앗을)맺다 결	队 隊	duì | 뚜이 행렬, 팀, 무리 대
白 白	bái | 바이 흰색/헛되다 백	花 花	huā | 후아 꽃/쓰다 화

| 375 |

亲 親	qīn 친 친하다 **친**	完 完	wán 완 완전하다 **완**
被 被	bèi 뻬이 이불, 덮다 **피**	科 科	kē 커 과, 조목 **과**
决 決	jué 쥐에 결정하다/결코 **결**	其 其	qí 치 그(의) **기**
教 教	jiào, jiāo 찌아오 가르치다 **교**	啊 啊	a, ā 아 [어조사] **아**
论 論	lùn 룬 논하다 **론**	展 展	zhǎn 잔 펼치다 **전**
内 內	nèi 네이 안, 내부 **내**	许 許	xǔ 쉬 허락하다/쯤, 가량 **허**
跟 跟	gēn 껀 ~와/뒤꿈치 **근**	资 資	zī 쯔 재물 **자**
吗 嗎	ma 마 [어조사] **마**	者 者	zhě 저 자, 것 **자**
相 相	xiāng, xiàng 씨앙 서로/외모 **상**	公 公	gōng 꿍 공공의 **공**
笑 笑	xiào 씨아오 웃다 **소**	更 更	gèng, gēng 껑 더욱 **갱**/바꾸다 **경**

带	帶	dài	따이
		띠/지니다 **대**	

风	風	fēng	펑
		바람 **풍**	

线	線	xiàn	씨앤
		실, 선 **선**	

九	九	jiǔ	지우
		아홉 **구**	

导	導	dǎo	다오
		인도하다 **도**	

造	造	zào	짜오
		만들다 **조**	

呀	呀	yā, ya	야
		(감탄) 아! 야! **하**	

系	繫	jì, xì	찌, 씨
		매다/계통 **계**	

日	日	rì	르
		일, 태양 **일**	

斗	鬪	dòu, dǒu	또우, 도우
		싸우다 **투**/말 **두**	

敌	敵	dí	디
		적수, 상대 **적**	

指	指	zhǐ	즈
		손가락, 가리키다 **지**	

农	農	nóng	농
		농사 **농**	

直	直	zhí	즈
		곧다, 직접 **직**	

哪	哪	nǎ	나
		어느 **나**	

并	並	bìng	삥
		또한, 결코 **병**	

万	萬	wàn	완
		만 **만**	

流	流	liú	리우
		흐르다 **류**	

接	接	jiē	찌에
		잇다 **접**	

通	通	tōng	통
		통하다 **통**	

| 界 | 界 | jiè | 찌에 |
| | | | 경계 **계** |

| 便 | 便 | biàn, pián | 삐앤, 피앤 |
| | | | 곧, 편(리)하다 **편** |

| 共 | 共 | gòng | 꽁 |
| | | | 함께 **공** |

| 位 | 位 | wèi | 웨이 |
| | | | 위치 **위** |

| 难 | 難 | nán, nàn | 난 |
| | | | 어렵다, 곤란하다 **난** |

| 数 | 數 | shǔ, shù | 수, 쑤 |
| | | | 세다/수 **수** |

| 色 | 色 | sè | 써 |
| | | | 색깔 **색** |

| 往 | 往 | wǎng | 왕 |
| | | | 가다, 향하여 **왕** |

| 记 | 記 | jì | 찌 |
| | | | 기억하다 **기** |

| 世 | 世 | shì | 쓰 |
| | | | 세대, 일생 **세** |

| 根 | 根 | gēn | 껀 |
| | | | 뿌리, 근본 **근** |

| 任 | 任 | rèn | 런 |
| | | | 맡다, 믿다 **임** |

| 区 | 區 | qū | 취 |
| | | | 구별, 지구 **구** |

| 认 | 認 | rèn | 런 |
| | | | 알다, 인정하다 **인** |

| 将 | 將 | jiāng, jiàng | 찌앙 |
| | | | 장차/장군 **장** |

| 处 | 處 | chǔ, chù | 추 |
| | | | 살다/곳 **처** |

| 今 | 今 | jīn | 찐 |
| | | | 지금, 바로 **금** |

| 望 | 望 | wàng | 왕 |
| | | | 바라보다 **망** |

| 女 | 女 | nǚ | 뉘 |
| | | | 여자, 딸 **녀** |

| 群 | 群 | qún | 췬 |
| | | | 무리 **군** |

		yùn	윈
运	運	운행하다 운	

		jué, jiào	쥐에, 찌아오
觉	覺	느끼다 각 /잠 교	

		shí, dàn	스, 딴
石	石	돌/섬 석	

		hái	하이
孩	孩	어린아이 해	

		yán	이앤
研	研	연구하다 연	

		méi	메이
每	每	매, ~마다 매	

		bàn	빤
半	半	반, 절반 반	

		huǒ	후오
火	火	불, 화재 화	

		xíng	싱
形	形	모양, 형상 형	

		shī	쓰
师	師	스승 사	

		jiàn	찌앤
件	件	일, 사건 건	

		ài	아이
爱	愛	사랑하다 애	

		bàn	빤
办	辦	처리하다 판	

		bù	뿌
步	步	걸음 보	

		shí	스
识	識	알다 식	

		zhì	쯔
治	治	다스리다 치	

		xiě	시에
写	寫	쓰다 사	

		xìn	씬
信	信	편지, 믿다 신	

		rè	러
热	熱	열, 덥다 열	

		zhòng	쯍
众	衆	많다, 무리 중	

| 究 究 | jiū | 찌우 |
| | | 탐구하다 **구** |

| 计 計 | jì | 찌 |
| | | 계산하다 **계** |

| 八 八 | bā | 빠 |
| | | 여덟 **팔** |

| 强 强 | qiáng, qiǎng | 치앙 |
| | | 강하다, 강제로 하다 **강** |

| 却 却 | què | 취에 |
| | | 오히려 **각** |

| 特 特 | tè | 터 |
| | | 특별하다 **특** |

| 拿 拿 | ná | 나 |
| | | 잡다, 쥐다 **나** |

| 连 連 | lián | 리앤 |
| | | 잇다, 조차 **련** |

| 改 改 | gǎi | 가이 |
| | | 고치다 **개** |

| 受 受 | shòu | 쏘우 |
| | | 받다, 당하다 **수** |

| 或 或 | huò | 훠 |
| | | 아마, 또는 **혹** |

| 设 設 | shè | 써 |
| | | 세우다 **설** |

| 报 報 | bào | 빠오 |
| | | 신문, 알리다 **보** |

| 算 算 | suàn | 쏸 |
| | | 계산하다, ~로 여기다 **산** |

| 此 此 | cǐ | 츠 |
| | | 이것, 여기 **차** |

| 切 切 | qiè, qiē | 치에 |
| | | 부합되다, 자르다 **절** |

| 必 必 | bì | 삐 |
| | | 반드시 **필** |

| 站 站 | zhàn | 짠 |
| | | 역, 서다 **참** |

| 管 管 | guǎn | 구안 |
| | | 관, 관리하다 **관** |

| 空 空 | kōng, kòng | 콩 |
| | | 텅 비다/틈, 공간 **공** |

远	遠	yuǎn 위앤	멀다 원
期	期	qī 치	시기 기
转	轉	zhuǎn, zhuàn 주안, 쭈안	바뀌다/돌다 전
早	早	zǎo 자오	아침, 이르다 조
观	觀	guān 꾸안	보다, 관점 관
告	告	gào 까오	알리다 고
料	料	liào 리아오	예상하다, 재료 료
海	海	hǎi 하이	바다 해
满	滿	mǎn 만	가득 차다 만
感	感	gǎn 간	느끼다 감
术	術	shù 쑤	기술 술
红	紅	hóng 홍	붉다 홍
谁	誰	shuí, shéi 수이, 쉐이	누구 수
该	該	gāi 까이	~해야 한다/그, 이 해
且	且	qiě 치에	또한, 잠시 차
死	死	sǐ 스	죽다 사
飞	飛	fēi 페이	날다 비
六	六	liù 리우	여섯 륙
马	馬	mǎ 마	말 마
河	河	hé 허	강 하

找 找	zhǎo | 자오 찾다 **조**	坐 坐	zuò | 쭤 앉다 **좌**
讲 講	jiǎng | 지앙 이야기하다 **강**	船 船	chuán | 추안 배 **선**
油 油	yóu | 요우 기름 **유**	土 土	tǔ | 투 흙 **토**
场 場	chǎng, cháng | 창 장소/마당 **장**	质 質	zhì | 쯔 성질, 바탕 **질**
脸 臉	liǎn | 리앤 얼굴 **검**	服 服	fú | 푸 옷, 따르다 **복**
似 似	sì, shì | 쓰 닮다, 같다 **사**	务 務	wù | 우 사무, 일 **무**
取 取	qǔ | 취 가지다 **취**	啦 啦	lā, la | 라 [어조사] **랍**
济 濟	jì | 찌 구제하다 **제**	儿 兒	ér | 얼 아이/[접미사] **아**
跑 跑	pǎo | 파오 달리다 **포**	让 讓	ràng | 랑 양보하다, ~하게하다 **양**
统 統	tǒng | 통 계통, 통솔하다 **통**	够 夠	gòu | 꼬우 모으다, 충분하다 **구**

		qīng	칭
清	清	깨끗하다, 똑똑하다	청

		qīng	칭
青	青	푸르다	청

		yuè	위에
越	越	넘다, 더욱더	월

		tuán	투안
团	團	단체/둥글다	단

		yǔ, yù	위
与	與	주다, ~와 참여하다	여

		qī	치
七	七	일곱	칠

		jī	찌
基	基	기초	기

		pǐn	핀
品	品	물품, 등급	품

		zǔ	주
组	組	조직하다	조

		zhěng	정
整	整	완전하다	정

		shén	선
神	神	신, 신성하다	신

		dǎo, dào	다오, 따오
倒	倒	넘어지다/도리어	도

		yé	이에
爷	爺	어르신	야

		què	취에
确	確	확실하다	확

		zhào	짜오
照	照	비추다	조

		qián	치앤
钱	錢	돈, 동전	전

		jí	지
极	極	지극히	극

		yǐng	잉
影	影	그림자	영

		bà	빠
爸	爸	아빠	파

		bǎo	바오
保	保	보호하다	보

树	樹	shù	쑤		求	求	qiú	치우	
		나무 **수**					구하다 **구**		
劳	勞	láo	라오		紧	緊	jǐn	진	
		노동, 일하다 **로**					팽팽하다 **긴**		
块	塊	kuài	콰이		片	片	piàn	피앤	
		조각, 덩이 **괴**					조각, 편 **편**		
准	準	zhǔn	준		近	近	jìn	찐	
		허락하다, 정확하다 **준**					가깝다 **근**		
夜	夜	yè	이에		刚	剛	gāng	깡	
		밤, 심야 **야**					막, 방금/굳세다 **강**		
轻	輕	qīng	칭		程	程	chéng	청	
		가볍다, 젊다 **경**					과정 **정**		
千	千	qiān	치앤		习	習	xí	시	
		천 **천**					익히다, 습관 **습**		
目	目	mù	무		历	歷	lì	리	
		눈/목차, 조목 **목**					겪다/과거의 **력**		
字	字	zì	쯔		深	深	shēn	썬	
		글자 **자**					깊다, 어렵다 **심**		
名	名	míng	밍		入	入	rù	루	
		이름 **명**					들다, 수입 **입**		

容	容	róng 룽 용납하다 용	张	張	zhǎng 짱 펴다 장
史	史	shǐ 스 역사 사	备	備	bèi 뻬이 갖추다, 설비 비
怕	怕	pà 파 두려워하다 파	至	至	zhì 쯔 매우, 이르다 지
病	病	bìng 삥 병, 결함 병	向	向	xiàng 씨앙 향하다/ ~로 향
器	器	qì 치 기구, 그릇, 인재 기	装	裝	zhuāng 쭈앙 설치하다 장
离	離	lí 리 떠나다, ~로부터 리	席	席	xí 시 좌석, 자리 석
底	底	dǐ 디 바닥, 끝 저	包	包	bāo 빠오 싸다, 보따리 포
收	收	shōu 쏘우 거둬들이다 수	黑	黑	hēi 헤이 검다, 어둡다 흑
错	錯	cuò 춰 그르다, 틀림 착	铁	鐵	tiě 티에 쇠, 철 철
米	米	mǐ 미 쌀 미	房	房	fáng 팡 집, 방 방

类	類	lèi	레이	부류, 무리 류
村	村	cūn	춘	마을 촌
验	驗	yàn	이앤	검사하다 험
据	據	jù	쮜	의거하다 거
集	集	jí	지	모이다 집
屋	屋	wū	우	방, 집 옥
布	布	bù	뿌	베/선포하다 포
较	較	jiào	찌아오	비교하다, 비교적 교
交	交	jiāo	찌아오	내다, 사귀다 교
具	具	jù	쮜	기구, 용구 구

断	斷	duàn	뚜안	끊다 단
草	草	cǎo	차오	풀, 초고 초
规	規	guī	꾸이	규칙, 규정 규
胜	勝	shèng	썽	이기다, 낫다 승
晚	晚	wǎn	완	저녁, 늦은 만
南	南	nán	난	남쪽 남
苦	苦	kǔ	쿠	쓰다, 고되다 고
院	院	yuàn	위앤	뜰/단과대학 원
精	精	jīng	찡	정밀하다 정
买	買	mǎi	마이	사다 매

市 市	shì | 쓰	시장, 도시 시
细 細	xì | 씨	가늘다 세
传 傳	chuán, zhuàn | 추안, 쭈안	전하다/전기 전
北 北	běi | 베이	북쪽 북
及 及	jí | 지	이르다, 및 급
害 害	hài | 하이	손해, 해치다 해
厂 廠	chǎng | 창	공장, 상점 창
消 消	xiāo | 씨아오	사라지다 소
送 送	sòng | 쏭	보내다, 전송하다 송
织 織	zhī | 쯔	짜다 직

谈 談	tán | 탄	이야기하다 담
母 母	mǔ | 무우	어머니, 암컷 모
衣 衣	yī | 이	옷, 의복 의
委 委	wěi | 웨이	맡기다 위
何 何	hé | 허	무엇 하
须 須	xū | 쒸	~해야 한다 수
击 擊	jī | 찌	치다 격
需 需	xū | 쒸	필요로 하다 수
调 調	diào, tiáo | 띠아오, 티아오	이동하다, 가락, 알맞다 조
际 際	jì | 찌	사이, 중간 제

咱	咱	zá, zán | 자, 잔 우리, 우리들 **찰**	技	技	jì | 찌 기능, 기술 **기**
拉	拉	lā | 라 끌다 **랍**	落	落	luò | 뤄 떨어지다 **락**
低	低	dī | 띠 낮다 **저**	睛	睛	jīng | 찡 눈동자 **정**
脚	脚	jiǎo | 지아오 발, 밑동 **각**	况	况	kuàng | 쾅 상태, 하물며 **황**
友	友	yǒu | 요우 벗, 친하다 **우**	批	批	pī | 피 비판하다 **비**
坚	坚	jiān | 찌앤 단단하다 **견**	刻	刻	kè | 커 새기다, 시각 **각**
音	音	yīn | 인 소리, 음절 **음**	非	非	fēi | 페이 비판하다, 그르다, 과실 **비**
安	安	ān | 안 편안하다 **안**	支	支	zhī | 쯔 버티다 **지**
哥	哥	gē | 꺼 형 **가**	星	星	xīng | 씽 별 **성**
兴	興	xìng, xīng | 씽 흥하다/흥미 **흥**	急	急	jí | 지 초조하다, 급하다 **급**

单	單	dān	딴
		홑, 하나, 오직 **단**	
派	派	pài	파이
		파견하다 **파**	
速	速	sù	쑤
		빠르다, 속도 **속**	
赶	趕	gǎn	간
		따라가다, 서둘다 **간**	
忙	忙	mǎng	망
		바쁘다 **망**	
睡	睡	shuì	쑤이
		잠자다 **수**	
汽	汽	qì	치
		수증기, 증기 **기**	
抗	抗	kàng	캉
		저항하다 **항**	
娘	娘	niáng	니앙
		어머니, 아가씨 **낭**	
失	失	shī	쓰
		잃다 **실**	

压	壓	yā	야
		누르다 **압**	
围	圍	wéi	웨이
		에워싸다 **위**	
兵	兵	bīng	삥
		병사 **병**	
金	金	jīn	찐
		금속 **금**	
族	族	zú	주
		가족, 겨레 **족**	
答	答	dá, dā	다, 따
		대답, 대답하다 **답**	
虫	蟲	chóng	총
		벌레 **충**	
随	隨	suí	수이
		따라가다 **수**	
专	專	zhuān	쭈안
		오로지, 전문적인 **전**	
嘴	嘴	zuǐ	주이
		입, 부리 **취**	

严	嚴	yán 이앤 엄하다 엄	毛	毛	mǎo 마오 털, 깃 모
破	破	pò 포오 깨다, 파손되다 파	客	客	kè 커 손님, 여객 객
士	士	shì 쓰 총각, 선비 사	皮	皮	pí 피이 피부, 가죽 피
广	廣	guǎng 구앙 넓다, 넓히다, 너비 광	商	商	shāng 씽 상의하다, 상업 상
复	復	fù 푸우 회복하다 복/다시 부	艺	藝	yì 이 기예, 기술 예
台	臺	tái 타이 대, 무대 대	帮	幫	bāng 빵 돕다, 무리 방
句	句	jù 쮜 문장, 마디 구	鱼	魚	yú 위 물고기 어
城	城	chéng 청 성, 도시 성	亮	亮	liàng 리앙 밝다 량
议	議	yì 이 의논하다 의	穿	穿	chuān 추안 입다, 뚫다 천
联	聯	lián 리앤 연결하다 련	式	式	shì 쓰 양식, 의식 식

持	持	chí	츠	가지다 지
雨	雨	yǔ	위	비 우
积	積	jī	찌	쌓다 적
坏	壞	huài	화이	나쁘다 괴
诉	訴	sù	쑤	알리다 소
增	增	zēng	쩡	증가하다 증
请	請	qǐng	칭	요청하다 청
始	始	shǐ	스	처음 시
食	食	shí	스	먹다 식
桥	橋	qiáo	치아오	다리, 교량 교

帝	帝	dì	띠	제왕 제
饭	飯	fàn	판	밥 반
举	舉	jǔ	쥐	들다 거
陈	陳	chén	천	늘어놓다, 펴다 진
节	節	jié	지에	마디, 절조 절
推	推	tuī	투이	밀다 추/퇴
息	息	xī	씨	호흡, 쉬다 식
画	畫	huà	화	그리다, 그림 화
号	號	hào, háo	하오	날짜, 이름/소리치다 호
乎	乎	hū	후	[어조사] 호

温 温	wēn | 원 따뜻하다 온	灯 燈	dēng | 떵 등, 등불 등
除 除	chú | 추 제거하다 제	层 層	céng | 청 층, 겹, 계단 층
首 首	shǒu | 소우 머리, 최고의 수	钢 鋼	gāng | 깡 강철 강
参 參	cān | 찬 참가하다 참	微 微	wēi | 웨이 작다, 쇠하다 미
达 達	dá | 다 통하다 달	左 左	zuǒ | 주오 왼쪽 좌
伟 偉	wěi | 웨이 위대하다 위	密 密	mì | 미 빽빽하다 밀
板 板	bǎn | 반 널빤지, 판목 판	愿 願	yuàn | 위앤 원하다, 소원 원
约 約	yuē | 위에 약속하다 약	般 般	bān | 빤 같은, 일반의 반
背 背	bèi, bēi | 뻬이 외우다/지다 배	图 圖	tú | 투 그림 도
育 育	yù | 위 낳다, 기르다 육	示 示	shì | 쓰 보이다 시

段 段　duàn｜뚜안
토막, 단락 단

引 引　yǐn｜인
끌다, 이끌다 인

势 勢　shì｜쓰
세력, 권세 세

证 證　zhèng｜쩡
증명하다 증

夫 夫　fū, fú｜푸
남편/저, 그 부

靠 靠　kào｜카오
기대다 고

冷 冷　lěng｜렁
춥다, 차다 랭

易 易　yì｜이
쉽다 이/바꾸다 역

则 則　zé｜저
법칙 칙/곧 즉

阳 陽　yáng｜양
양, 태양 양

卖 賣　mài｜마이
팔다 매

欢 歡　huān｜후안
즐겁다 환

美 美　měi｜메이
아름답다 미

局 局　jú｜쥐
한판, 국면 국

血 血　xuè, xiě｜쒸에, 시에
피 혈

冲 衝　chōng, chòng｜충
충돌하다/힘차다 충

静 靜　jìng｜찡
조용하다 정

停 停　tíng｜팅
멈추다 정

划 劃　huà, huá｜화, 후아
긋다 획/젓다 화

脑 腦　nǎo｜나오
뇌, 두뇌 뇌

| 393 |

权	權	quán	취앤
			권세, 권리 권

修	修	xiū	씨우
			수리하다 수

虽	雖	suī	쑤이
			비록 수

沉	沈	chén, shěn	천, 선
			잠기다 침/성 심

球	球	qiú	치우
			공 구

伙	夥	huǒ	후오
			동료, 무리 화

木	木	mù	무
			나무 목

喜	喜	xǐ	시
			기쁘다 희

忽	忽	hū	후
			홀연히 홀

即	卽	jí	지
			곧 즉

跳	跳	tiào	티아오
			뛰다 도

视	視	shì	쓰
			보다 시

误	誤	wù	우
			틀리다 오

父	父	fù	푸
			아버지 부

显	顯	xiǎn	시앤
			현저하다 현

留	留	liú	리우
			머무르다 류

岁	歲	suì	쑤이
			해, 살, 새해 세

古	古	gǔ	구
			옛날 고

惊	驚	jīng	찡
			놀라다 경

念	念	niàn	니앤
			읽다 념

久	久	jiǔ | 지우 오래다 구
旧	舊	jiù | 찌우 낡다 구
纸	紙	zhǐ | 즈 종이 지
养	養	yǎng | 양 기르다 양
护	護	hù | 후 보호하다 호
呼	呼	hū | 후 내쉬다 호
雪	雪	xuě | 쉬에 눈 설
朋	朋	péng | 펑 벗, 친구 붕
药	藥	yào | 야오 약, 약물 약
存	存	cún | 춘 존재하다 존

突	突	tū | 투 부딪다/갑자기 돌
助	助	zhù | 쭈 돕다 조
令	令	lìng | 링 명령하다 령
乡	鄉	xiāng | 씨앙 시골, 고향 향
顶	頂	dǐng | 딩 꼭대기 정
校	校	xiào | 씨아오 학교 교
续	續	xù | 쒸 계속하다 속
黄	黃	huáng | 후앙 누렇다 황
敢	敢	gǎn | 간 용감하다/감히 감
掉	掉	diào | 띠아오 떨어뜨리다 도

创	創	chuàng 추앙 창조하다 창	章	章	zhāng 짱 문장, 규정 장
右	右	yòu 요우 오른쪽 우	弟	弟	dì 띠 아우, 동생 제
激	激	jī 찌 격렬하다 격	材	材	cái 차이 재료 재
姑	姑	gū 꾸 고모 고	注	注	zhù 쭈 붓다 주
旁	旁	páng 팡 옆 방	言	言	yán 이앤 말, 말하다 언
医	醫	yī 이 의사 의	简	簡	jiǎn 지앤 간단하다 간
价	價	jià 찌아 값, 가격 가	慢	慢	màn 만 느리다, 천천히 만
纪	紀	jì 찌 기강 기	采	采	cǎi 차이 채취하다 채
沙	沙	shā 싸 모래 사	查	查	chá 차 검사하다 사
角	角	jiǎo, jué 지아오, 쥐에 뿔/각색 각	另	另	lìng 링 그 밖의, 다른, 따로 령

防 防	fáng | 팡 막다 방	故 故	gù | 꾸 연고, 사고, 따라서 고
评 評	píng | 핑 논평, 평하다 평	省 省	shěng, xǐng | 성, 싱 성/절약하다 성
按 按	àn | 안 누르다/~에 따라서 안	烟 烟	yān | 이앤 연기, 담배 연
略 略	lüè | 뤼에 간략하다/계략, 요약 략	棉 棉	mián | 미앤 면화, 솜 면
喊 喊	hǎn | 한 외치다 함	乱 亂	luàn | 루안 혼란하다 란
枪 槍	qiāng | 치앙 총 창	游 游	yóu | 요우 놀다, 헤엄치다 유
伤 傷	shāng | 씽 상처 상	怪 怪	guài | 꽈이 이상하다, 탓하다 괴
排 排	pái | 파이 배열하다, 줄 배	府 府	fǔ | 푸 관공서, 부서 부
室 室	shì | 쓰 방, 실 실	唱 唱	chàng | 창 노래하다 창
渐 漸	jiàn | 찌앤 점차 점	初 初	chū | 추 처음 초

功	功	gōng | 공 공로, 효과 공
床	床	chuáng | 추앙 침대 상
律	律	lǜ | 뤼 법률 률
烧	燒	shāo | 싸오 태우다 소
烈	烈	liè | 리에 강렬하다 렬
读	讀	dú | 두 읽다 독
洋	洋	yáng | 양 서양(의) 양
尽	盡	jìn | 찐 다하다 진
封	封	fēng | 펑 봉투, 통 봉
周	周	zhōu | 쪼우 주위, 주일 주

县	縣	xiàn | 씨앤 현 현
源	源	yuán | 위앤 근원 원
姐	姐	jiě | 지에 누나, 언니 저
座	座	zuò | 쭤 자리 좌
熟	熟	shú, shóu | 수, 소우 익다 숙
担	擔	dān, dàn | 딴 메다/짐 담
痛	痛	tòng | 퉁 아프다 통
弹	彈	tán, dàn | 탄,딴 쏘다/탄환 탄
钟	鐘	zhōng | 쭝 종, 시계 종
杂	雜	zá | 자 잡다하다 잡

试	試	shì | 쓰 / 시험하다 시	
继	繼	jì | 찌 / 계속하다 계	
班	班	bān | 빤 / 반, 근무 반	
搞	搞	gǎo | 가오 / 하다, 옆으로 치다 고	
翻	翻	fān | 판 / 뒤집다, 번역하다 번	
语	語	yǔ | 위 / 말, 말씀, 말하다 어	
菜	菜	cài | 차이 / 채소, 요리 채	
终	終	zhōng | 쭝 / 끝나다 종	
充	充	chōng | 충 / 충만하다 충	
困	困	kùn | 쿤 / 곤란하다 곤	

摇	搖	yáo | 야오 / 흔들다 요	
奶	奶	nǎi | 나이 / 젖 내	
乐	樂	lè, yuè | 러, 위에 / 즐겁다 락/음악 악	
奇	奇	qí, jī | 치, 찌 / 기이하다/홀수의 기	
态	態	tài | 타이 / 모양 태	
野	野	yě | 이에 / 들, 범위 야	
责	責	zé | 저 / 책임 책	
止	止	zhǐ | 즈 / 그치다 지	
选	選	xuǎn | 쉬앤 / 고르다 선	
喝	喝	hē, hè | 허 / 마시다/외치다 갈	

林	林	lín	린
			수풀 **림**
差	差	chà, chā, chāi	차, 차이
		다르다, 차이/파견하다	**차**
负	負	fù	푸
			지다 **부**
例	例	lì	리
			예 **례**
歌	歌	gē	꺼
			노래 **가**
抓	抓	zhuā	쭈아
			잡다 **조**
田	田	tiǎn	티앤
			밭, 논 **전**
称	稱	chēng, chèn	청, 천
		일컫다/알맞다	**칭**
双	雙	shuāng	쑤앙
			쌍 **쌍**
竟	竟	jìng	찡
		결국, 뜻밖에	**경**

仅	僅	jǐn	진
		겨우, 다만	**근**
待	待	dài	따이
		대우하다, 기다리다	**대**
属	屬	shǔ	수
		무리, 속하다	**속**
致	致	zhì	쯔
		드리다	**치**
吸	吸	xǐ	씨
		들이쉬다	**흡**
春	春	chūn	춘
		봄	**춘**
窗	窗	chuāng	추앙
		창(문)	**창**
哭	哭	kū	쿠
		울다	**곡**
格	格	gé	거
		격자, 표준	**격**
础	礎	chǔ	추
		초석, 기초	**초**

		yíng	잉			zǔ	주
营	營	경영하다	영	祖	祖	선조, 창시자	조

		yāng	양			shè	써
央	央	중앙	앙	射	射	쏘다	사

		àn	안			quē	취에
暗	暗	어둡다	암	缺	缺	모자라다	결

		mó, mú	모, 무			shū	쑤
模	模	모범/모형	모	叔	叔	숙부	숙

		huàn	환			fù	푸
换	換	바꾸다	환	妇	婦	부녀자	부

		biāo	삐아오			fèi	페이
标	標	표지	표	费	費	비용	비

		céng, zēng	청, 쩡			shì	쓰
曾	曾	일찍/거듭할	증	适	適	적합하다	적

		huī	후이			zú	주
挥	揮	휘두르다	휘	足	足	발, 족하다	족

		wéi	웨이			jué	쥐에
维	維	매다, 유지하다	유	绝	絕	끊다, 결코	절

		gōng	공			wǔ	우
攻	攻	공격하다	공	武	武	무력(의)	무

| 益 | 益 | yì | 이 |
| | | 이익 **익** | |

| 课 | 課 | kè | 커 |
| | | 수업, 과 **과** | |

| 顾 | 顧 | gù | 꾸 |
| | | 돌보다, 돌아보다 **고** | |

| 骨 | 骨 | gǔ | 구 |
| | | 뼈 **골** | |

| 卫 | 衛 | wèi | 웨이 |
| | | 지키다 **위** | |

| 素 | 素 | sù | 쑤 |
| | | 본디 **소** | |

| 考 | 考 | kǎo | 카오 |
| | | 시험하다 **고** | |

| 检 | 檢 | jiǎn | 지앤 |
| | | 검사하다 **검** | |

| 懂 | 懂 | dǒng | 동 |
| | | 알다 **동** | |

| 仍 | 仍 | réng | 렁 |
| | | 여전히 **잉** | |

| 针 | 針 | zhēn | 쩐 |
| | | 바늘, 주사 **침** | |

| 替 | 替 | tì | 티 |
| | | 대신하다 **체** | |

| 货 | 貨 | huò | 후오 |
| | | 화폐, 상품 **화** | |

| 官 | 官 | guān | 꾸안 |
| | | 관리, 국가의 **관** | |

| 笔 | 筆 | bǐ | 비 |
| | | 붓 **필** | |

| 元 | 元 | yuán | 위앤 |
| | | 으뜸(의) **원** | |

| 叶 | 葉 | yè | 이에 |
| | | 잎 **엽** | |

| 演 | 演 | yǎn | 이앤 |
| | | 공연하다 **연** | |

| 牛 | 牛 | niú | 니우 |
| | | 소 **우** | |

| 短 | 短 | duǎn | 두안 |
| | | 짧다 **단** | |

| 依 | 依 | yī | 이 |
| | | 의지하다 의 | |

| 弄 | 弄 | nòng | 농 |
| | | 가지고 놀다, 하다, 만들다 롱 | |

| 庄 | 莊 | zhuāng | 쭈앙 |
| | | 마을, 장원 장 | |

| 察 | 察 | chá | 차 |
| | | 살피다 찰 | |

| 占 | 占 | zhàn | 짠 |
| | | 차지하다 점 | |

| 灭 | 滅 | miè | 미에 |
| | | 소멸하다 멸 | |

| 型 | 型 | xíng | 싱 |
| | | 모형 형 | |

| 巨 | 巨 | jù | 쮜 |
| | | 크다 거 | |

| 刀 | 刀 | dāo | 따오 |
| | | 칼 도 | |

| 固 | 固 | gù | 꾸 |
| | | 견고하다 고 | |

| 值 | 值 | zhí | 즈 |
| | | 가치 치 | |

| 泥 | 泥 | ní, nì | 니 |
| | | 진흙, 바르다 니 | |

| 透 | 透 | tòu | 토우 |
| | | 스며들다 투 | |

| 效 | 效 | xiào | 씨아오 |
| | | 효과 효 | |

| 朝 | 朝 | cháo, zhāo | 차오, 짜오 |
| | | 조정/아침 조 | |

| 侵 | 侵 | qīn | 친 |
| | | 침입하다 침 | |

| 岸 | 岸 | àn | 안 |
| | | 언덕 안 | |

| 环 | 環 | huán | 후안 |
| | | 고리 환 | |

| 供 | 供 | gōng, gòng | 꿍 |
| | | 공급, 공급하다, 재물 공 | |

| 富 | 富 | fù | 푸 |
| | | 부유하다 부 | |

危	危	wēi	웨이
		위험, 위험하다	위
副	副	fù	푸
		부, 부대적인, 다음	부
投	投	tóu	토우
		던지다	투
未	未	wèi	웨이
		아직 ~않다	미
散	散	sàn, sǎn	싼, 산
		흩어지다, 느슨하다	산
架	架	jià	찌아
		선반	가
街	街	jiē	찌에
		거리, 큰길	가
劲	勁	jìn, jìng	찐, 찡
		힘/굳세다	경
降	降	jiàng, xiáng	찌앙, 시앙
		내리다 강/항복하다	항
忘	忘	wàng	왕
		잊다	망

景	景	jǐng	징
		경치, 상황	경
印	印	yìn	인
		도장, 인쇄하다	인
迫	迫	pò	포
		닥치다, 급하다	박
配	配	pèi	페이
		분배하다	배
握	握	wò	워
		쥐다	악
司	司	sī	쓰
		맡다	사
店	店	diàn	띠앤
		가게	점
希	希	xī	씨
		바라다	희
宝	寶	bǎo	바오
		보배	보
嫂	嫂	sǎo	사오
		형수	수

矿	礦	kuàng	쿠앙	광석 광

味	味	wèi	웨이	맛 미

普	普	pǔ	푸	보편적이다 보

爬	爬	pá	파	기다, 기어오르다 파

状	狀	zhuàng	쭈앙	상태 상

余	餘	yú	위	남다, 나 여

掌	掌	zhǎng	장	손바닥 장

构	構	gòu	꼬우	구성하다 구

鼓	鼓	gǔ	구	북, 고무하다 고

顺	順	shùn	쑨	순조롭다 순

假	假	jiǎ, jià	지아, 찌아	거짓/휴가 가

境	境	jìng	찡	경계 경

粮	糧	liáng	리앙	양식 량

优	優	yōu	요우	우수하다 우

减	減	jiǎn	지앤	감소하다 감

伸	伸	shēn	썬	펴다 신

退	退	tuì	투이	물러나다 퇴

抱	抱	bào	빠오	안다 포

永	永	yǒng	용	길다 영

杀	殺	shā	싸	죽이다 살

宣 宣	xuān | 쒸앤 선포하다 선		緑 綠	lû | 뤼 초록빛 록
含 含	hán | 한 포함하다 함		腿 腿	tuǐ | 투이 다리 퇴
镜 鏡	jìng | 찡 거울 경		江 江	jiāng | 찌앙 강 강
怀 懷	huái | 후아이 품다 회		端 端	duān | 뚜안 발단 단
奋 奮	fèn | 펀 분발하다 분		映 映	yìng | 잉 비치다 영
既 既	jì | 찌 이미 기		银 銀	yín | 인 은 은
斤 斤	jīn | 찐 [양사] 근 근		列 列	liè | 리에 늘어놓다 렬
抬 擡	tái | 타이 들다 대		酒 酒	jiǔ | 지우 술 주
践 踐	jiàn | 찌앤 실천하다 천		置 置	zhì | 쯔 두다 치
盘 盤	pán | 판 쟁반 반		洗 洗	xǐ | 시 씻다 세

谢	謝	xiè	씨에
		감사하다, 시들다 謝	

甚	甚	shèn	썬
		몹시 甚	

王	王	wáng	왕
		왕, 임금 王	

洞	洞	dòng	뚱
		구멍, 동굴 洞	

独	獨	dú	두
		혼자, 오직 獨	

肉	肉	ròu	로우
		고기 肉	

冬	冬	dōng	뚱
		겨울 冬	

讨	討	tǎo	타오
		토벌하다 討	

桌	桌	zhuō	쭈오
		탁자 桌	

追	追	zhuī	쭈이
		쫓아가다 追	

浪	浪	làng	랑
		물결 浪	

巴	巴	bā	빠
		바라다 巴	

案	案	àn	안
		안석, 사건 案	

闹	鬧	nào	나오
		시끄럽다 鬧	

户	户	hù	후
		문, 집 户	

犯	犯	fàn	판
		범하다 犯	

挂	掛	guà	꾸아
		걸다 掛	

概	概	gài	까이
		대개 概	

松	鬆	sōng	쏭
		느슨하다, 소나무 鬆	

轮	輪	lún	룬
		바퀴 輪	

		bǎi	바이			hù	후
擺	擺		벌여놓다 **파**	互	互		서로 **호**
午	午	wǔ	우	云	雲	yún	윈
			정오 **오**				구름, 말하다 **운**
策	策	cè	처	猛	猛	měng	멍
			계책 **책**				사납다 **맹**
著	著	zhù	쭈	摸	摸	mō	모
			현저하다 **저**				더듬다 **모**
哎	哎	āi	아이	遍	遍	biàn	삐앤
			아이고 **애**				두루 **편**
脱	脱	tuō	투오	嗯	嗯	ńg	응
			벗다 **탈**				[감탄사] 응? 엉! 응! **은**
袋	袋	dài	따이	预	預	yù	위
			주머니 **대**				미리 **여**
露	露	lù, lòu	루, 로우	园	園	yuán	위앤
			이슬, 드러나다 **로**				정원 **원**
仿	倣	fǎng	팡	逐	逐	zhú	쭈
			모방하다 **방**				쫓다 **축**
守	守	shǒu	소우	粉	粉	fěn	펀
			지키다 **수**				가루 **분**

鞋	鞋	xié	시에	신, 신발 혜
幸	幸	xìng	씽	행복 행
堂	堂	táng	탕	대청, 홀 당
某	某	mǒu	모우	아무 모
丰	豐	fēng	펑	풍부하다 풍
唯	唯	wéi	웨이	오직 유
楚	楚	chǔ	추	분명하다 초
抽	抽	chōu	초우	빼내다 추
救	救	jiù	찌우	구제하다 구
闪	閃	shǎn	산	번개 섬

矛	矛	máo	마오	창 모
妹	妹	mèi	메이	여동생 매
盾	盾	dùn	뚠	방패 순
燃	燃	rán	란	연소하다 연
英	英	yīng	잉	꽃 영
肯	肯	kěn	컨	수긍하다, 기꺼이 하다 긍
险	險	xiǎn	시앤	험하다 험
灰	灰	huī	후이	재 회
超	超	chāo	차오	초월하다 초
丝	絲	sī	쓰	실, 비단 사

折	折	zhé, shé | 저, 서 꺾다, 손해보다 절	
套	套	tào | 타오 덧씌우개 투	
墙	墙	qiáng | 치앙 담장 장	
扬	揚	yáng | 양 높이 들다 양	
煤	煤	méi | 메이 석탄 매	
遇	遇	yù | 위 만나다 우	
判	判	pàn | 판 분별하다 판	
硬	硬	yìng | 잉 단단하다 경	
筑	築	zhù | 쭈 건축하다 축	
铺	鋪	pū, pù | 푸 펴다/가게 포	

鸡	鷄	jī | 찌 닭 계	
吹	吹	chuī | 추이 불다 취	
鬼	鬼	guǐ | 구이 귀신 귀	
枝	枝	zhǐ | 쯔 가지 지	
恶	惡	è, wù | 어, 우 악행 악/미워하다 오	
哈	哈	hā | 하 하하(웃는 소리) 합	
男	男	nán | 난 남자 남	
馆	館	guǎn | 구안 객사 관	
限	限	xiàn | 씨앤 제한하다 한	
股	股	gǔ | 구 넓적다리 고	

圆	圓	yuán ǀ 위앤 둥글다 **원**	朵	朵	duǒ ǀ 두오 꽃송이 **타**
败	敗	bài ǀ 빠이 지다 **패**	佛	佛	fó ǀ 포 부처 **불**
编	編	biān ǀ 삐앤 엮다 **편**	哦	哦	ó, ò ǀ 오 [감탄사] 어! 오! **아**
碎	碎	suì ǀ 쑤이 부수다 **쇄**	舞	舞	wǔ ǀ 우 춤, 춤추다 **무**
炼	煉	liàn ǀ 리앤 단련하다 **련**	测	測	cè ǀ 처 측량하다 **측**
鲜	鮮	xiān, xiǎn ǀ 씨앤, 시앤 신선하다, 드물다 **선**	盖	蓋	gài ǀ 까이 덮개, 덮다 **개**
湖	湖	hú ǀ 후 호수 **호**	移	移	yí ǀ 이 이동하다 **이**
彻	徹	chè ǀ 처 꿰뚫다 **철**	迎	迎	yíng ǀ 잉 맞이하다 **영**
戏	戲	xì ǀ 씨 놀이 **희**	香	香	xiāng ǀ 씨앙 향기, 향기롭다 **향**
练	練	liàn ǀ 리앤 훈련하다 **련**	耳	耳	ěr ǀ 얼 귀 **이**

零 零 ， líng ｜ 링
영, 영세하다 령

钻 鑽 zuān, zuàn ｜ 쭈안
뚫다/송곳, 금강석 찬

旗 旗 qí ｜ 치
기 기

泪 泪 lèi ｜ 레이
눈물 루

瞧 瞧 qiáo ｜ 치아오
보다 초

震 震 zhèn ｜ 쩐
진동하다 진

束 束 shù ｜ 수
묶다, 묶음 속

毒 毒 dú ｜ 두
독, 마약 독

率 率 lǜ, shuài ｜ 뤼, 쑤아이
비율, 헤아리다 률/인솔하다 솔

玩 玩 wán ｜ 완
놀다 완

勇 勇 yǒng ｜ 용
용감하다 용

拍 拍 pāi ｜ 파이
치다 박

项 項 xiàng ｜ 씨앙
항목 항

灵 靈 líng ｜ 링
민첩하다 령

挺 挺 tǐng ｜ 팅
매우 정

沿 沿 yán ｜ 이앤
따르다 연

炮 炮 pào ｜ 파오
대포 포

毫 毫 háo ｜ 하오
잔털, 조금도 호

居 居 jū ｜ 쮜
살다 거

液 液 yè ｜ 이에
액체 액

临	臨	lín | 린 임하다 림
碰	碰	pèng | 펑 부딪치다, 만나다 팽
企	企	qǐ | 치 바라다 기
努	努	nǔ | 누 힘쓰다 노
茶	茶	chá | 차 차 다
混	混	hùn, hún | 훈 섞다/흐리다 혼
季	季	jì | 찌 계절 계
嘛	嘛	má, ma | 마 [어조사]/무엇 마
挑	挑	tiāo, tiǎo | 티아오 선택하다, 쳐들다 도
镇	鎭	zhèn | 쩐 진압하다 진

堆	堆	duī | 뚜이 쌓다, 무더기 퇴
穷	窮	qióng | 치옹 궁하다 궁
执	執	zhí | 즈 잡다 집
偷	偸	tōu | 토우 훔치다 투
耐	耐	nài | 나이 참다 내
碗	碗	wǎn | 완 주발 완
壮	壯	zhuàng | 쭈앙 건장하다 장
植	植	zhí | 즈 식물 식
厚	厚	hòu | 호우 두텁다 후
狗	狗	gǒu | 고우 개 구

职	職	zhí | 즈		警	警	jīng | 징
			직무 직			경계하다 경
雄	雄	xióng | 시옹		借	借	jiè | 찌에
			수컷 웅			빌다 차
输	輸	shū | 쑤		良	良	liáng | 리앙
			지다, 수송하다 수			양호하다 량
倍	倍	bèi | 뻬이		羊	羊	yáng | 양
			곱 배			양 양
婶	嬸	shěn | 선		染	染	rǎn | 란
			숙모 심			물들이다 염
弱	弱	ruò | 뤄		休	休	xiū | 씨우
			약하다 약			쉬다 휴
丽	麗	lì | 리		哩	哩	li | 리
			아름답다 려			[어조사] 리
召	召	zhào | 짜오		寒	寒	hán | 한
			부르다 소			차다 한
虎	虎	hǔ | 후		升	昇	shēng | 썽
			범, 호랑이 호			오르다 승
善	善	shàn | 싼		范	範	fàn | 판
			착하다 선			모범, 범위 범

| 削 | 削 | xiāo, xuē | 씨아오, 쒸에 |
| | | 깎다 삭 |

| 姓 | 姓 | xìng | 씽 |
| | | 성 성 |

| 牙 | 牙 | yá | 야 |
| | | 이, 치아 아 |

| 施 | 施 | shī | 쓰 |
| | | 시행하다 시 |

| 悄 | 悄 | qiāo, qiǎo | 치아오 |
| | | 고요하다 초 |

| 招 | 招 | zhāo | 짜오 |
| | | 초대하다 초 |

| 夺 | 奪 | duó | 두오 |
| | | 빼앗다 탈 |

| 福 | 福 | fú | 후 |
| | | 복 복 |

| 麻 | 麻 | má | 마 |
| | | 저리다, 삼 마 |

| 剥 | 剝 | bāo, bō | 빠오, 뽀 |
| | | 벗기다 박 |

| 圈 | 圈 | quān, juàn | 취앤, 쮜앤 |
| | | 동그라미, 우리 권 |

| 篇 | 篇 | piān | 피앤 |
| | | 편 편 |

| 否 | 否 | fǒu | 포우 |
| | | 아니/부인하다 부 |

| 鸟 | 鳥 | niǎo | 니아오 |
| | | 새 조 |

| 窝 | 窩 | wō | 워 |
| | | 둥지 와 |

| 默 | 默 | mò | 모 |
| | | 침묵하다 묵 |

| 粗 | 粗 | cū | 추 |
| | | 굵다 조 |

| 征 | 徵 | zhēng | 쩡 |
| | | 모집하다 징/원정하다 정 |

| 伍 | 伍 | wǔ | 우 |
| | | 대오 오 |

| 阴 | 陰 | yīn | 인 |
| | | 흐리다 음 |

威	威	wēi / 웨이	위엄	위
秋	秋	qiū / 치우	가을	추
倾	傾	qīng / 칭	기울다	경
陆	陸	lù / 루	육지	륙
哲	哲	zhé / 저	지혜롭다	철
索	索	suǒ / 수오	찾다 색/노끈	삭
昨	昨	zuó / 주오	어제	작
冰	冰	bǐng / 삥	얼음	빙
罪	罪	zuì / 쭈이	죄	죄
票	票	piào / 피아오	표, 지폐	표

醒	醒	xǐng / 싱	깨어나다	성
璃	璃	lí / 리	유리	리
暴	暴	bào / 빠오	사납다 포/폭로하다	폭
楼	樓	lóu / 로우	건물, 층	루
顿	頓	dùn / 뚠	잠시 멈추다	돈
免	免	miǎn / 미앤	면하다	면
肩	肩	jiān / 찌앤	어깨	견
壁	壁	bì / 삐	벽	벽
藏	藏	cáng, zàng / 창, 짱	간직하다, 창고	장
贵	貴	guì / 꾸이	비싸다	귀

宽	寬	kuān | 쿠안	넓다	관
异	異	yì | 이	다르다	이
胡	鬍	hú | 후	수염, 오랑캐	호
途	途	tú | 투	길	도
累	累	lèi, lěi | 레이	지치다, 포개다	루
艰	艱	jiān | 찌앤	어렵다	간
探	探	tàn | 탄	찾다	탐
孔	孔	kǒng | 콩	구멍	공
忍	忍	rěn | 런	참다	인
夏	夏	xià | 씨아	여름	하
磨	磨	mó, mò | 모	갈다/맷돌	마
徒	徒	tú | 투	무리, 헛되이	도
若	若	ruò | 뤄	같다, 만약	약
齐	齊	qí | 치	가지런하다	제
玻	玻	bō | 뽀	유리	파
补	補	bǔ | 부	보완하다	보
逃	逃	táo | 타오	달아나다	도
像	像	xiàng | 씨양	닮다, ~와 같다	상
横	橫	héng, hèng | 헝	가로, 난폭하다	횡
偏	偏	piān | 피앤	치우치다	편

疑	疑	yí | 이 | 의심하다 **의**	擦	擦	cā | 차 | 닦다, 비비다 **찰**
曲	曲	qū, qǔ | 취 | 굽다/가락 **곡**	珠	珠	zhū | 쭈 | 진주 **주**
帐	帳	zhàng | 짱 | 장막 **장**	鼻	鼻	bí | 비 | 코 **비**
帽	帽	mào | 마오 | 모자 **모**	骂	罵	mà | 마 | 욕하다 **매**
胸	胸	xiōng | 씨옹 | 가슴 **흉**	颗	顆	kē | 커 | 낱알 **과**
洲	洲	zhōu | 쪼우 | 대륙 **주**	腰	腰	yāo | 야오 | 허리 **요**
财	財	cái | 차이 | 재물 **재**	尖	尖	jiān | 찌앤 | 뾰족하다 **첨**
冒	冒	mào | 마오 | 무릅쓰다 **모**	伯	伯	bó | 보 | 백부, 맏 **백**
均	均	jūn | 쮠 | 고르다 **균**	纤	纖	xiān | 씨앤 | 가늘다 **섬**
缩	縮	suō | 쑤오 | 줄어들다 **축**	井	井	jǐng | 징 | 우물 **정**

炉	爐	lú / 루	난로 로
菌	菌	jūn, jùn / 쮠	세균/버섯 균
遭	遭	zāo / 짜오	만나다 조
航	航	háng / 항	운항하다 항
潮	潮	cháo / 차오	조수 조
承	承	chéng / 청	계승하다 승
剩	剩	shèng / 씽	남다 잉
躺	躺	tǎng / 탕	드러눕다 당
礼	禮	lǐ / 리	예의 례
慌	慌	huāng / 후앙	당황하다 황

岛	島	dǎo / 다오	섬 도
谷	穀	gǔ / 구	곡식, 계곡 곡
扑	撲	pū / 푸	덮치다, 코를 찌르다 박
拖	拖	tuō / 투오	끌다 타
控	控	kòng / 콩	통제하다, 고발하다 공
蛋	蛋	dàn / 딴	알 단
获	獲	huò / 후오	획득하다 획
傅	傅	fù / 푸	스승 부
酸	酸	suān / 쑤안	시다 산
眉	眉	méi / 메이	눈썹 미

刺 刺	cì | 쓰	阿 阿	ā, ē | 아, 어
	찌르다 자		[어조사]/아첨하다 아
肥 肥	féi | 페이	阻 阻	zǔ | 주
	살지다 비		막다 조
播 播	bō | 뽀	暖 暖	nuǎn | 누안
	전파하다 파		따뜻하다 난
训 訓	xùn | 쒼	克 克	kè | 커
	훈계하다 훈		극복하다 극
迅 迅	xùn | 쒼	湿 濕	shī | 쓰
	신속하다 신		축축하다 습
赞 贊	zàn | 짠	爆 爆	bào | 빠오
	돕다 찬		폭발하다 폭
彩 彩	cǎi | 차이	俩 倆	liǎ | 리아
	채색 채		두 사람 량
附 附	fù | 푸	愤 憤	fèn | 펀
	덧붙이다 부		분노, 분노하다 분
尾 尾	wěi | 웨이	纺 紡	fǎng | 팡
	꼬리 미		실을 뽑다 방
纷 紛	fēn | 펀	亿 億	yì | 이
	분분하다, 어지러워지다 분		억 억

浮	浮	fú | 푸 뜨다 부	协	協	xié | 시에 협조하다 협
滚	滾	gǔn | 군 구르다 곤	牲	牲	shēng | 셩 가축 생
趣	趣	qù | 취 취미 취	奔	奔	bēn, bèn | 뻔 달리다, 힘쓰다 분
盆	盆	pén | 펀 동이 분	隔	隔	gé | 거 사이에 두다 격
辩	辯	biàn | 삐앤 변론하다 변	汗	汗	hàn | 한 땀 한
糊	糊	hú | 후 풀칠하다 호	弯	彎	wān | 완 굽다 만
插	插	chā | 차 꽂다, 껴들다 삽	柴	柴	chái | 차이 땔나무 시
挤	擠	jǐ | 지 꽉 차다 제	凉	涼	liáng | 리앙 차다, 서늘하다 량
蓝	藍	lán | 란 쪽빛 람	迷	迷	mí | 미 혼미하다 미
禁	禁	jīn, jìn | 찐 금하다, 견디다 금	缓	緩	huǎn | 후안 느리다 완

介	介	jiè 찌에 끼다, 소개하다 **개**	
献	獻	xiàn 씨앤 바치다 **헌**	
卷	捲	juǎn, juàn 쥐앤, 쮜앤 말다/책 **권**	
巧	巧	qiǎo 치아오 교묘하다 **교**	
载	載	zài, zǎi 짜이, 자이 싣다, 기재하다 **재**	
稳	穩	wěn 원 안온하다 **온**	
净	淨	jìng 찡 깨끗하다 **정**	
肚	肚	dù 뚜 배, 복부 **두**	
渡	渡	dù 뚜 건너다 **도**	
登	登	dēng 떵 오르다 **등**	

剧	劇	jù 쮜 연극, 심하다 **극**	
扩	擴	kuò 쿠오 넓히다 **확**	
械	械	xiè 씨에 기계 **계**	
膀	膀	bǎng, páng 방, 팡 어깨/방광 **방**	
罢	罷	bà 빠 멈추다/그만두다 **파**	
豆	豆	dòu 또우 콩 **두**	
杆	桿	gǎn, gān 간, 깐 자루/막대 **간**	
诗	詩	shī 쓰 시 **시**	
付	付	fù 푸 교부하다 **부**	
婆	婆	pó 포 노파 **파**	

健	健	jiàn | 찌앤 건강하다 건
麦	麥	mài | 마이 보리, 밀 맥
晨	晨	chén | 천 새벽 신
铜	銅	tóng | 통 구리 동
叹	嘆	tàn | 탄 한숨 쉬다 탄
谓	謂	wèi | 웨이 말하다 위
私	私	sī | 쓰 사적인 사
幕	幕	mù | 무 장막 막
波	波	bō | 뽀 물결 파
沟	溝	gōu | 꼬우 도랑 구

咬	咬	yǎo | 야오 물다 교
辆	輛	liàng | 리앙 대 량
淡	淡	dàn | 딴 싱겁다, 엷다 담
悲	悲	bēi | 뻬이 슬프다 비
腾	騰	téng | 텅 질주하다, 오르다 등
录	錄	lù | 루 기록하다, 녹음하다 록
秘	秘	mì | 미 비밀의 비
氧	氧	yǎng | 양 산소 양
抢	搶	qiǎng | 치앙 빼앗다, 앞다투다 창
阔	闊	kuò | 쿼 넓다 활

涌	涌	yǒng 융 / 솟아나다 용	避	避	bì 삐 / 피하다 피
瓜	瓜	guā 꾸아 / 오이 과	汉	漢	Hàn, hàn 한 / 한나라, 한족 남자 한
扫	掃	sǎo 사오 / 쓸다 소	拔	拔	bá 바 / 빼다 발
薄	薄	bó, báo 보, 바오 / 엷다, 사소하다 박	愈	愈	yù 위 / 병이 낫다 유
括	括	kuò 쿼 / 묶다, 포괄하다 괄	份	份	fèn 펀 / 일부분 빈
棵	棵	kē 커 / 그루, 포기 과	尺	尺	chǐ 츠 / 자, 길이 척
甲	甲	jiǎ 지아 / 첫째 천간(십간의 첫째) 갑	灾	災	zāi 짜이 / 재앙 자
软	軟	ruǎn 루안 / 부드럽다 연	贴	貼	tiē 티에 / 붙다, 붙이다 첩
归	歸	guī 꾸이 / 돌아가다 귀	寻	尋	xún 쉰 / 찾다 심
凝	凝	níng 닝 / 엉기다 응	荣	榮	róng 롱 / 번영하다 영

促	促	cù 추	재촉하다 **촉**
毕	畢	bì 삐	마치다 **필**
呆	呆	dāi 따이	어리석다, 머무르다 **태**
饿	餓	è 어	굶주리다 **아**
迹	跡	jì 찌	자취, 발자취 **적**
烦	煩	fán 판	답답하다 **번**
序	序	xù 쒸	차례 **서**
惯	慣	guàn 꾸안	익숙해지다 **관**
磁	磁	cí 츠	자기, 자성 **자**
刑	刑	xíng 싱	형벌 **형**

援	援	yuán 위앤	당기다, 도우다 **원**
触	觸	chù 추	닿다 **촉**
梦	夢	mèng 멍	꿈, 꿈꾸다 **몽**
旅	旅	lǚ 뤼	나그네 **려**
灌	灌	guàn 꾸안	물대다 **관**
袖	袖	xiù 씨우	소매 **수**
怒	怒	nù 누	성내다 **노**
繁	繁	fán 판	많다 **번**
网	網	wǎng 왕	그물 **망**
跃	躍	yuè 위에	뛰다 **약**

培	培	péi | 페이	刷	刷	shuā | 쑤아
		북돋우다 배			솔, 솔질하다 쇄
闻	聞	wén | 원	割	割	gē | 꺼
		듣다, 냄새 맡다 문			쪼개다 할
冻	凍	dòng | 똥	殖	殖	zhí | 즈
		얼다, 춥다 동			번성하다 식
扎	扎	zhā, zhá | 짜, 자	肃	肅	sù | 쑤
		찌르다, 머물다 찰			공경하다 숙
庭	庭	tíng | 팅	挖	挖	wā | 와
		마당, 뜰 정			파다 알
驼	駝	tuó | 투오	绍	紹	shào | 싸오
		낙타 타			잇다 소
丢	丢	diū | 띠우	吨	噸	dūn | 뚠
		잃다 주			톤(ton) 톤
喂	喂	wèi | 웨이	遗	遺	yí | 이
		여보세요(부르는소리) 위			잃다, 남기다 유
烂	爛	làn | 란	喷	噴	pēn | 펀
		문드러지다 란			뿜어내다 분
博	博	bó | 보	梁	梁	liáng | 리앙
		넓다 박			들보 량

讯	訊	xùn	쉰
		캐묻다	신

凭	憑	píng	핑
		기대다	빙

舒	舒	shū	수
		펴다, 펴지다	서

闲	閑	xián	시앤
		한가하다	한

监	監	jiān	찌앤
		살피다	감

脏	臟	zàng	짱
		내장	장

夹	夾	jiā	찌아
		끼다, 끼우다	협

泛	泛	fàn	판
		뜨다	범

拼	拼	pīn	핀
		물리치다, 붙이다	병

吓	嚇	xià, hè	씨아, 허
		놀라게 하다, 노하다	혁

废	廢	fèi	페이
		폐하다	폐

狂	狂	kuáng	쿠앙
		미치다	광

操	操	cāo	카오
		쥐다, 잡다	조

厉	厲	lì	리
		갈다	려

玉	玉	yù	위
		옥	옥

旋	旋	xuán	쉬앤
		돌다	선

损	損	sǔn	순
		덜다	손

兄	兄	xiōng	씨옹
		맏이	형

役	役	yì	이
		부리다	역

滑	滑	huá	후아
		미끄럽다	활

托 托	tuō 투오 받쳐 들다 **탁**	宇 宇	yǔ 위 집, 지붕 **우**
敬 敬	jìng 찡 공경하다 **경**	残 殘	cán 칸 손상시키다, 모자라다 **잔**
虑 慮	lǜ 뤼 생각하다 **려**	谋 謀	móu 모우 꾀하다 **모**
骑 騎	qí 치 걸터앉다 **기**	颜 顏	yán 이앤 얼굴 **안**
绩 績	jì 찌 실을 잣다 **적**	塑 塑	sù 쑤 흙으로 빚다 **소**
哼 哼	hēng 헝 신음하다 **형**	惟 惟	wéi 웨이 오직, 다만 **유**
亡 亡	wáng 왕 달아나다, 망하다 **망**	恨 恨	hèn 헌 원망하다 **한**
劝 勸	quàn 취앤 권장하다 **권**	箱 箱	xiāng 씨앙 상자 **상**
订 訂	dìng 띵 바로잡다 **정**	授 授	shòu 쏘우 주다 **수**
闭 閉	bì 삐 닫다, 닫히다 **폐**	戴 戴	dài 따이 착용하다 **대**

		bān	빤				chún	춘
搬	搬		옮기다 반		纯	純		순수하다 순
析	析	xī	씨		途	途	tú	투
			분석하다 석					길, 도로 도
溜	溜	liū	리우		仗	仗	zhàng	짱
			미끄러지다 류					기대다 장
销	銷	xiāo	씨아오		浓	濃	nóng	농
			녹다, 팔다 소					짙다 농
锅	鍋	guō	꾸오		惜	惜	xī	씨
			솥 과					아끼다 석
侧	側	cè	처		蒸	蒸	zhēng	쩡
			곁, 옆 측					찌다 증
龙	龍	lóng	롱		赛	賽	sài	싸이
			용 룡					겨루다 새
污	污	wū	우		胆	膽	dǎn	단
			더럽다 오					쓸개 담
蜂	蜂	fēng	펑		狠	狠	hěn	헌
			벌 봉					잔인하다 한
昏	昏	hūn	훈		凡	凡	fán	판
			저녁때 혼					평범하다, 모든, 모두 범

盛	盛	shèng, chéng 썽, 청 왕성하다/담다, 채우다 성
贫	貧	pín 핀 가난하다 빈
抖	抖	dǒu 도우 떨다 두
迟	遲	chí 츠 늦다 지
拥	擁	yōng 용 끌어안다 옹
舍	捨	shě, shè 서, 써 버리다/집 사
敌	敵	dí 디 맞서다 적
绳	繩	shéng 성 줄, 새끼 승
荡	蕩	dàng 땅 흔들다, 흔들리다 탕
腐	腐	fǔ 푸 썩다 부

恐	恐	kǒng 콩 두려워하다 공
仔	仔	zǐ 즈 자세하다, 어리다 자
额	額	é 어 이마, 일정한 액수 액
茫	茫	mǎng 망 아득하다 망
仪	儀	yí 이 의식 의
域	域	yù 위 땅, 국토 역
乘	乘	chéng 청 타다 승
怜	憐	lián 리앤 가엾게 생각하다 련
瓶	瓶	píng 핑 병 병
勤	勤	qín 친 부지런하다 근

陷 陷	xiàn | 씨앤 함락하다 함	敲 敲	qiāo | 치아오 두드리다 고
吐 吐	tǔ, tù | 투 토하다 토	捕 捕	bǔ | 부 사로잡다 포
违 違	wéi | 웨이 어기다 위	尊 尊	zūn | 쭌 귀하다 존
猿 猿	yuán | 위앤 원숭이 원	匪 匪	fěi | 페이 강도 비
聚 聚	jù | 쮜 모이다 취	释 釋	shì | 쓰 해석하다 석
述 述	shù | 쑤 진술하다 술	疯 瘋	fēng | 펑 실성하다 풍
典 典	diǎn | 디앤 법, 책 전	距 距	jù | 쮜 거리 거
绕 繞	rào | 라오 두르다 요	疼 疼	téng | 텅 아프다 동
伏 伏	fú | 푸 엎드리다 복	虚 虛	xū | 쒸 공허하다 허
幅 幅	fú | 푸 너비 폭	牧 牧	mù | 무 목축하다 목

睜	睜	zhēng / 쩡 / 눈뜨다 정	匆	匆	cōng / 총 / 총망하다 총
隐	隱	yǐn / 인 / 숨기다 은	捧	捧	pěng / 펑 / 받들다 봉
脉	脈	mài / 마이 / 혈맥 맥	苍	蒼	cāng / 창 / 푸르다 창
埋	埋	mǎi, mán / 마이, 만 / 묻다, 파묻다 매	珍	珍	zhēn / 쩐 / 진귀하다 진
踏	踏	tà, tā / 타 / 발로 밟다 답	毁	毀	huǐ / 후이 / 헐다, 상처 입히다 훼
款	款	kuǎn / 쿠안 / 금액, 항목 관	摄	攝	shè / 써 / 섭취하다, 찍다 섭
垂	垂	chuí / 추이 / 드리우다 수	躲	躲	duǒ / 두오 / 숨다 타
缝	縫	fèng, féng / 펑 / 바느질하다, 꿰매다 봉	荒	荒	huāng / 후앙 / 거칠다 황
贯	貫	guàn / 꾸안 / 꿰뚫다 관	竹	竹	zhú / 주 / 대, 대나무 죽
德	德	dé / 더 / 덕, 행위 덕	壳	殼	ké, qiào / 커, 치아오 / 껍데기 각

婚	婚	hūn | 훈 결혼하다 혼
歼	殲	jiān | 찌앤 섬멸하다 섬
胞	胞	bāo | 빠오 포의, 친형제 포
炸	炸	zhá, zhǎ | 자, 짜 폭파하다, 기름튀기다 작
杯	杯	bēi | 뻬이 잔, 그릇 배
摔	摔	shuāi | 쑤아이 내던지다 솔
闷	悶	mēn, mèn | 먼 답답하다, 우울하다 민
蒙	蒙	méng, měng | 멍 받다/속이다 몽
飘	飄	piāo | 피아오 회오리바람 표
宙	宙	zhòu | 쪼우 (무한)시간 주

宜	宜	yí | 이 적합하다 의
驶	駛	shǐ | 스 빨리 달리다 사
皱	皺	zhòu | 쪼우 주름 추
塞	塞	sāi, sài | 싸이 막히다 색/변방 새
椅	椅	yǐ | 이 의자 의
稍	稍	shāo | 싸오 약간 초
稼	稼	jià | 찌아 심다, 곡식 가
雷	雷	léi | 레이 천둥 뢰
棒	棒	bàng | 빵 막대기 봉
糖	糖	táng | 탕 사탕, 엿 당

伴	伴	bàn | 빤	짝, 동료 **반**
词	詞	cí | 츠	말, 단어 **사**
撞	撞	zhuàng | 쭈앙	부딪히다 **당**
揭	揭	jiē | 찌에	떼다 **게**
蜜	蜜	mì | 미	벌꿀 **밀**
挨	挨	āi, ái | 아이	차례대로 하다, 당하다 **애**
捉	捉	zhuō | 쭈오	손에 쥐다 **착**
悉	悉	xī | 씨	알다 **실**
巩	鞏	gǒng | 공	견고하다 **공**
尘	塵	chén | 천	먼지, 자취 **진**

搭	搭	dā | 따	(막을)치다, 연결되다 **탑**
瘦	瘦	shòu | 쓰우	여위다 **수**
稿	稿	gǎo | 가오	볏짚, 초고 **고**
貌	貌	mào | 마오	얼굴, 용모 **모**
恰	恰	qià | 치아	알맞다 **흡**
笼	籠	lǒng, lóng | 롱	바구니, 덮어씌우다 **롱**
添	添	tiān | 티앤	보태다 **첨**
亩	畝	mǔ | 무	(면적단위) 묘 **묘**
俺	俺	ǎn | 안	나, 자신, 우리 **엄**
稀	稀	xī | 씨	드물다 **희**

措	措	cuò	취	
		조치하다, 배치하다		조

猜	猜	cāi	차이	
		추측하다, 의심하다		시

浅	淺	qiǎn	치앤	
		얕다		천

核	核	hé	허	
		과실의 씨, 핵		핵

肠	腸	cháng	창	
		창자, 마음		장

粒	粒	lì	리	
		알갱이		립

柜	櫃	guì	꾸이	
		함, 옷장		궤

漠	漠	mò	모	
		사막, 망막하다		막

丈	丈	zhàng	짱	
		길이의 단위, 어른		장

啥	啥	shá	사	
		무엇		사

忆	憶	yì	이	
		기억하다		억

尤	尤	yóu	요우	
		더욱, 특히		우

漫	漫	màn	만	
		질펀하다		만

秀	秀	xiù	씨우	
		빼어나다		수

牵	牽	qiān	치앤	
		끌어당기다		견

乏	乏	fá	파	
		부족하다		핍

乌	烏	wū	우	
		까마귀		오

裂	裂	liè	리에	
		금가다		렬

焦	焦	jiāo	찌아오	
		그을리다		초

滴	滴	dī	띠	
		물방울, 방울져 떨어지다		적

逼	逼	bī | 삐 핍박하다 **핍**		
寄	寄	jì | 찌 맡기다, 부치다 **기**		
骗	騙	piàn | 피앤 속이다 **편**		
峰	峰	fēng | 펑 산봉우리 **봉**		
绪	緒	xù | 쒸 실마리, 비롯함 **서**		
纱	紗	shā | 싸 깁, 외올실 **사**		
雾	霧	wù | 우 안개 **무**		
串	串	chuàn | 추안 실로 꿰다 **천**		
障	障	zhàng | 짱 가로막다 **장**		
骆	駱	luò | 뤄 낙타 **락**		

扯	扯	chě | 처 잡아당기다 **차**		
轰	轟	hōng | 홍 울리다, 수레소리 **굉**		
辉	輝	huī | 후이 불빛, 광채 **휘**		
仰	仰	yǎng | 양 우러르다 **앙**		
掩	掩	yǎn | 이앤 가리다 **엄**		
娃	娃	wá | 와 갓난아기 **왜**		
唤	唤	huàn | 환 부르다 **환**		
吞	吞	tūn | 툰 삼키다 **탄**		
铃	鈴	líng | 링 방울 **령**		
斜	斜	xié | 시에 비스듬하다 **사**		

嚷	嚷	rǎng | 랑 외치다 양	哇	哇	wā | 와 앙앙, 엉엉(울음소리) 왜
猎	獵	liè | 리에 사냥하다 렵	浑	渾	hún | 훈 흐리다, 모두 혼
皇	皇	huáng | 후앙 임금 황	刮	刮	guā | 꾸아 칼날로 깎다 괄
库	庫	kù | 쿠 곳집 고	恢	恢	huī | 후이 넓다 회
吵	吵	chǎo, cháo | 차오 시끄럽다 초	晓	曉	xiǎo | 시아오 새벽 효
秒	秒	miǎo | 미아오 (단위) 초/수염 묘	坡	坡	pō | 포 비탈, 고개 파
匠	匠	jiàng | 찌앙 장인 장	允	允	yǔn | 윈 승낙하다 윤
缘	緣	yuán | 위앤 이유, 인연 연	臂	臂	bì | 삐 팔 비
剂	劑	jì | 찌 약 짓다, 조제한 약 제	锋	鋒	fēng | 펑 창날, 칼날 봉
稻	稻	dào | 따오 벼 도	洁	潔	jié | 지에 깨끗하다 결

蹲	蹲	dūn, cún	뚠, 춘	苗	苗	miáo	미아오	
		쪼그려 앉다, 발을 삐다 준				모, 묘종 묘		
审	審	shěn	선	辈	輩	bèi	뻬이	
		살피다 심				무리, 세대 배		
荷	荷	hè, hé	허	晃	晃	huǎng, huàng	후앙	
		연, 어깨에 메다 하				빛나다, 흔들리다 황		
丛	叢	cóng	총	箭	箭	jiàn	찌앤	
		모이다 총				화살 전		
歇	歇	xiē	씨에	扭	扭	niǔ	니우	
		휴식하다 헐				비틀다 뉴		
振	振	zhèn	쩐	坑	坑	kēng	컹	
		진동하다, 구제하다 진				구덩이 갱		
胃	胃	wèi	웨이	辟	闢	pì, bì	피, 삐	
		위 위				개척하다, 열다, 군주 벽		
详	詳	xiáng	시양	掏	掏	tāo	타오	
		자세하다 상				끄집어내다 도		
炕	炕	kàng	캉	哀	哀	āi	아이	
		중국식 온돌 항				슬프다 애		
径	徑	jìng	찡	孤	孤	gū	꾸	
		좁은 길 경				외롭다 고		

		gōng	꿍			hóu	호우
宮	宮	궁전 궁		猴	猴	원숭이 후	
拱	拱	gǒng 공 두 손을 올려 절하다 공		殊	殊	shū 쑤 다르다 수	
森	森	sēn 썬 삼림 삼		拾	拾	shí 스 줍다 습	
耗	耗	hào 하오 소비하다 모		噢	噢	ō 오 어! 오! 오	
焊	焊	hàn 한 용접하다 한		纵	縱	zòng 쭝 세로 종	
末	末	mò 모 끝 말		泡	泡	pào, pāo 파오 거품, 부풀어진 모양 포	
凶	凶	xiōng 씨옹 불길하다 흉		巾	巾	jīn 찐 수건, 헝겊 건	
慰	慰	wèi 웨이 위로하다 위		饱	飽	bǎo 비오 배부르다 포	
狼	狼	láng 랑 이리 랑		汇	彙	huì 후이 모으다, 집대성하다 회	
唇	脣	chún 춘 입술 순		翅	翅	chì 츠 날개, 나는 모양 시	

哟	喲	yō, yo ㅣ 요 [어조사]/탄식하는 소리 **약**	
脾	脾	pí ㅣ 피 지라 **비**	
漂	漂	piāo, piǎo ㅣ 피아오 표류하다, 표백하다 **표**	
暂	暫	zàn ㅣ 짠 잠시 **잠**	
渠	渠	qú ㅣ 취 도랑 **거**	
兔	兔	tù ㅣ 투 토끼 **토**	
牺	犧	xī ㅣ 씨 희생 **희**	
漆	漆	qī ㅣ 치 옻칠 **칠**	
岩	巖	yán ㅣ 이앤 바위 **암**	
牢	牢	láo ㅣ 라오 (가축)우리, 둘러싸다 **뢰**	

码	碼	mǎ ㅣ 마 숫자, 셈하다 **마**	
智	智	zhì ㅣ 쯔 지혜 **지**	
牌	牌	pái ㅣ 파이 간판 **패**	
棚	棚	péng ㅣ 펑 선반 **붕**	
脆	脆	cuì ㅣ 추이 취약하다, 무르다 **취**	
祝	祝	zhù ㅣ 쭈 기원하다 **축**	
寸	寸	cùn ㅣ 춘 마디 **촌**	
访	訪	fǎng ㅣ 팡 찾다 **방**	
聪	聰	cōng ㅣ 총 총명하다 **총**	
贡	貢	gòng ㅣ 꽁 바치다 **공**	

		rēng	렁
扔	扔		내버리다 잉

		yòu	요우
幼	幼		어리다 유

		miào	미아오
妙	妙		묘하다 묘

		zāo	짜오
糟	糟		지게미, 그르치다 조

		fū	푸
肤	膚		살갗 부

		xiá	시아
峡	峽		골짜기 협

		diē	띠에
爹	爹		아버지 다

		chàn, zhàn	찬, 짠
颤	顫		흔들리다, 떨다 전

		táo	타오
桃	桃		복숭아 도

		jì	찌
寂	寂		고요하다 적

		qiān	치앤
签	簽		서명하다 첨

		gāng	깡
纲	綱		벼리 강

		lì	리
励	勵		힘쓰다 려

		jīng	찡
晶	晶		수정 정

		chéng	청
诚	誠		정성 성

		sù	쑤
宿	宿		묵다, 노련하다 숙

		chóu	초우
仇	仇		원수 구

		xīn	씬
辛	辛		맵다 신

		dì	띠
递	遞		넘겨주다 체

		nú	누
奴	奴		종, 노예 노

趁	趁	chèn	천	润	潤	rùn	룬
		좇다, 기회를 타다 진				윤택하다 윤	
疲	疲	pí	피	甜	甜	tián	티앤
		지치다 피				달다 첨	
盐	鹽	yán	이앤	狱	獄	yù	위
		소금 염				감옥 옥	
塘	塘	táng	탕	坦	坦	tǎn	탄
		제방, 못 당				평탄하다 탄	
享	享	xiǎng	시앙	匹	匹	pǐ	피
		누리다 향				필, 짝 필	
舅	舅	jiù	찌우	漏	漏	lòu	로우
		외삼촌 구				새다 루	
挡	擋	dǎng	당	筋	筋	jīn	찐
		막다 당				힘줄 근	
尚	尚	shàng	씽	屈	屈	qū	취
		숭상하다 상				굽히다 굴	
卵	卵	luǎn	루안	陪	陪	péi	페이
		알 란				모시다 배	
延	延	yán	이앤	疗	療	liáo	리아오
		연장하다 연				치료하다 료	

| 渔 | 漁 | yú | 위 |
| | | 고기 잡다 | 어 |

| 柱 | 柱 | zhù | 쭈 |
| | | 기둥 | 주 |

| 齿 | 齒 | chǐ | 츠 |
| | | 이 | 치 |

| 晴 | 晴 | qíng | 칭 |
| | | 개다 | 청 |

| 舱 | 艙 | cāng | 창 |
| | | 객실 | 창 |

| 披 | 披 | pī | 피 |
| | | 옷을 걸치다, 입다 | 피 |

| 遵 | 遵 | zūn | 쭌 |
| | | 좇다, 따르다 | 준 |

| 腔 | 腔 | qiāng | 치앙 |
| | | 빈속 | 강 |

| 裤 | 褲 | kù | 쿠 |
| | | 바지 | 고 |

| 扣 | 扣 | kòu | 코우 |
| | | 채우다, 구류하다 | 구 |

| 售 | 售 | shòu | 쏘우 |
| | | 팔다, 팔리다 | 수 |

| 刊 | 刊 | kān | 칸 |
| | | 새기다 | 간 |

| 奖 | 獎 | jiǎng | 지앙 |
| | | 장려하다 | 장 |

| 饼 | 餅 | bǐng | 빙 |
| | | 떡, 전 | 병 |

| 傲 | 傲 | ào | 아오 |
| | | 거만하다 | 거 |

| 猪 | 猪 | zhū | 쭈 |
| | | 돼지 | 저 |

| 摘 | 摘 | zhāi | 짜이 |
| | | 손으로 따다 | 적 |

| 硫 | 硫 | liú | 리우 |
| | | 유황 | 류 |

| 启 | 啓 | qǐ | 치 |
| | | 열다 | 계 |

| 蚕 | 蠶 | cán | 찬 |
| | | 누에 | 잠 |

宗 宗	zōng | 쭝 조상, 친족/일의 기본 **종**	趟 趟	tàng | 탕 차례, 번 **쟁**
芦 蘆	lú | 루 갈대 **로**	赤 赤	chì | 츠 붉다, 텅 비다 **적**
扶 扶	fú | 푸 떠받치다 **부**	墨 墨	mò | 모 먹, 형벌이름 **묵**
蛇 蛇	shé | 시 뱀 **사**	洪 洪	hóng | 홍 크다, 큰물 **홍**
凳 凳	dèng | 떵 걸상 **등**	棍 棍	gùn | 꾼 막대기 **곤**
窑 窑	yáo | 야오 기와 굽는 가마 **요**	涨 漲	zhǎng, zhàng | 장, 짱 물이 붇다, 확대하다 **창**
撤 撤	chè | 처 거두다 **철**	斯 斯	sī | 쓰 이것 **사**
符 符	fú | 푸 부호, 부신 **부**	锻 鍛	duàn | 뚜안 단조하다 **단**
番 番	fān | 판 차례, 종류 **번**	鸣 鳴	míng | 밍 울다 **명**
估 估	gū | 꾸 평가하다 **고**	傻 傻	shǎ | 사 어리석다 **사**

亏 虧	kuī | 쿠이 부족하다, 손해보다 휴	咳 咳	hāi, ké | 하이, 커 야! 이봐!/기침하다 해
叛 叛	pàn | 판 배반하다 반	賞 賞	shǎng | 샹 상, 상주다 상
碑 碑	bēi | 뻬이 비석 비	莫 莫	mò | 모 없다, ~해서 안 된다 막
疾 疾	jí | 지 질병 질	拨 撥	bō | 뽀 밀어서 움직이다 발
吊 弔	diào | 띠아오 조문하다, 매달다 조	版 版	bǎn | 반 널, (인쇄)판 판
欣 欣	xīn | 씬 기쁘다 흔	岗 崗	gǎng | 강 산등성이 강
池 池	chí | 츠 못 지	挣 掙	zhèng | 쩡 돈벌다 쟁
轨 軌	guǐ | 구이 궤도 궤	甘 甘	gān | 깐 달다 감
剑 劍	jiàn | 찌앤 칼 검	旱 旱	hàn | 한 가물다 한
悟 悟	wù | 우 깨닫다 오	撒 撒	sā | 싸 뿌리다 살

偶	偶	ǒu | 오우 짝(수) 우
盟	盟	méng | 멍 동맹 맹
喘	喘	chuǎn | 추안 헐떡이다 천
杨	楊	yáng | 양 버드나무 양
堵	堵	dǔ | 두 막다 도
罗	羅	luó | 루오 새그물 라
瓦	瓦	wǎ | 와 기와 와
碳	碳	tàn | 탄 탄소 탄
驾	駕	jià | 찌아 타다, 거마 가
译	譯	yì | 이 번역하다 역
凑	湊	còu | 초우 모이다 주
岭	嶺	lǐng | 링 재, 큰 산맥 령
逗	逗	dòu | 또우 희롱하다 두
康	康	kāng | 캉 편안하다 강
筒	筒	tǒng | 통 대롱 통
厌	厭	yàn | 이앤 싫다 염
锁	鎖	suǒ | 수오 잠그다, 자물쇠 쇄
拢	攏	lǒng | 롱 (입)다물다, 다가가다 롱
锐	銳	ruì | 루이 날카롭다 예
瞪	瞪	dèng | 떵 바로보다, 주시하다 징

纠 糾	jiū 찌우 / 얽히다, 바로잡다 **규**	溶 溶	róng 룽 / 용해하다 **용**
砍 砍	kǎn 칸 / 베다 **감**	魔 魔	mó 모 / 마귀 **마**
壤 壤	rǎng 랑 / 흙, 땅 **양**	铅 鉛	qiān 치앤 / 납 **연**
拣 揀	jiǎn 지앤 / 고르다 **간**	泼 潑	pō 포 / 뿌리다, 물이 새다 **발**
膜 膜	mó 모 / 막, 얇은 꺼풀 **막**	衡 衡	héng 헝 / 저울대, 헤아리다 **형**
炭 炭	tàn 탄 / 숯 **탄**	扇 扇	shàn 싼 / 부채 **선**
竟 竟	jìng 찡 / 마침내 **경**	柔 柔	róu 로우 / 부드럽다 **유**
盒 盒	hé 허 / 통, 찬합 **합**	敏 敏	mǐn 민 / 재빠르다 **민**
迈 邁	mài 마이 / 내딛다 **매**	幻 幻	huàn 환 / 변하다, 환상, 환영 **환**
朗 朗	lǎng 랑 / 밝다 **랑**	瞎 瞎	xiā 씨아 / 눈멀다 **할**

鲸 鯨	jīng 찡 / 고래 경	挽 挽	wǎn 완 / 잡아당기다 만
择 擇	zé 저 / 가리다 택	臭 臭	chòu 초우 / 구리다 취
乙 乙	yǐ 이 / 둘째 천간 을	钓 釣	diào 띠아오 / 낚시질하다 조
纹 紋	wén 원 / 무늬 문	桶 桶	tǒng 퉁 / 통 통
惨 慘	cǎn 찬 / 비참하다 참	哨 哨	shào 싸오 / 망보다 초
耕 耕	gēng 껑 / 밭 갈다, 고르다 경	舌 舌	shé 서 / 혀 설
童 童	tóng 퉁 / 어린이, 아이 동	肝 肝	gān 깐 / 간 간
钉 釘	dīng, dìng 띵 / 못, 못을 박다 정	眠 眠	mián 미앤 / 잠자다 면
抄 抄	chāo 차오 / 베끼다 초	厅 廳	tīng 팅 / 큰방, 청 청
摊 攤	tān 탄 / 늘어놓다 탄	碍 礙	ài 아이 / 방해하다 애

| 籃 | 籃 | lán | 란 |
| | | 바구니 | 람 |

| 弃 | 棄 | qì | 치 |
| | | (내)버리다, 잊어버리다 | 기 |

| 哗 | 嘩 | huá | 후아 |
| | | 시끄럽다 | 화 |

| 琴 | 琴 | qín | 친 |
| | | 거문고 | 금 |

| 秧 | 秧 | yāng | 양 |
| | | 모종 | 양 |

| 蚀 | 蝕 | shí | 스 |
| | | 손해보다, 침식하다 | 식 |

| 苹 | 蘋 | píng | 핑 |
| | | 사과(나무) | 평 |

| 愁 | 愁 | chóu | 초우 |
| | | 근심, 근심하다 | 수 |

| 阅 | 閱 | yuè | 위에 |
| | | 읽다 | 열 |

| 截 | 截 | jié | 지에 |
| | | 자르다, 가로막다 | 절 |

| 顽 | 頑 | wán | 완 |
| | | 미련하다 | 완 |

| 涉 | 涉 | shè | 써 |
| | | 건너다, 거닐다 | 섭 |

| 崇 | 崇 | chóng | 총 |
| | | 높다 | 숭 |

| 歪 | 歪 | wāi | 와이 |
| | | 비뚤다 | 왜 |

| 欠 | 欠 | qiàn | 치앤 |
| | | 빚지다, 모자라다 | 흠 |

| 瓷 | 瓷 | cí | 츠 |
| | | 사기그릇 | 자 |

| 盼 | 盼 | pàn | 판 |
| | | 바라다 | 반 |

| 捏 | 捏 | niē | 니에 |
| | | 손가락으로 집다 | 날 |

| 黏 | 黏 | nián, zhān | 니앤, 짠 |
| | | 찰지다, 달라붙다 | 점 |

| 咽 | 咽 | yān | 이앤 |
| | | 목구멍 | 인 |

		sǎn	산
伞	傘		우산 산

		bó	보
脖	脖		목(덜미) 발

		lí	리
厘	釐		센티 리

		hēi	헤이
嘿	嘿		어이! 묵

		kuā	쿠아
夸	誇		과장하다 과

		hē	허
呵	呵		꾸짖다, 숨을 내쉬다 가

		qī	치
欺	欺		속이다 기

		zhē	쩌
遮	遮		가리다 차

		jiāo	찌아오
骄	驕		교만하다 교

		yā	아
鸦	鴉		까마귀 아

		yàn, yān	이앤
燕	燕		제비/나라이름 연

		zhū	쭈
株	株		그루 주

		tān	탄
滩	灘		여울, 물가 탄

		zhái	자이
宅	宅		집, 저택 택

		jù	쮜
拒	拒		대항하다, 거절하다 거

		liú	리우
榴	榴		석류 류

		yú	위
愉	愉		유쾌하다 유

		zǐ	즈
紫	紫		자주빛 자

		fǎn	판
返	返		돌아가다 반

		sàng, sāng	쌍
丧	喪		상실하다, 장의 상

胶	膠	jiāo	찌아오
		아교 교	

脂	脂	zhǐ	쯔
		지방 지	

邻	鄰	lín	린
		이웃, 이웃한 린	

肺	肺	fèi	페이
		폐, 허파 폐	

梅	梅	méi	메이
		매화나무 매	

汤	湯	tāng	탕
		더운물, 국 탕	

租	租	zū	쭈
		세내다 조	

亭	亭	tíng	팅
		정자 정	

浸	浸	jìn	찐
		물에 담그다 침	

醉	醉	zuì	쭈이
		취하다 취	

丘	丘	qiū	치우
		언덕 구	

妻	妻	qī	치
		아내 처	

捞	撈	lāo	라오
		건져내다 로	

彼	彼	bǐ	비
		저, 그 피	

溉	溉	gài	까이
		물대다 개	

砂	砂	shā	싸
		모래 사	

胎	胎	tāi	타이
		태아 태	

懒	懶	lǎn	란
		게으르다 라	

蜡	蠟	là	라
		밀랍 랍	

扁	扁	biǎn	비앤
		넓적하다, 평평하다 편	

弊 弊	bì ㅣ삐 부정행위, 폐해 **폐**	眯 眯	mǐ ㅣ미 실눈 뜨다 **미**
吼 吼	hǒu ㅣ호우 울부짖다 **후**	隶 隸	lì ㅣ리 속하다, 노예 **례**
堤 堤	dī ㅣ띠 둑 **제**	泉 泉	quán ㅣ취앤 샘물 **천**
嗓 嗓	sǎng ㅣ상 목구멍 **상**	悔 悔	huǐ ㅣ후이 뉘우치다 **회**
届 屆	jiè ㅣ찌에 때가 되다, 기회 **계**	愣 愣	lèng ㅣ렁 멍해지다 **릉**
并 幷	bìng ㅣ삥 아우르다 **병**	纬 緯	wěi ㅣ웨이 씨, 가로, 위도 **위**
苇 葦	wěi ㅣ웨이 갈대 **위**	烛 燭	zhú ㅣ주 초, 양초, 촛불 **촉**
朴 樸	pǔ ㅣ푸 순박하다 **박**	患 患	huàn ㅣ환 재난, 걸리다 **환**
塔 塔	tǎ ㅣ타 탑, 절, 불당 **탑**	抹 抹	mǒ, mò ㅣ모 바르다, 발라 고르다 **말**
蝗 蝗	huáng ㅣ후앙 누리 **황**	搜 搜	sōu ㅣ쏘우 찾다 **수**

嘻	嘻	xī	씨
		웃다, 아!	희

咐	咐	fù	푸
		분부하다	부

昆	昆	kūn	쿤
		형, 맏이	곤

怨	怨	yuàn	위앤
		원한	원

俗	俗	sú	수
		풍속, 속되다	속

欲	慾	yù	위
		욕망, 바라다	욕

购	購	gòu	꼬우
		사다	구

庆	慶	qìng	칭
		축하하다	경

淋	淋	lín	린
		물 뿌리다, 젖다	림

霜	霜	shuāng	쑤앙
		서리	상

丫	丫	yā	아
		아귀, 소녀	아

咧	咧	liě	리에
		입 벌리다	렬

猫	猫	māo	마오
		고양이	묘

辑	輯	jí	지
		모으다	집

炎	炎	yán	이앤
		무덥다, 염증	염

姿	姿	zī	쯔
		용모, 자태	자

栏	欄	lán	란
		난간, 칼럼	란

鞭	鞭	biān	삐앤
		채찍	편

抑	抑	yì	이
		누르다, 억압하다	억

伪	僞	wěi	웨이
		거짓	위

桩	椿	zhuāng	쭈앙
		말뚝 장	

拦	攔	lán	란
		막다, 가로막다 란	

犹	猶	yóu	요우
		오히려, ~와 같다 유	

邮	郵	yóu	요우
		우편 우	

冤	冤	yuān	위앤
		억울하다 원	

衬	襯	chèn	천
		받쳐 입다 친	

胀	脹	zhàng	짱
		팽창하다 창	

蔽	蔽	bì	삐
		가리다 폐	

综	綜	zōng	쭝
		합치다 종	

捆	捆	kǔn	쿤
		묶다 곤	

辞	辭	cí	츠
		말, 언사 사	

饮	飲	yǐn	인
		마시다 음	

隆	隆	lóng	롱
		성대하다 융	

肢	肢	zhī	쯔
		팔다리 지	

枯	枯	kū	쿠
		시들다 고	

梯	梯	tī	티
		사다리, 층계 제	

魂	魂	hún	훈
		혼령 혼	

耀	耀	yào	야오
		빛나다, 비치다 요	

描	描	miáo	미아오
		묘사하다 묘	

冶	冶	yě	이에
		제련하다 야	

栽	栽	zāi	짜이		盗	盗	dào	따오
		심다 재					훔치다 도	
橘	橘	jú	쥐		罩	罩	zhào	짜오
		귤, 귤나무 귤					덮다 조	
柳	柳	liǔ	리우		胖	胖	pàng	팡
		버드나무 류					뚱뚱하다 반	
跨	跨	kuà	콰		昂	昂	áng	앙
		활보하다, 초월하다 과					쳐들다 앙	
嫁	嫁	jià	찌아		港	港	gǎng	강
		시집가다 가					항구 항	
丁	丁	dīng	띵		恳	懇	kěn	컨
		성년남자 정					간절하다 간	
卧	卧	wò	워		绑	綁	bǎng	방
		눕다 와					묶다, 감다 방	
悬	懸	xuán	쉬앤		哄	哄	hǒng, hōng	홍
		매달다 현					속이다 공/떠들석하다 홍	
锦	錦	jǐn	진		爽	爽	shuǎng	수앙
		비단 금					밝다, 맑다 상	
饥	饑	jī	찌		餐	餐	cān	찬
		배고프다 기					먹다, 식사 찬	

仙	仙	xiān	씨앤
		신선 선	

勾	勾	gōu	꼬우
		삭제하다, 결탁하다 구	

绘	繪	huì	후이
		그리다 회	

衫	衫	shān	싼
		윗옷 삼	

掠	掠	lüè	뤼에
		빼앗다 략	

宪	憲	xiàn	씨앤
		법령 헌	

胳	胳	gē	꺼
		겨드랑이 각	

掀	掀	xiān	씨앤
		치켜들다, 번쩍 들다 흔	

华	華	huá, Huá	후아
		꽃부리, 화려하다/중국 화	

饰	飾	shì	쓰
		장식하다 식	

拳	拳	quán	취앤
		주먹 권	

酒	酒	jiǔ	지우
		술 주	

览	覽	lǎn	란
		보다 람	

阀	閥	fá	파
		가문 벌	

搁	擱	gē	꺼
		놓다 각	

撕	撕	sī	쓰
		찢다 시	

盯	盯	dīng	띵
		주시하다 정	

悠	悠	yōu	요우
		멀다, 오래다 유	

翼	翼	yì	이
		날개 익	

裁	裁	cái	차이
		재단하다 재	

霉	黴	méi | 메이 곰팡이 **미**		
仓	倉	cāng | 창 창고 **창**		
匀	勻	yún | 윈 균등하다 **윤**		
予	予	yú, yǔ | 위 나/주다 **여**		
姨	姨	yí | 이 이모 **이**		
辨	辨	biàn | 삐앤 판별하다 **변**		
逢	逢	féng | 펑 만나다 **봉**		
驴	驢	lǘ | 뤼 당나귀 **려**		
键	鍵	jiàn | 찌앤 건반 **건**		
踩	踩	cǎi | 차이 밟다 **채**		

潜	潛	qián | 치앤 자맥질하다 **잠**		
扰	擾	rǎo | 라오 어지럽다 **요**		
驻	駐	zhù | 쭈 멈추다 **주**		
框	框	kuàng | 쿠앙 테두리 **광**		
罐	罐	guàn | 꾸안 항아리 **관**		
袭	襲	xí | 시 습격하다 **습**		
雀	雀	què | 취에 참새 **작**		
跌	跌	diē | 띠에 (걸려)넘어지다 **질**		
痕	痕	hén | 헌 자취, 자국 **흔**		
喉	喉	hóu | 호우 목구멍 **후**		

		jiāo	지아오			pín	핀
撹	攪		휘젓다 교	频	頻		자꾸, 자주 빈
矮	矮	ǎi	아이	脊	脊	jǐ	지
			작다 왜				척추, 등뼈 척
浇	澆	jiāo	찌아오	啪	啪	pā	파
			뿌리다, 물대다 요				땅땅, 짝짝(부딪치는 소리) 박
媳	媳	xi	시	驰	馳	chí	츠
			며느리 식				질주하다 치
闯	闖	chuǎng	추앙	豁	豁	huō, huò	후오, 훠
			뛰어들다 틈				찢어지다, 확 트이다 활
蛙	蛙	wā	와	催	催	cuī	추이
			개구리 와				독촉하다 최
填	填	tián	티앤	帘	簾	lián	리앤
			채우다 전				발, 커튼 렴
蓬	蓬	péng	펑	旦	旦	dàn	딴
			쑥, 흐트러지다 봉				아침 단
疏	疏	shū	쑤	督	督	dū	뚜
			트다, 소홀하다 소				감독하다 독
忧	憂	yōu	요우	侦	偵	zhēn	쩐
			걱정하다 우				탐색하다, 염탐하다 정

壺	壺	hú / 후 / 주전자 **호**	
筐	筐	kuāng / 쿠앙 / 광주리 **광**	
陈	陳	chén / 천 / 늘어놓다 **진**	
滋	滋	zī / 쯔 / 자라나다 **자**	
丑	醜	chǒu / 초우 / 못생기다 **추**	
霸	霸	bà / 빠 / 맹주 **패**	
颠	顚	diān / 띠앤 / 넘어지다 **전**	
岂	豈	qǐ / 치 / 어찌 **기**	
妥	妥	tuǒ / 투오 / 타당하다 **타**	
辫	辮	biàn / 삐앤 / 변발 **변**	

倡	倡	chàng / 창 / 이끌다 **창**	
兽	獸	shòu / 쏘우 / 짐승 **수**	
艳	艷	yàn / 이앤 / 곱다 **염**	
籍	籍	jí / 지 / 서적, 장부 **적**	
鼠	鼠	shǔ / 수 / 쥐 **서**	
崖	崖	yá / 야 / 벼랑 **애**	
叠	疊	dié / 디에 / 포개다 **첩**	
症	症	zhèng / 쩡 / 질병 **증**	
斥	斥	chì / 츠 / 꾸짖다 **척**	
粪	糞	fèn / 펀 / 대변 **분**	

| 酷 | 酷 | kù | 쿠 |
| | | 잔혹하다 **혹** | |

| 攀 | 攀 | pān | 판 |
| | | 기어오르다 **반** | |

| 摧 | 摧 | cuī | 추이 |
| | | 쳐부수다 **최** | |

| 嗡 | 嗡 | wēng | 웡 |
| | | 붕붕, 앵앵(벌레, 날개 소리) **옹** | |

| 庙 | 廟 | miào | 미아오 |
| | | 사당 **묘** | |

| 僚 | 僚 | liáo | 리아오 |
| | | 관리 **료** | |

| 拜 | 拜 | bài | 빠이 |
| | | 절하다 **배** | |

| 绵 | 綿 | mián | 미앤 |
| | | 솜/연속되다 **면** | |

| 轴 | 軸 | zhóu | 조우 |
| | | 축, 굴대 **축** | |

| 扮 | 扮 | bàn | 빤 |
| | | 분장하다 **분** | |

| 伐 | 伐 | fá | 파 |
| | | 베다 **벌** | |

| 勃 | 勃 | bó | 보 |
| | | 왕성하다 **발** | |

| 跪 | 跪 | guì | 꾸이 |
| | | 무릎 꿇다 **궤** | |

| 袄 | 襖 | ǎo | 아오 |
| | | 중국식 저고리 **오** | |

| 抚 | 撫 | fǔ | 푸 |
| | | 위로하다 **무** | |

| 雕 | 雕 | diāo | 띠아오 |
| | | 새기다 **조** | |

| 熊 | 熊 | xióng | 시옹 |
| | | 곰 **웅** | |

| 劣 | 劣 | liè | 리에 |
| | | 못하다, 적다 **열** | |

| 尝 | 嘗 | cháng | 창 |
| | | 맛보다 **상** | |

| 坟 | 墳 | fén | 펀 |
| | | 무덤 **분** | |

抛	抛	pāo	빠오
			던지다 포

厨	廚	chú	추
			부엌, 주방 주

哏	哏	gén	건
			우습다 근

戚	戚	qī	치
			친척 척

眨	眨	zhǎ	자
			눈을 깜박이다 잡

卡	卡	qiǎ	치아
			세관/걸리다, 죄다 잡

忠	忠	zhōng	쫑
			충성 충

芽	芽	yá	야
			싹 아

愧	愧	kuì	쿠이
			부끄럽다 괴

戒	戒	jiè	찌에
			경계하다 계

惱	惱	nǎo	나오
			화내다 뇌

肌	肌	jī	찌
			근육 기

踢	踢	tī	티
			차다 척

裳	裳	cháng, shang	창, 상
			치마/의상 상

咕	咕	gū	꾸
			꼬꼬 고

豪	豪	háo	하오
			호걸 호

暢	暢	chàng	창
			순조롭다 창

摩	摩	mó	모
			마찰하다 마

辣	辣	là	라
			맵다 랄

碱	碱	jiǎn	지앤
			소금기, 알칼리, 소다 감

钩	鉤	gōu | 꼬우	갈고리 구
槽	槽	cáo | 차오	가축의 구유 조
堡	堡	bǎo | 바오	보루 보
恒	恒	héng | 헝	항구하다 항
御	御	yù | 위	어거하다, 몰다 어
妄	妄	wàng | 왕	망령되다 망
贝	貝	bèi | 뻬이	조개 패
萄	萄	táo | 타오	포도 도
胁	脇	xié | 시에	옆구리 협
晒	曬	shài | 싸이	쬐다, 내리쬐다 쇄

葡	葡	pú | 푸	포도(나무) 포
畜	畜	chù, xù | 추, 쒸	가축, 짐승/기르다 축
碧	碧	bì | 삐	청옥, 푸르다 벽
墩	墩	dūn | 뚠	작은 언덕 돈
裹	裹	guǒ | 구오	싸매다 과
剪	剪	jiǎn | 지앤	가위, 자르다 전
渴	渴	kě | 커	목마르다 갈
拆	拆	chāi | 차이	떼다 탁
纶	綸	lún, guān | 룬, 꾸안	청색실끈, 낚싯줄 륜
龄	齡	líng | 링	나이 령

铝	鋁	lǚ	뤼
		알루미늄 **려**	

惹	惹	rě	러
		일으키다 **야**	

颇	頗	pō	포
		편파적이다 **파**	

浆	漿	jiāng	찌앙
		진한(걸쭉한) 액체 **장**	

恋	戀	liàn	리앤
		연애하다 **련**	

融	融	róng	롱
		녹다 **융**	

塌	塌	tā	타
		무너지다 **탑**	

贪	貪	tān	탄
		탐내다 **탐**	

圣	聖	shèng	썽
		성스럽다 **성**	

叭	叭	bā	빠
		뚝, 딱(의성어) **팔**	

倦	倦	juàn	쮜앤
		피곤하다 **권**	

君	君	jūn	쮠
		임금 **군**	

盲	盲	máng	망
		눈이 멀다 **맹**	

窃	竊	qiè	치에
		훔치다 **절**	

耻	恥	chǐ	츠
		부끄럽다 **치**	

竖	竪	shù	쑤
		서다 **수**	

砖	磚	zhuān	쮸안
		벽돌 **전**	

兼	兼	jiān	찌앤
		겸하다 **겸**	

虾	蝦	xiā	씨아
		새우 **하**	

傍	傍	bàng	빵
		접근하다 **방**	

中國語 상용한자 2500자

蝇 蠅	yíng 잉 파리 승	煮 煮	zhǔ 주 삶다 자
晌 晌	shǎng 상 정오, 나절 상	祸 禍	huò 훠 재앙 화
诊 診	zhěn 전 진찰하다 진	赖 賴	lài 라이 의지하다 뢰
宁 寧	níng, nìng 닝 편안하다, 차라리 녕	拐 拐	guǎi 구아이 속이다, 방향을 바꾸다 괴
奏 奏	zòu 쩌우 연주하다 주	惧 懼	jù 쮜 겁내다 구
债 債	zhài 짜이 빚 채	刹 刹	chà, shā 차, 싸 절/멈추다 찰
丙 丙	bǐng 빙 셋째천간 병	鉴 鑒	jiàn 찌앤 거울 감
狭 狹	xiá 시아 좁다 협	躁 躁	zào 짜오 성급하다 조
斧 斧	fǔ 푸 도끼 부	沫 沫	mò 모 거품 말
盏 盞	zhǎn 잔 잔 잔	泊 泊	bó 보 정박하다 박

| 464 |

膊	膊	bó 보 어깨 **박**	鴨	鴨	yā 야 오리 **압**
蟬	蟬	chán 찬 매미 **선**	兜	兜	dōu 또우 호주머니 **두**
肖	肖	xiāo 씨아오 닮다 **초**	辱	辱	rǔ 루 치욕 **욕**
竄	竄	cuàn 촨 달아나다 **찬**	巷	巷	xiàng 씨앙 골목 **항**
幟	幟	zhì 쯔 깃발 **치**	勉	勉	miǎn 미앤 힘쓰다 **면**
乳	乳	rǔ 루 낳다, 젖 **유**	蟻	蟻	yǐ 이 개미 **의**
巡	巡	xún 쉰 순찰하다 **순**	屁	屁	pì 피 방귀 **비**
屏	屏	píng 핑 병풍 **병**	誕	誕	dàn 딴 태어나다 **탄**
耍	耍	shuǎ 수아 놀다, 조종하다 **사**	駁	駁	bó 보 논박하다, 반박하다 **박**
卜	卜	bǔ 부 점치다 **복**	艦	艦	jiàn 찌앤 군함 **함**

		chǔ	추
储	儲		저장하다 저

		yáo	야오
遥	遙		멀다 요

		dǒu	도우
陡	陡		가파르다 두

		càn	찬
灿	燦		찬란하다 찬

		xī	씨
夕	夕		저녁때 석

		yàn	이앤
焰	焰		불꽃 염

		péi	페이
赔	賠		배상하다 배

		péng	펑
膨	膨		팽창하다 팽

		gāng	깡
缸	缸		항아리 항

		liàng	리앙
谅	諒		용서하다 량

		kàng	캉
扛	扛		어깨에 메다 강

		shuǎi	수아이
甩	甩		흔들다, 던지다 솔

		fù	푸
腹	腹		배 복

		nèn	넌
嫩	嫩		부드럽다 눈

		shuì	쑤이
税	稅		세금 세

		nà	나
纳	納		넣다, 받아 넣다 납

		xún	쉰
循	循		따르다 순

		qiān	치앤
迁	遷		옮기다 천

		xiá	시아
霞	霞		노을 하

		chī	츠
哧	哧		키득거리다 적

肿	腫	zhǒng | 종 붓다 종	
署	署	shǔ | 수 관공서 서	
锈	銹	xiù | 씨우 녹 수	
猩	猩	xīng | 씽 고릴라 성	
袜	襪	wà | 와 양말 말	
氏	氏	shì | 쓰 성 씨	
涛	濤	tāo | 타오 큰 파도 도	
衰	衰	shuāi | 쑤아이 약해지다 쇠	
翠	翠	cuì | 추이 청록색 취	
碌	碌	lù | 루 평범하다/(쓸데없이)바쁘다 록	

铸	鑄	zhù | 쭈 주조하다 조	
梢	梢	shāo | 싸오 끝부분 초	
酱	醬	jiàng | 찌앙 된장 장	
殿	殿	diàn | 띠앤 높고 큰 건물 전	
宏	宏	hóng | 홍 넓고 크다 굉	
朽	朽	xiǔ | 시우 썩다 휴	
芒	芒	máng | 망 억새, 까끄라기 망	
嘱	囑	zhǔ | 주 부탁하다 촉	
垮	垮	kuǎ | 쿠아 무너지다 과	
倘	倘	tǎng | 탕 만약 당	

窄	窄	zhǎi	자이
		좁다 **착**	

吩	吩	fēn	펀
		분부하다 **분**	

粥	粥	zhōu	쪼우
		죽 **죽**	

螺	螺	luó	루오
		소라, 나사 **라**	

诱	誘	yòu	요우
		이끌다, 유혹하다 **유**	

绒	絨	róng	롱
		솜털 **융**	

溃	潰	kuì	쿠이
		둑이 터지다 **궤**	

缠	纏	chán	찬
		둘둘 감다 **전**	

颂	頌	sòng	쏭
		칭송하다 **송**	

蝶	蝶	dié	디에
		나비 **접**	

袍	袍	páo	파오
		두루마기 **포**	

呈	呈	chéng	청
		나타나다 **정**	

慨	慨	kǎi	카이
		분개하다 **개**	

壕	壕	háo	하오
		해자 **호**	

苏	蘇	sū	쑤
		회생하다 **소**	

丹	丹	dǎn	딴
		붉은색 **단**	

宵	宵	xiāo	씨아오
		밤, 야간 **소**	

皂	皂	zào	짜오
		검은색 **조**	

揉	揉	róu	로우
		비비다, 주무르다 **유**	

吆	吆	yāo	야오
		소리치다 **요**	

磷	磷	lín | 린 인(화학원소) **린**	溪	溪	xī | 씨 시내 **계**
孙	孫	sūn | 쑨 손자 **손**	喽	嘍	lóu | 로우 시끄러울, 도둑 **루**
覆	覆	fù | 푸 덮다, 뒤집어엎다 **복**	秩	秩	zhì | 쯔 순서 **질**
隙	隙	xì | 씨 틈, 구멍 **극**	阁	閣	gé | 거 높다란 집 **각**
押	押	yā | 야 저당하다, 압송하다 **압**	郊	郊	jiāo | 찌아오 교외 **교**
弓	弓	gōng | 꿍 활 **궁**	罚	罰	fá | 파 처벌하다 **벌**
沾	沾	zhān | 짠 젖다 **첨**	誉	譽	yù | 위 명예 **예**
枕	枕	zhěn | 전 베개 **침**	宴	宴	yàn | 이앤 잔치 **연**
贸	貿	mào | 마오 무역 **무**	棋	棋	qí | 치 장기, 바둑 **기**
撑	撐	chēng | 청 버티다 **탱**	惑	惑	huò | 훠 미혹시키다 **혹**

邀 邀	yāo 아오 초청하다 요	筷 筷	kuài 콰이 젓가락 쾌
叮 叮	dīng 띵 물다 정	蚂 螞	mǎ 마 개미 마
膝 膝	xī 씨 무릎 슬	劈 劈	pī 피 쪼개다 벽
淀 澱	diàn 띠앤 찌꺼기 전	泄 泄	xiè 씨에 배출하다 설
沸 沸	fèi 페이 끓다 비	绸 綢	chóu 쵸우 비단 주
篷 篷	péng 펑 뜸 봉	络 絡	luò 뤄 그물, 얽히다 락
畏 畏	wèi 웨이 두려워하다 외	膏 膏	gāo 까오 기름 고
凿 鑿	záo 자오 끌, 정, 뚫다 착	奉 奉	fèng 펑 드리다 봉
膛 膛	táng 탕 가슴 당	悦 悅	yuè 위애 즐겁다 열
妨 妨	fáng 팡 방해하다 방	询 詢	xún 쉰 묻다 순

绅	紳	shēn 썬 (예복의) 큰 띠 신	
誓	誓	shì 쓰 맹세하다 서	
挫	挫	cuò 춰 좌절하다 좌	
垫	墊	diàn 띠앤 깔다 점	
敞	敞	chǎng 창 넓다 창	
笨	笨	bèn 뻔 어리석다 분	
轿	轎	jiào 찌아오 가마 교	
佩	佩	pèi 뻬이 차다, 달다 패	
搀	攙	chān 찬 부축하다 참	
瓣	瓣	bàn 빤 꽃잎 판	

僵	僵	jiāng 찌앙 뻣뻣하다 강	
嘲	嘲	cháo 차오 비웃다 조	
凸	凸	tū 투 볼록하다 철	
砸	砸	zá 자 찧다, 깨뜨리다 잡	
咦	咦	yí 이 아이구! 어!(놀람) 이	
譬	譬	pì 피 비유 비	
趴	趴	pā 파 엎드리다 팔	
幽	幽	yōu 요우 깊고 멀다 유	
蓄	蓄	xù 쒸 저장하다 축	
聊	聊	liáo 리아오 잠깐, 한담하다 료	

简体	繁体	병음	독음	뜻	음
绣	繡	xiù / 씨우		수, 수놓다	수
崩	崩	bēng / 뻥		무너지다	붕
帆	帆	fān / 판		돛	범
俯	俯	fǔ / 푸		구부리다	부
竿	竿	gān / 깐		막대	간
慈	慈	cí / 츠		자애롭다	자
渣	渣	zhā / 짜		찌꺼기	사
嫌	嫌	xián / 시앤		혐의, 싫어하다	혐
婴	嬰	yīng / 잉		갓난아이	영
慎	慎	shèn / 썬		조심하다	신
嗦	嗦	suō / 쑤오		말이 많다	삭
嗽	嗽	sòu / 쓰우		기침하다	수
慧	慧	huì / 후이		지혜롭다	혜
拧	擰	níng, nìng / 닝		비틀다, 고집 세다	녕
拴	拴	shuān / 쑤안		붙들어 매다	전
袱	袱	fú / 푸		홑이불	복
叨	叨	dāo / 따오		잔소리하다	도
哑	啞	yā, yǎ / 야		벙어리/아!(감탄)	아
郁	鬱	yù / 위		울창하다	울
凄	凄	qī / 치		차다, 처량하다	처

| 汪 | 汪 | wāng | 왕 |
| | | 물이 깊고 넓다 | 왕 |

| 茅 | 茅 | máo | 마오 |
| | | 띠, 띠풀 | 모 |

| 饶 | 饒 | ráo | 라오 |
| | | 풍부하다 | 요 |

| 惩 | 懲 | chéng | 청 |
| | | 징벌하다 | 징 |

| 艇 | 艇 | tǐng | 팅 |
| | | 갸름한 작은 배 | 정 |

| 鹅 | 鵝 | é | 어 |
| | | 거위 | 아 |

| 诸 | 諸 | zhū | 쭈 |
| | | 모두 | 제 |

| 贱 | 賤 | jiàn | 찌앤 |
| | | (값이)싸다, 천하다 | 천 |

| 垅 | 壟 | lǒng | 롱 |
| | | 이랑 | 롱 |

| 蛛 | 蛛 | zhū | 쭈 |
| | | 거미 | 주 |

| 页 | 頁 | yè | 예 |
| | | 쪽, 페이지 | 혈 |

| 绷 | 繃 | bēng, běng | 뻥, 벙 |
| | | 잡아당겨 메다 | 붕 |

| 燥 | 燥 | zào | 짜오 |
| | | 마르다 | 조 |

| 拌 | 拌 | bàn | 빤 |
| | | 뒤섞다 | 반 |

| 烤 | 烤 | kǎo | 카오 |
| | | 굽다 | 고 |

| 李 | 李 | lǐ | 리 |
| | | 오얏 | 리 |

| 淹 | 淹 | yān | 이앤 |
| | | 잠기다 | 엄 |

| 埃 | 埃 | āi | 아이 |
| | | 먼지, 티끌 | 애 |

| 晰 | 晢 | xī | 씨 |
| | | 명백하다 | 석 |

| 癌 | 癌 | ái | 아이 |
| | | 암 | 암 |

娶 娶	qǔ | 취 장가가다(들다) 취	毅 毅	yì | 이 굳세다 의
寿 壽	shòu | 쏘우 목숨 수	梳 梳	shū | 쑤 빗, 빗다 소
呜 嗚	wū | 우 삐익, 봉 오	汹 洶	xiōng | 씨옹 용솟음치다 흉
鄙 鄙	bǐ | 비 비열하다 비	俘 俘	fú | 푸 포로 부
穴 穴	xué | 쉬에 구멍 혈	聳 聳	sǒng | 송 치솟다 용
谨 謹	jǐn | 진 조심하다 근	瞒 瞞	mán | 만 감추다 만
鹰 鷹	yīng | 잉 매 응	逮 逮	dǎi, dài | 다이, 따이 붙잡다/미치다, 이르다 체
灶 竈	zào | 짜오 부뚜막, 부엌 조	蹬 蹬	dēng | 떵 오르다 등
檐 檐	yán | 이앤 처마 첨	豫 豫	yù | 위 미리 예
骤 驟	zhòu | 쪼우 질주하다 취	惶 惶	huáng | 후앙 당황하다 황

捷	捷	jié / 지에 / 민첩하다 첩	饲	飼	sì / 쓰 / 기르다 사
拘	拘	jū / 쮜 / 구금하다 구	蚊	蚊	wén / 원 / 모기 문
橡	橡	xiàng / 씨앙 / 고무나무, 고무 상	耽	耽	dān / 딴 / 지연하다 탐
叙	敘	xù / 쒸 / 서술하다 서	揪	揪	jiū / 찌우 / 틀어쥐다 추
寡	寡	guǎ / 구아 / 적다 과	踱	踱	duó / 두오 / 거닐다 탁
榜	榜	bǎng / 방 / 명단 방	垃	垃	lā / 라 / 쓰레기 랍
萝	蘿	luó / 루오 / 덩굴성식물 라	斑	斑	bān / 빤 / 얼룩 반
爪	爪	zhǎo, zhuǎ / 자오, 주아 / 손톱, (짐승)발톱 조	坯	坯	pī / 피 / 굽지 않은 기와벽돌 배
渗	滲	shèn / 썬 / 스며들다 삼	趋	趨	qū / 취 / 빨리 가다 추
谊	誼	yì / 이 / 친선 의	拟	擬	nǐ / 니 / 계획하다 의

坝	壩	bà | 빠	댐, 제방 파/패
遣	遣	qiǎn | 치앤	파견하다 견
陶	陶	táo | 타오	질그릇 도
亚	亞	yà | 야	다음가다 아
捣	搗	dǎo | 다오	찧다 도
蹦	蹦	bèng | 뻥	뛰어오르다 붕
逝	逝	shì | 쓰	흐르다 서
竭	竭	jié | 지에	다하다 갈
倚	倚	yǐ | 이	기대다 의
乒	乒	pīng | 핑	부딪치는 소리, 탁구 병

扒	扒	bā, pá | 빠, 파	붙잡다 팔/긁어모으다 배
诧	詫	chà | 차	속이다 타
圾	圾	jī | 찌	쓰레기 급
恭	恭	gōng | 꽁	공손하다 공
筹	籌	chóu | 초우	계획하다 주
奸	姦	jiān | 찌앤	간사하다 간
踪	踪	zōng | 쫑	자취 종
浩	浩	hào | 하오	광대하다 호
吁	吁	xū, yū, yù | 쒸, 위	한숨쉬다/(감탄)아! 아니! 우
缴	繳	jiǎo | 지아오	납부하다 교

雇 雇	gù | 꾸 고용하다 **고**	蝴 蝴	hú | 후 나비 **호**
柄 柄	bǐng | 빙 손잡이 **병**	饅 饅	mán | 만 만두, 찐빵 **만**
賊 賊	zéi | 제이 도적 **적**	閨 閨	guī | 꾸이 규방 **규**
嗨 嗨	hāi | 하이 웃음소리 **해**	吱 吱	zhī | 쯔 삐걱 **지**
烫 燙	tàng | 탕 데다, 뜨겁다 **탕**	晕 暈	yūn | 윈 어지럽다 **훈**
剖 剖	pōu | 포우 쪼개다 **부**	熔 熔	róng | 룽 녹이다 **용**
嶄 嶄	zhǎn | 잔 험준하다 **참**	偿 償	cháng | 창 배상하다 **상**
哆 哆	duō | 뚜오 덜덜 떨다 **치**	泣 泣	qì | 치 흐느껴 울다 **읍**
梁 梁	liáng | 리앙 대들보 **량**	谱 譜	pǔ | 푸 기록하다, 계보 **보**
冈 岡	gāng | 깡 산언덕 **강**	墓 墓	mù | 무 묘지 **묘**

册 册	cè / 처 책자 **책**	铲 鏟	chǎn / 찬 긁어내다 **산**
烘 烘	hōng / 홍 말리다 **홍**	朦 朦	méng / 멍 흐리다 **몽**
矩 矩	jǔ / 쥐 곱자, 법도 **구**	乃 乃	nǎi / 나이 바로 ~이다 **내**
辐 輻	fú / 무 바퀴살 **복**	熄 熄	xī / 씨 꺼지다 **식**
缕 縷	lǚ / 뤼 실 **루**	甭 甭	béng / 벙 필요 없다 **붕**
淘 淘	táo / 타오 (쌀을)일다, 씻다 **도**	蜘 蜘	zhī / 쯔 거미 **지**
旺 旺	wàng / 왕 왕성하다 **왕**	寞 寞	mò / 모 쓸쓸하다 **막**
庞 龐	páng / 팡 방대하다 **방**	驱 驅	qū / 취 몰다 **구**
凹 凹	āo / 아오 오목하다 **요**	川 川	chuān / 추안 하천 **천**
喇 喇	lǎ, lǎ / 라 나팔/펄럭 **라**	羞 羞	xiū / 씨우 부끄럽다 **수**

硝 硝	xiāo ｜ 씨아오 초석, 초산 초	滔 滔	tāo ｜ 타오 도도하다 도
腺 腺	xiàn ｜ 씨앤 샘 선	爾 爾	ěr ｜ 얼 너, 그대 이
峻 峻	jùn ｜ 쮠 가파르다 준	奠 奠	diàn ｜ 띠앤 다지다, 안치하다 전
糕 糕	gāo ｜ 까오 찐떡 고	軋 軋	zhá, yà ｜ 자, 야 압연하다, 깔아뭉개다 알
濫 濫	làn ｜ 란 범람하다 람	毯 毯	tǎn ｜ 탄 담요 담
褂 褂	guà ｜ 꽈 적삼 괘	乒 乒	pāng ｜ 팡 탕탕, 탁구 병
禿 禿	tū ｜ 투 대머리 독	瞅 瞅	chǒu ｜ 쵸우 보다 추
卸 卸	xiè ｜ 씨에 짐 내리다 사	亦 亦	yì ｜ 이 또한 역
尸 尸	shī ｜ 쓰 주검 시	賭 賭	dǔ ｜ 두 노름하다 도
翁 翁	wēng ｜ 웡 늙은이 옹	尿 尿	niào ｜ 니아오 소변 뇨

| 渺 | 渺 | miǎo | 미아오 |
| | | 아득하다 | 묘 |

| 剿 | 勦 | chāo | 차오 |
| | | 표절하다 | 초 |

| 龟 | 龜 | guī, jūn | 꾸이, 쮠 |
| | | 거북/균열 | 귀 |

| 谦 | 謙 | qiān | 치앤 |
| | | 겸손하다 | 겸 |

| 甸 | 甸 | diàn | 띠앤 |
| | | 성밖 | 전 |

| 啾 | 啾 | jiū | 찌우 |
| | | [의성어] 찍찍, 짹짹 | 추 |

| 辅 | 輔 | fǔ | 푸 |
| | | 보좌하다 | 보 |

| 侮 | 侮 | wǔ | 우 |
| | | 경멸하다 | 모 |

| 葫 | 葫 | hú | 후 |
| | | 마늘, 조롱박 | 호 |

| 潭 | 潭 | tán | 탄 |
| | | 깊은 못 | 담 |

| 辽 | 遼 | liáo | 리아오 |
| | | 멀다 | 료 |

| 缚 | 縛 | fù | 푸 |
| | | 묶다 | 박 |

| 怖 | 怖 | bù | 뿌 |
| | | 겁내다 | 포 |

| 蔬 | 蔬 | shū | 쑤 |
| | | 야채 | 소 |

| 讶 | 訝 | yà | 야 |
| | | 놀라다 | 아 |

| 氢 | 氫 | qīng | 칭 |
| | | 수소 | 경 |

| 酬 | 酬 | chóu | 초우 |
| | | 술을 권하다, 보답하다 | 수 |

| 吟 | 吟 | yín | 인 |
| | | 읊다 | 음 |

| 申 | 申 | shēn | 썬 |
| | | 설명하다 | 신 |

| 址 | 址 | zhǐ | 즈 |
| | | 소재지 | 지 |

桑	桑	sāng	쌍
		뽕나무 **상**	
昧	昧	mèi	메이
		어리석다 **매**	
刨	刨	bào	빠오
		대패, 깎다 **포**	
笛	笛	dí	디
		피리 **적**	
茂	茂	mào	마오
		무성하다 **무**	
痒	癢	yǎng	양
		가렵다 **양**	
涡	渦	wō	워
		소용돌이 **와**	
携	携	xié	시에
		지니다 **휴**	
枉	枉	wǎng	왕
		비뚤다 **왕**	
垒	壘	lěi	레이
		쌓다 **루**	

翘	翹	qiáo	치아오
		발돋움하다 **교**	
堪	堪	kān	칸
		할만하다 **감**	
虏	虜	lǔ	루
		생포하다 **로**	
陵	陵	líng	링
		언덕, 능 **릉**	
葱	蔥	cōng	충
		파 **총**	
吉	吉	jí	지
		길하다 **길**	
腥	腥	xīng	씽
		비리다 **성**	
葬	葬	zàng	짱
		매장하다 **장**	
裙	裙	qún	췬
		치마 **군**	
嘶	嘶	sī	쓰
		울부짖다 **시**	

| 481 |

津	津	jīn	찐
			나루터 **진**
弥	彌	mí	미
			가득 차다 **미**
慕	慕	mù	무
			사모하다 **모**
佳	佳	jiā	찌아
			훌륭하다 **가**
霎	霎	shà	싸
			소나기, 삽시간 **삽**
闸	閘	zhá	자
			수문 **갑**
惭	慚	cán	찬
			부끄러워하다 **참**
巢	巢	cháo	차오
			둥지 **소**
雌	雌	cí	츠
			암컷 **자**
蔑	蔑	miè	미에
			멸시하다 **멸**

柏	柏	bǎi	바이
			측백나무 **백**
顷	頃	qǐng	칭
			무렵 **경**
氨	氨	ān	안
			암모니아 **안**
昼	晝	zhòu	쪼우
			대낮 **주**
呸	呸	pēi	페이
			체! 흥!(질책, 경멸) **비**
陌	陌	mò	모
			논두렁길 **맥**
欸	欸	ē, é	어
			[감탄사] 어이! 이봐! 어 **애**
胧	朧	lóng	롱
			눈이 어둡다 **롱**
莲	蓮	lián	리앤
			연 **련**
廊	廊	láng	랑
			복도, 회랑 **랑**

汁	汁	zhī | 쯔 즙, 즙액 즙	泌	泌	mì, bì | 미, 삐 분비하다, 졸졸 흐르다 비
茸	茸	róng | 롱 야들하다 용	馱	馱	tuó | 투오 등에 지우다 태
怯	怯	qiè | 치에 겁이 많다 겁	侍	侍	shì | 쓰 모시다 시
穗	穗	suì | 쑤이 이삭 수	档	檔	dàng | 땅 선반, 문서 당
谣	謠	yáo | 야오 노래 요	黎	黎	lí | 리 많다 려
簇	簇	cù | 추 무리이루다 족	煌	煌	huáng | 후앙 반짝이다 황
搏	搏	bó | 보 때리다 박	州	州	zhōu | 쪼우 주 주
诬	誣	wū | 우 모함하다 무	冠	冠	guān, guàn | 꾸안 모자, 일등하다 관
锣	鑼	luó | 루오 징 라	噜	嚕	lū | 루 군소리 많다 로
钞	鈔	chāo | 치오 지폐, 베끼다 초	娇	嬌	jiāo | 찌아오 아리땁다, 미녀 교

凌	凌	líng | 링 능가하다, 깔보다 **릉**	湾	灣	wān | 완 물굽이 **만**
邦	邦	bāng | 빵 나라 **방**	骡	騾	luó | 루오 노새 **라**
宾	賓	bīn | 삔 손님 **빈**	砌	砌	qì | 치 (돌을)쌓다, 계단 **체**
灼	灼	zhuó | 주오 그을리다 **작**	讽	諷	fěng | 펑 풍자하다 **풍**
喧	喧	xuān | 쉬앤 시끄럽다 **훤**	谬	謬	miù | 미우 그릇되다 **류**
旷	曠	kuàng | 쾅 널찍하다 **광**	碟	碟	dié | 디에 접시 **접**
臣	臣	chén | 천 신하 **신**	磺	磺	huáng | 후앙 유황 **황**
贺	賀	hè | 허 축하하다 **하**	溅	濺	jiàn | 찌앤 (물방울/흙탕물이) 튀다 **천**
豺	豺	chái | 차이 승냥이 **시**	锄	鋤	chú | 추 호미 **서**
掘	掘	jué | 쮜에 파다 **굴**	搂	摟	lōu, lǒu | 로우 껴안다, 긁어모으다 **루**

沥	瀝	lì | 리 떨어지다 **력**	啼	啼	tí | 티 훌쩍이다 **제**
烁	爍	shuò | 쒀 반짝반짝 거리다 **삭**	咚	咚	dōng | 똥 [의성어] 둥둥, 쿵쿵 **동**
鹊	鵲	què | 취에 까치 **작**	链	鏈	liàn | 리앤 쇠사슬 **련**
艘	艘	sōu | 쏘우 척 **소**	洼	窪	wā | 와 지대가 낮다, 웅덩이 **와**
屿	嶼	yǔ | 위 작은 섬 **서**	歉	歉	qiàn | 치앤 미안하다 **겸**
兰	蘭	lán | 란 난초 **란**	谎	謊	huǎng | 후앙 거짓말 **황**
仆	僕	pū | 푸 하인 **복**	磕	磕	kē | 커 부딪히다 **개**
栗	栗	lì | 리 밤, 밤나무 **율**	薯	薯	shǔ | 수 고구마 **서**
弦	弦	xián | 시앤 활시위 **현**	涤	滌	dí | 디 씻다 **척**
函	函	hán | 한 편지, 상자 **함**	盔	盔	kuī | 쿠이 뚝배기모양의 그릇, 투구 **회**

		nài	나이
奈	奈	참다, 어떻게	내

		guāi	꾸아이
乖	乖	얌전하다, 어긋나다	괴

		sì	쓰
伺	伺	엿보다	사

		xīn	친
薪	薪	땔나무	신

		xiàn	치앤
羨	羨	흠모하다	선

		zhuàn, zuàn	쭈안
賺	賺	(남을) 속이다	잠

		shāo, shào	싸오
捎	捎	인편에 보내다(전하다)	소

		fēn	펀
氛	氛	기분	분

		hè	허
褐	褐	거친 털옷	갈

		qiú	치우
囚	囚	가두다	수

		chī	츠
痴	癡	어리석다	치

		chā, chǎ	차
叉	叉	포크, 갈퀴/버티고 서다	차

		zhuì	쭈이
坠	墜	떨어지다	추

		chuí	추이
锤	錘	망치	추

		gěng	경
梗	梗	식물줄기	경

		xiāng	씨앙
厢	廂	곁채	상

		fàn	판
贩	販	판매하다	판

		náo	나오
挠	撓	긁적거리다	뇨

		duàn	뚜안
缎	緞	비단	단

		téng	텅
藤	藤	등나무	등

| 丸 丸 | wán | 완 |
| | 작고 둥근 물건 | 환 |

| 宰 宰 | zǎi | 자이 |
| | 주관하다 | 재 |

| 鍍 鍍 | dù | 뚜 |
| | 도금하다 | 도 |

| 憾 憾 | hàn | 한 |
| | 유감 | 감 |

| 旬 旬 | xún | 쉰 |
| | 열흘(간) | 순 |

| 讥 譏 | jī | 찌 |
| | 비방하다 | 기 |

| 徐 徐 | xú | 쉬 |
| | 천천히 | 서 |

| 镶 鑲 | xiāng | 씨앙 |
| | 끼워 넣다 | 양 |

| 捡 撿 | jiǎn | 지앤 |
| | 줍다 | 검 |

| 纽 紐 | niǔ | 니우 |
| | 손잡이, 단추 | 뉴 |

| 嵌 嵌 | qiàn | 치앤 |
| | 새겨 넣다 | 감 |

| 讼 訟 | sòng | 쏭 |
| | 소송하다 | 송 |

| 炯 炯 | jiǒng | 지옹 |
| | 밝다, 환하다 | 형 |

| 脯 脯 | pǔ | 푸 |
| | 말린 고기 | 포 |

| 囱 囪 | cōng | 총 |
| | 굴뚝 | 총 |

| 荔 荔 | lì | 리 |
| | 여지 | 려 |

| 仁 仁 | rén | 런 |
| | 어질다 | 인 |

| 巍 巍 | wēi | 웨이 |
| | 높고 큰 모양 | 외 |

| 卑 卑 | bēi | 뻬이 |
| | 낮다, 나쁘다 | 비 |

| 岔 岔 | chà | 차 |
| | 갈림길 | 차 |

		hú | 후	
弧	弧	나무로 만든 활, 괄호	**호**

		lián | 리앤	
廉	廉	청렴하다, (값이) 싸다	**렴**

		cuō | 추오	
撮	撮	긁어모으다	**촬**

		tú | 투	
屠	屠	도살하다	**도**

		lào | 라오	
烙	烙	다리다, (낙인을) 찍다	**락**

		sòng | 쏭	
诵	誦	낭독하다	**송**

		xiào | 씨아오	
啸	嘯	휘파람불다	**소**

		chí, shi | 츠, 스	
匙	匙	숟가락, 열쇠	**시**

		jié | 지에	
杰	杰	걸출하다	**걸**

		gǒng | 꽁	
躬	躬	자신, 몸소	**궁**

		xī | 씨	
锡	錫	주석/하사하다	**석**

		wò | 워	
沃	沃	물을 대다, 비옥하다	**옥**

		cù | 추	
醋	醋	식초	**초**

		yàng | 양	
漾	漾	출렁대다	**양**

		nián, zhān | 니앤, 짠	
粘	黏	끈끈하다, (달라)붙다	**점**

		kū | 쿠	
窟	窟	굴, 동굴, 소굴	**굴**

		pì | 피	
僻	僻	후미지다, 보기 드물다	**벽**

		sù | 쑤	
簌	簌	[의성어] 바스락, 뚝뚝	**속**

		méi | 메이	
酶	酶	효소	**매**

		yù | 위	
寓	寓	거주하다, 함축하다	**우**